尹一丁 著

高势能品牌

打造品牌能量的
12堂剑桥课

中信出版集团｜北京

图书在版编目（CIP）数据

高势能品牌 / 尹一丁著 . -- 北京：中信出版社，
2022.9（2024.7 重印）
ISBN 978-7-5217-4530-6

Ⅰ.①高… Ⅱ.①尹… Ⅲ.①企业管理－品牌战略－研究 Ⅳ.① F272.3

中国版本图书馆 CIP 数据核字（2022）第 122485 号

高势能品牌

Copyright © 2022 by Eden Yin.
Simplified Chinese edition is published by CITIC PRESS GROUP through arrangement with
Shanghai CEIBS Online Co., Ltd.
All rights reserved.

本书中文简体版由上海中欧国际文化传播有限公司授权中信出版集团在
中国大陆范围内独家出版，未经出版者书面许可，对本书的任何部分不得以任何方式复制或抄袭。
版权所有，翻版必究。
本书仅限中国大陆地区发行销售

高势能品牌
著　者：尹一丁
出版发行：中信出版集团股份有限公司
（北京市朝阳区东三环北路 27 号嘉铭中心　邮编　100020）
承印者：河北鹏润印刷有限公司

开本：880mm×1230mm　1/32　　印张：13.25　　字数：309 千字
版次：2022 年 9 月第 1 版　　　　印次：2024 年 7 月第 4 次印刷
书号：ISBN 978-7-5217-4530-6
定价：79.00 元

版权所有·侵权必究
如有印刷、装订问题，本公司负责调换。
服务热线：400-600-8099
投稿邮箱：author@citicpub.com

目 录

推荐序 "意义之网"：信仰是品牌的灵魂 / 田涛　VII
前言　XVI

第一堂课　什么是品牌？

对品牌的误解　003
品牌是用户情感　005
品牌是情感型决策捷径　010
品牌最基本的含义就是品质　016
品牌是企业组织能力的外现　021

第二堂课　什么是品牌战略？

对品牌战略的误解　029
品牌战略的三轮驱动　034
价值战略金字塔　038
文化战略金字塔　041
关系战略金字塔　044

打造品牌的关键是"品牌全景体验" 047
品牌战略和市场营销战略的区别 053

第三堂课 品牌和品牌战略如何演进？

品牌从 1.0 到 5.0 的演化 069
品牌战略的演进路径 077
数字化时代品牌就是"用户伙伴" 082
品牌的四个"现代化"：人格化、智能化、平台化、社群化 084
沉浸式社区品牌生态系统 092

第四堂课 如何建立一个高势能品牌？

打造高认知品牌的逻辑困境 099
强大的品牌具有高势能 108
品牌势能的"驱动力模型" 115
品牌势能的"用户模型" 120
用户社群是能量升级的放大器 124

第五堂课 如何打造价值驱动型品牌？

品牌势能的基础是价值 131
产品驱动品牌价值和势能 134
高势能产品的"五星模型"：Slack 案例 136
品牌全景体验才是数字化时代的"价值" 145

打造品牌全景体验矩阵　156

第六堂课　如何打造文化驱动型品牌？

品牌文化的不同解读　165
品牌的四个世界　167
品牌文化战略是思想和精神战略　171
品牌文化战略的三个层次　174
信仰驱动的品牌文化战略　179
品牌文化建设的"完美公式"：三轮驱动和内外贯通　185

第七堂课　如何打造品牌社群？

品牌社群的本质　193
品牌社群建设的四项基本原则　197
品牌社群提供的三种价值　203
品牌社群的六大要素和三个层次　212
品牌社群代表一种新商业逻辑　217

第八堂课　如何打造公司品牌？

公司品牌的定义　225
企业信仰的三大作用　229
公司品牌是由"虚"到"实"的关键节点　233
品牌价值链理论　237

打造公司品牌的"三板斧"　245

第九堂课　中小企业如何打造品牌？

中小企业品牌建设的"五维度模型"　253
品类创新是中小公司品牌建设的最佳路径　263
品类创新成功的六个要素　267
品类创新的三个角度：用户、产品、技术　270
健身品牌 Peloton 的成功故事　280

第十堂课　如何打造 B 端品牌？

B 端品牌战略的核心是打造信任　289
B 端品牌建设的基本逻辑　291
B 端品牌价值战略的三个"4"　296
企业和产品的"价值可视化"表达　304
B 端品牌建设的两大加速器　312
B 端品牌建设的 C 端方法　317

第十一堂课　如何打造数字品牌？

数字品牌是数字化时代的品牌　323
数字品牌的六大特征　328
数字品牌发展的三个阶段　333
传统 C 端企业的数字品牌战略：耐克　337

传统 B 端企业的数字品牌战略：施耐德电气　341

数字原生垂直品牌的品牌战略：Warby Parker　344

第十二堂课　如何打造全球品牌？

中国品牌出海的四个时代　353

中国品牌出海的四大挑战　359

中国出海企业打造品牌的战略框架　366

出海品牌升级的双轮驱动　368

全球品牌的真正含义　375

本地化的关键是超越本地　380

中国出海品牌的"六星价值模型"　385

华为、大疆和 Shein 的海外品牌战略　388

致谢　401

推荐序

"意义之网"：信仰是品牌的灵魂

田涛　华为公司顾问

伟大的品牌属于天空与远方

《高势能品牌》，是剑桥学者尹一丁教授关于品牌的 12 次系统讲座的整理稿。读了两讲，便兴奋不已，当即和一丁老师微信通话：这是我所读过的关于品牌研究最精彩的著作之一！"信仰是品牌的灵魂"，这样的观点虽然有企业界人士讲过，但在管理学界，将其鲜明地提出来，并进行系统阐述，应该是首次。

马克斯·韦伯说：人是悬挂在自己编织的意义之网上的动物。那么，对由人构成的任何组织来说，它事实上就是一组"意义之网"。具体到企业组织，员工无不是携带着自设的"意义"加入组织的，客户也无不是从"意义"的视角进行消费选择的。这既使得组织的"意义"五彩斑斓，又倒逼组织必须不断进行自我定义和意义假定：我是谁？我信仰什么？我为什么而存在？这是一丁老师贯穿全书的反复追问。回答清楚了这几个事关组织的终极问题，也许，企业的品牌战略就完成了一半。

伟大的企业是有坚定的信仰的，伟大的品牌是属于天空的、远方的。梭罗在《瓦尔登湖》中说，做探索内心的哥伦布，为思想而非贸易，开辟自己的精神海峡。哥伦布岂仅是开辟了自己的"精神海峡"？大航海时代那些冒险家岂仅是淘金者、烟草种植者？也正是他们的后代，创立了福特汽车、哈雷摩托、耐克运动鞋、可口可乐、星巴克、苹果……可口可乐是一罐特殊配方的魔水饮料吗？是也，非也。星巴克是一杯咖啡吗？是也，非也。苹果手机是一部智能的信息交互工具吗？是也，非也。它们是我们这个星球无所不在的商业品牌，承载的是自身商业组织独特的精神信仰，也夹杂着美国文化中那种强烈的扩张性、多元性、开放性的意识形态。

我30岁以后最钟情的音乐是小提琴协奏曲《梁山伯与祝英台》和贝多芬的《英雄交响曲》，最神往的"浪漫"却是能拥有一辆哈雷摩托车，虽然我从未骑过和拥有过摩托。但在海南生活那些年的某一天，椰风蓝天下，细浪白沙旁，一位黝黑的南国男儿，驾着哈雷摩托穿越蕉林小路疾驰。那一刻那一瞬动感极强的画面，从此定格在了我的大脑中，哈雷摩托也成了我的梦幻。一丁老师在书中说，哈雷摩托是全世界最受欢迎的品牌刺青，"心无挂碍，特立独行"。它代表着力量与征服，代表着英雄主义，是勇者和孤独者的精神图腾。

社会学家格奥尔格·齐美尔说："金钱有一点像上帝。"的确，我们有太多的商人视金钱为上帝，太多的企业视利润为最高信仰——无论是东方还是西方。但齐美尔还有一句话:"金钱只是通向最终价值的桥梁,而人是无法栖居在桥上的。"

那么,一家企业的最终价值,即企业的信仰(品牌)究竟是什么?在何方?

"唯客独尊":从信仰的圆心散射出三条半径

古往今来,许许多多的企业都在追逐金钱的忙碌中死去了,唯有少数伟大的品牌在锈铜铸就的商业原野上,像玫瑰花一样绽放。

几年前,一位牛津大学毕业的年轻学者在杭州西湖边的茶室和我聊天时说,他是耐克鞋的收藏爱好者,收藏了上百种新潮的、老派的各个不同年代和款式的运动鞋,他的不菲年薪中有一半左右用于收藏耐克鞋,他也经常参与网上的鞋子鉴赏和拍卖活动。他告诉我,这是一场世界范围的"青春运动"。他还对我说,耐克鞋的创始人之一比尔·鲍尔曼是他的"精神偶像"。鲍尔曼1972年设计的一款名为"月亮鞋"的跑鞋,在拍卖会上以300万元成交(美元?人民币?我忘记问了)。寡闻限制了我的想象力。

北京大学一位哲学专业的硕士生,曾经毫不掩饰地对我这位"华为顾问"说,"我是极端的苹果粉",从少年到青年,从高中一年级到硕士即将毕业,他会抢先购买每一款新上市的苹果手机、iPad(苹果平板电脑)、苹果手表等系列苹果电子产品(他并非所谓的"富家子弟",他的收入主要来自当家教和稿费),乔布斯是他的"精神偶像"。尽管他认为苹果这两年的新款产品少了一些"意外的惊艳",但"乔布斯拉长了我对苹果品牌的忠诚延长线"。

乔布斯让苹果成为亿万年轻人心中的"商业宗教"。同样,耐克品牌不也是一种"类宗教"吗?而华为创始人任正非也早在创立华为之初,就明确讲道:"我们要以宗教般的虔诚对待客户。"

"英雄都是太阳之子。"那么,谁是一切企业家心中的太阳?客户,唯有客户。谁是一切商业组织头顶的上帝?消费者,唯有消费者。正像尹教授书中所言:一切追求卓越的企业和企业家,只有一条路可走——从"唯我独尊"转向"唯客独尊",这完全契合了任正非几十年如一日、车轱辘似的反复宣灌的"华为经":以客户为中心。

伟大的商业帝国绝非通过廉价口号、酒宴与派对、资本魔术、密室设计、狂轰滥炸的促销、放卫星达成的。一丁老师斩钉截铁地断论:品牌战略的第一公理是,无价值,无品牌。无信仰,无价值。伟大企业必须始终围绕客户这个唯一上帝,从信仰(品牌)的圆心出发,围绕客户这个"信仰之轴",持续构建和延展组织的三大半径:员工、股东、社会。只有员工选择了相信组织的信仰,并充分、连续地展现出个体和群体的奋斗行为,只有股东们真诚接纳企业"以客户为中心"的信仰,并用真金白银认同企业的长期主义追求,只有社会大众从企业的守法纳税、技术与产品创新、带动就业、公益行动诸方面认可一家企业时,这家企业才开始越来越接近成为"伟大的品牌"。

一个充满激情和充沛生命力的品牌(信仰)最终体现在产品上,体现在围绕极致产品的创新上,体现在厚积薄发的"十年磨一剑"中。埃隆·马斯克说,他们的产品在核心功能上"要比竞争对手好十倍"。贝佐斯则说,亚马逊在世人眼中的隔夜成功,背后都是十年默默无闻的辛苦努力。尹一丁教授说:对任何企业而言，最核心的都是组织的创新能力。他评价华为：华为的品牌战略几乎等同于研发战略。在欧盟公布的全球 2020 年研发投资前十位排行榜中，谷歌排名第一，华为位列第二。

人类无捷径可走，国家与民族无捷径可走，企业无捷径可走。我们的祖辈早就悟得很透彻：一分耕耘，一分收获。今人也在歌中咏叹：樱桃好吃树难栽，幸福不会从天上来。

组织领袖：一半在天空，一半在大地

一丁教授在书中指出：企业不但是产品的制造者，还是"意义"的创造者。所谓"意义创造"就是企业的"信仰设计"，即企业品牌战略的设计。那么，谁是品牌（信仰）战略的总设计师？一丁老师的回答是：企业家。"品牌战略是企业最重要的宏观战略，应由企业家直接领导并全员参与。"苹果品牌战略的总设计师是乔布斯，华为品牌战略的总设计师是任正非。

我在《我们为什么要做企业家》一书中有一个观点：卓越的企业家是那种能够制造信仰、持续传播信仰并巩固信仰的极少数人。信仰是由使命、愿景、价值观连接出来的一整套精神与文化体系。

华为的组织信仰（品牌）被打上了深刻的任正非烙印。我最近系统阅读了任正非从 1997 年至 2019 年的 103 篇代表性文章（讲话），一个突出感受是，任正非具有：从始至终的理念与制度层面的顶层设计，系统思维之上的悖论思维，一以贯之的商业信仰，极富煽动性的文字张力。这在中国企业家中是极为罕见的，在全球企业家中也并不多见。

任正非是一位用思想旗帜引领华为从小到大、从弱到强、从卑微走向世界领先地位的企业家。华为品牌也从无到有，到 2020 年的全球排名第 45 位。而华为品牌的显著特征是科技含量与思想含量。

在华为，你会发现一个反经典管理学的异类现象：创始人兼 CEO（首席执行官）既不直接管人、管事，也不直接管财务，却亲自掌控公司的文化建设——"思想权是最大的领导权"。早年，他经常为《华为人报》写评论，现在偶尔"潜水"公司网站的员工论坛，并时常阅读"心声社区"每周编辑整理出的有见地的跟帖与短文汇编，将一些有代表性的观点摘选出来再予转发，并亲自撰写"总裁办按语"；几十年来，他几乎平均每天安排 1 次以上的不同部门、不同层面的员工座谈会，"层层点火，村村冒烟"；几乎每周会有一篇内部座谈或正式非正式的讲话整理稿，多数早上的八点到十点的黄金时段他是在办公桌前修改文件，而许多文件中夹杂着宏大叙事、貌似让人"云里雾里"的中外历史掌故和非典型的任氏管理语汇。而他 30 多年来的所有讲话稿、文章都是自己一字一句写出来和改出来的，多数文章修改达几十次。

在华为，你还会发现另一个反经典管理学的现象：CEO 每隔一段时间就会推荐全体员工看一部电影，或者一部电视剧，或者一本书，或者某篇文章……高中级干部看过后，有时还必须写观（读）后感，任正非会仔细阅读，并对有见地的文章加批语，转全体员工讨论。他阅读和观剧的范围很杂，也很新潮，经常是热播青春剧的"追剧者"。但耐人寻味的是，他从来不读管理学书籍。

芭蕾烂脚、"扫地僧"李小文、百米冠军乔伊娜、刚果河捕鱼者……这一系列华为著名品牌广告的创意灵感都源自任正非，无不散射着鲜明的华为文化特质：热烈的理想主义与冷峻的现实主义。

年轻人大多相信诗歌，中年人大多热衷于历史，老年人大多是哲学家。一流的品牌无不是诗歌、历史、哲学杂拌而成的"鸡尾酒"。

象牙塔中的"万里长旅者"

"我是个完整的人，也可以说是一幕有思想情感的剧。等生命的戏剧落幕——无论是悲喜剧，观众就走了。"[1]诚如《金刚经》所云：缘生性空。一个组织的品牌亦复如是。一所大学，比如剑桥大学，虽然有800多年历史了，也终有一天会走向寂灭；一家卓越的企业，比如苹果与华为，也终有一天会消亡。但是，它们在历史的天空中毕竟灿烂过、辉煌过。逝去的是物质形态，留下的是文化与哲学。

个体的人亦如此。生命如露亦如歌，活了一回，就要活得认真，活得生机饱满，活得有质感。每个人都是自己的品牌。研究品牌文化和讲授品牌哲学的尹一丁老师，其观念、其做派、其为人、其言谈举止都在彰显独具魅力的"EdenYin"品牌范式。

认识一丁教授的人很多，一丁认识的人也很多，但我相信，真懂"一丁品牌"的人并不多，我应该算一个。一丁是我的思想兄弟。

一丁籍贯东北，出生于西北边陲，打小就在多民族多元文化

---

[1] 引自《瓦尔登湖》，亨利·戴维·梭罗著。

的环境中长大,"西北风"与"东北风"将他从骨血里塑造成了一条中国汉子:表面谦恭的背后尽是热血与沉实,达观与坚韧。他大学毕业后去美国,先后在两所大学读书,最后在南加州大学获得商学博士。在美国的 8 年期间,他曾自驾车环游全美,历时 25 天,总行程 2 万公里。诞生过最多世界级大品牌的美国,是他关注品牌文化研究的起点。2001 年,他赴剑桥大学嘉治商学院任教,一去就是 20 年。英国是西方文明的源头之一,更是悠久的品牌大国,而剑桥大学更是英国与世界文化品牌塔尖的璀璨明珠,让一个中国汉子的思想维度、精神结构变得更为多元和丰富。我曾评价他是中国"西北风"与"东北风"、西方"北美风"与"英伦风"的"文化三明治",但夹心层仍是中华文明的本体。

"日月欲明,浮云盖之;河水欲清,沙石秽之;人性欲平,嗜欲害之。"[1] 在这个企业与个人品牌"泛滥注水"的互联网时代,不投机、不功利、不取巧成为一种难得的组织品质与个人品格,一丁大概就属于这少数的异类。剑桥大学那种沉厚的学术风范塑造了他的学术风格,这也是他沉迷于剑桥氛围的原因。几十年"行万里路,读万卷书",胸中有锦绣却不轻易著述。我们俩有过若干回咖啡长谈,他有很多独特而系统的思想见解。比如,对数字化时代、人工智能时代与"Z 世代"消费者群体的"十字架式交叉现象"及未来品牌的演化趋势,他的观点是:品牌是一个时刻进化的活体。智能化时代标志着传统品牌和品牌战略的终结。我们也许将进入一个"人人皆品牌"的人生数字化

---

[1] 引自《淮南子·齐俗训》。

和游戏化的全新时代。

五十而立，前22年在中国，后28年在美国和英国，并在美国、欧洲、澳大利亚、阿根廷、巴西等地的若干学府短期授课，也在复旦、上海交大和香港大学兼职授课，他属于标准的"国际人"，但灵魂中却跳动的是"中国心"。过去十年，他走访过不少国内企业，包括多次参访华为，为这片热土上每天都在涌动着的诞生与消失、创新与失败的活力现象所鼓舞，所惊叹，但也对诸多中国企业在品牌战略上浮光掠影式的认知、粗放乃至于粗暴的品牌营销方式深为焦虑。他在华为大学的一次座谈中讲道：品牌战略与战略投机，区别在于信仰，在于基于信仰的产品品质。没有品质去谈"体验""意义"，都近乎商业欺诈。

批评至深，期待至殷。尹一丁教授认为中国品牌正在进入"大航海时代"，这是他在书中对中国企业过去40年品牌建设历程的一种形象化描述，更是关于未来的畅想与冀望。我们走过了"狼吞虎咽"的"灰铁时代""白银时代""镀金时代"，在许许多多的企业和企业家的经营理念中，"金钱有一点像上帝"，但终究而言，"金钱只是通向最终价值的桥梁，而人是无法栖居在桥上的"。那么，中国企业和企业家的"最终价值"究竟在何方？也许，尹一丁老师的《高势能品牌》这本大作，会给有志于实践和探索、观察和研究此一问题的人们带来诸多启示。

前言

品牌是什么？是名称、标识、口号、定位，是语言钉和视觉锤，还是记忆结构和品牌联想？都不准确。事实上，品牌是用户情感，即信任、赞赏、喜爱和敬仰。无情感，无品牌，因为是情感，品牌也是一种能量，驱动用户的言行。情感强，品牌能量就强；能量强，品牌成长就快。品牌建设本质上就是构建品牌的用户情感和能量，品牌战略就是打造用户情感和品牌能量的战略。

打造情感和能量自然不能只是靠定位和传播手段，而是要靠品牌的价值、温度和灵魂。价值激发情感和能量，温度强化情感和能量，而灵魂则能提升情感和能量。这三个步骤就对应品牌战略的三个组成部分，即价值战略、文化战略和关系战略。在这三个战略的共同驱动下，品牌从零能量的物理世界，进入低能量的认知世界，再进入高能量的思想世界，最终跃升至超能量的精神世界，从而完成从"商标"到"弱品牌"、"强品牌"和"超品牌"的转变。

进入思想和精神世界的品牌就是高势能品牌。所谓高势能，就是品牌在技术水平、思想内涵和用户关系三个层面都具备引领用户的能力。这样的品牌不但能够高效地解决用户的问题，还能够提升用户，让他们成为更理想、更优秀的自己。品牌一旦到达这个境界，就会激发强烈的用户情感，从而获取充足的能量，形成"势能效应"（momentum effect），然后进入持续高速增长的自驱动模式。

一直以来，很多企业惯用定位和传播手段来打造品牌，基于这种思路的品牌战略强调塑造用户认知和记忆，通过影响用户心智来驱动购买行为。在工业化时代的消费场景，即品牌1.0和品牌2.0时代，品牌遵循"知名度—美誉度—忠诚度"的发展路径，这种"记忆驱动"的品牌建设可以发挥作用。但进入数字化的品牌3.0和品牌4.0时代，品牌无处不在，逐渐从"产品"变为"伙伴"。在这个阶段，口碑和体验驱动用户情感和品牌能量，记忆的重要性大大降低，品牌建设更注重"接触"，形成了"忠诚度—美誉度—知名度"的新逻辑。进入后数字化的品牌5.0时代，品牌深度嵌入用户生活，成为用户的"顾问"，甚至是"导师"，品牌战略的核心是向用户提供将品牌"价值"、"文化"和"关系"三个层面融会贯通的沉浸式"品牌全景体验"（brand panoramic experience，BPE）。能够率先向用户提供优质全景体验的品牌会成为数字化时代真正的高势能品牌。这样的品牌将具备对全球市场无与伦比的掌控力和领导力。

时代正在发生巨变，品牌也在飞速演进。品牌建设的理论和模型自然也要与时俱进。强调"记忆"和"认知"的主流理论会逐渐被强调"接触"和"情感"的品牌势能理论所替代。这个新理论的核心观点是：数字化时代的用户对品牌的期待更高，依赖性也更强。因此，打造高势能品牌必须要成为企业品牌战略的最终目标。要实现这个目标，品牌首先要基于高端科技不断创造优质的价值，最终向用户提供包罗万象的沉浸式"品牌全景体验"，进而演化为智能型的超级品牌。更重要的是，品牌要有灵魂。它必须立足于企业最真实和最深沉的信仰，成为企业前行的北极星，并与员工和用户产生心灵深处的强烈共鸣。这样有思想和精神内涵的品牌才能真正激活组织，也能迅速点燃广大用户对品牌的热情之火，助其形成不可遏制的燎原之势。这样看来，品牌战略不但关乎价值，更关乎价值观。因此，品牌战略必须要提升到信仰的高度。也就是说，品牌要基于信仰，也必须要成为信仰。它代表企业的顶层设计，也是一个企业最重要的战略。如果说技术是打造高势能品牌的前提，信仰就是打造高势能品牌的支柱。只有依托信仰和科技的力量，品牌才能真正激发员工和用户广泛而深厚的情感，从而成为真正的高势能品牌。

在这个核心观点的支持下，本书提出了基于企业信仰的品牌价值链模型和表述品牌势能的"品牌势能模型"（brand energy augmentation model，BEAM，简称"光束模型"）。这些品牌新模型指出，打造品牌势能需要以企业信仰为立足点，实现公司品牌和产品品牌的内外贯通。然后通过"启动"到"维持"五个阶段，逐步激发和强化用户情感和品牌势能。这个能量生成的核心是利用"极致产品"和今后在后数字化时代可以交付的"品牌全景体验"先点燃"种子用户"，再通过品牌社群，依托口碑传播进行大范围能量输送，最终燃起品牌的熊熊大火，从而点燃广大用户的品牌热情，最终构建起品牌的高势能。

很显然，这个品牌势能理论和主流品牌观念有显著的不同。

品牌建设，究其本源，就是找到一个"大概念"（the big idea），然后对它进行充分的表达，从而建立起品牌和这个"大概念"的强关联。在主流品牌理论中，这个"大概念"一般是独特销售主张（unique selling proposition，USP），以及市场或品类的领袖地位等，它被提炼成为一句定位语，再通过各种传播进行"视听表达"。那么在品牌势能理论的框架里，这个"大概念"就应该是企业信仰，品牌战略的核心就是由价值、文化和关系三者交织而成的"品牌全景体验"对企业信仰实施全方位的"实体表达"。更重要的是，主流品牌理论注重认知层面的强关联，强调"高认知"，而品牌势能理论则聚焦情感层面的强关联，关注"高势能"。可以看出，主流品牌观念比较适用于工业化时代，而品牌势能理论则和数字化时代更为契合。

当然，高势能理论也还是务虚的品牌理论，这只是打造品牌的第一步。品牌的最终建成还需要经年累月的努力和无数细节的有效落地。所以，品牌最后能否成功考验的是一个系统的整体能力，涵盖研发、生产、人力、物流、供应链、服务和营销等所有环节。可以说，打造品牌比拼的是一个企业的综合组织能力，也就是它的"品牌价值链"（brand value chain，BVC）能力。

要想构建强大的组织能力，企业必须真正以客户为中心，这是数字化时代入场竞技的前提条件。而且，就算明白了数字化时代的品牌势能理论，打造品牌也无捷径，只能靠"结硬寨，打呆仗"，扎扎实实，认认真真，日复一日年复一年地向用户交付优质的价值和全景体验。但是，很多企业在打造品牌时，却用了太多的营销技巧，给了太少的真实价值。正如人所说，"企业每天都在想办法搞定用户，却从来不花心思搞懂用户"。这样的企业，无论用任何高明的品牌战略都无法真正打动用户，品牌情感和高势能自然无从谈起。

以人工智能为标志的后数字化时代正在来临。除了对优质数字化体验的期待，全球用户更加关注品牌承载的思想和意义。对于企业而言，挑战很多，但机会巨大。毫无疑问，这是一个最糟的时代，也是一个最好的时代。时代的洪流将会把善走捷径的机会主义者冲向历史的死角，而让那些以技术为纲，具有深刻信仰和高远理想的企业大放光芒，成为时代的主宰者。

所以，要想在这个精彩纷呈的时代打造高势能品牌，企业家绝不能"嘴上都是主义，心里全是生意"，而是要秉持真诚的成就用户之心，全力投入研发而不断实现技术突破，同时开阔自己的视野和格局，从而给品牌注入强大的思想和精神内涵，让它具有触动全球用户的灵魂。这样才能培育出真正充满情感和生命力的高势能品牌。可以说，在这个时代，无科技、无灵魂，则无品牌。只有"科技为本，信仰驱动"的高势能品牌才能真正成就辉煌。

可以预见，后数字化时代是中国企业全面崛起的时代。中国品牌必将龙行天下，成为引领全球商业的最重要力量。打造称雄全球的品牌是时代赋予这一代中国企业家伟大的历史使命，也是他们必须要承担的重大责任。希望本书能够给这些志向高远、不知疲倦、百折不挠的奋斗者提供有益的思路。

尹一丁

2022年7月17日，英国剑桥

第一堂课
什么是品牌？

什么是品牌？这个问题听上去简单，但并不容易回答。目前对品牌的误解很多。其实，品牌不是靠广告和宣传形成的认知，而是用户在与产品及企业多方位互动中形成的情感。这种情感以"信任"为基础，逐步上升到"赞赏"、"喜爱"和"敬仰"的更高层次。在数字化时代，品牌内涵从工业化时代的"品质"和"品位"，演化为内容更加丰富的"体验"和"引领"，品牌和用户的关系更加个性化与亲密化，"喜爱"和"敬仰"型品牌成为可能。作为情感型决策捷径，品牌通过影响用户的第一系统驱动用户行为，而构建用户情感的关键是"价值"、"文化"和"关系"。为了高效地打造品牌，企业必须围绕这三个方面构建自身的核心组织能力。

对品牌的误解

每个人都知道，品牌很重要，但大多数人并不知道品牌到底是什么。提到品牌，他们一般会想到广告、社交媒体、明星代言、网红直播或者是品牌口号和标记，即所谓的"语言钉"和"视觉锤"。稍有品牌知识的人可能会想到定位，也就是关于品牌的那"一句话"。但这些关于品牌的理解都不准确。如果品牌只是关乎创意和宣传或者社交媒体引爆，打造品牌将是多么容易！

对于品牌到底是什么，市面上的解读很多，这里先从两个权威机构的定义说起。

美国市场营销协会（AMA）把品牌定义为"一个名称、符号、标识及它们的一种组合，用以辨识一个企业的产品，以把它们和竞争对手的产品区别开来"。

全球知名品牌咨询公司 Interbrand 则把品牌定义为"所有利益相关者在某个时间点上对于一个企业或产品的印象总和"。

这两种定义其实代表两种完全不同的品牌理念。按照美国市场营销协会的定义，只要企业给一个新产品赋予名称、标识或符号，它就是在创造品牌。很显然，这个定义是从企业端来看待品牌，和市场营销"从用户的角度看待一切"的核心理念完全背离。在市场营销领域，这种言行不一致的案例颇为常见。

Interbrand 的定义从用户角度出发，更好地指明了品牌的本质，即用户头脑中对产品和企业的印象。李奥·贝纳（Leo Burnett）当年说的"产品在工厂，品牌在人心"就是这个意思。

也就是说，品牌就是品牌印象。更准确地讲，作为用户头脑中的一种印象，品牌就是一个记忆结构，大致包括两个部分：首先，品牌的模样或形体，如名称、标识、符号、口号、颜色和声音等品牌元素（brand elements），以帮助用户辨识"我是谁"；其次，品牌承载的含义，表达"我代表或意味着什么"。因此，品牌的定义可由下面这个简单公式表达：

品牌＝品牌印象＝品牌记忆结构＝"品牌形体"+"品牌含义"

打个比喻，品牌在用户头脑中就像是一个注满水的容器。这个容器就是品牌形体，里面的水就是品牌含义。打造品牌就是在用户头脑中植入这个容器，再不断向里面注入含义的水。

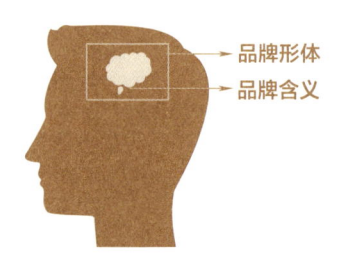

例如，苹果公司在用户头脑中的印象就包括两部分：

（1）品牌形体："苹果"这个品牌名称，缺一口的苹果标识，白色，超薄产品，苹果商店等；

（2）品牌含义："酷"、"时尚"、"创新精神"和"易用"等。

其他品牌也以这种形式存在于用户头脑中，如：华为，"华为"名称、黑色英文大写的字符、红色火焰的标识、"高质量"、

"科技"和"创新";星巴克,"星巴克"名称、含有星巴克白色大写字符的圆环、美人鱼标识、绿色、"小资"、"美国风"、"社交";耐克,"耐克"名称、耐克勾、黑色、"行动起来"、"追求卓越"和"积极乐观"。

可以看出,从记忆结构的角度来讲,品牌形体和品牌含义是构成记忆结构的各个节点,这些节点就是"品牌联想"。

品牌是用户情感

这样看来,打造品牌就是在用户头脑中形成一个鲜明、正面和长久的印象,也就是一个具有积极内涵的长期记忆结构。如果用户的头脑中对一个品牌有了这样高质量的记忆结构,那么当消费需求出现时,他们会立即想到它从而进行购买。这就是南澳洲大学知名市场营销学教授拜伦·夏普(Byron Sharp)非常流行的"心智显著性"(mental availability)观点。所以,打造品牌的关键不是寻求价值"差异化"(differentiation),而是寻求品牌的"独特性"(distinctiveness),并通过传播手段打造一个深广的记忆结构,或广泛的"品牌联想",从而让品牌在各种场景都很容易被用户"想得到"。

这种观点似乎很合情合理,但并不完全正确,而且只适用于在工业化时代消费场景下的高同质化快消品或日用品。在众多基于技术驱动的品类中,尤其是在数字化时代的今天,这种说法越来越偏离品牌的本质。

其实，品牌不是用户头脑中的一种客观理性印象，如苹果的"时尚"和"酷"，而是一种主观情感记忆。更准确地说，是关于产品的感觉和相关情绪的一种记忆，代表一种抽象但又很简单的个人主观感受。而且，在很多情况下，这种感受和情感存在于用户的潜意识层面，很难表述，近乎一种直觉。但在某个消费场景下，这却是最先从记忆中被调取出来的，并直接影响用户对某个品牌的判断。

所以，品牌其实不是"信息"记忆，而是"情感"记忆。更准确的品牌公式则是：

品牌＝品牌印象＝"品牌元素"＋"用户情感"

因此，品牌是用户心中一种"非理性"的感受和情绪。更简单地说，对用户而言，品牌就是一种情感符号。而且，这种感觉时刻处在变化中，不断根据输入的信息和直观感受进行重塑。用户对品牌的感觉和情绪主要形成于和品牌所代表的产品、服务及企业的互动体验。对于从未使用过的品牌，用户会依据他人的判断和一些最直观的感知线索，如产品的形体、品牌元素的特征，甚至广告的内容等快速做出一个判断，就如同见到陌生人所做出的快速直觉判断一样。这些随意的，看似非理性的，甚至根本经不起推敲的快速判断就是用户做出品牌购买决策的基础。然后，用户会根据实际的使用体验对自己最初的感受做出修正。

这样看来，说"品牌存在于用户的心中，而非头脑中"更为准确，即品牌存在于用户的感性世界，而非理性世界。可以说，无情感无品牌。

再回到"苹果",为什么这个品牌受到全球用户的追捧如此之久?是因为它带给用户一种特别而强烈的感受和情绪,就是这种情感驱动了用户去购买苹果产品。但当问及用户为什么购买苹果产品时,他们大多会说是因为苹果的产品时尚、酷、代表创新等。其实这些词或"品牌联想"并不代表苹果品牌在用户心中真实存在的形态,而只是用户对心中"非理性"的品牌感受进行的一种"理性"表述。围绕苹果产品生成的情感才是苹果品牌的真实存在。

那么,这种品牌情感到底是什么?回答这个问题就需要讨论用户的"情感记忆金字塔"(见图1.1)。

图1.1 情感记忆金字塔

虽然人的情感无比复杂，但在品牌这个特定范畴内大致可以归结为四类：信任、赞赏、喜爱和敬仰。这四种品牌情感以信任为基础，然后随着情感强度的增加，不断提升直到"敬仰"，呈现像金字塔一样逐级升高的结构。品牌情感的这种升级过程和异性之间的情感发展很相似，都从"信任"开始，然后在逐步交往中，上升为"赞赏""喜爱"，甚至"敬仰"。

企业打造品牌就是先在用户心中构建"信任"情感，然后逐渐升级到"赞赏"、"喜爱"和"敬仰"等强度更高的情感。这种情感关联的建立和升级就代表品牌建设的四个阶段。因此，虽然可以说打造品牌就是打造"品牌联想"，但真正围绕品牌的"联想"不是一个个"概念"或"含义"，而是"情感"或"感受"。

用户心中的这四种品牌情感就带给用户四种心理感受，即安全感受（feeling safe and secure）、愉悦感受（feeling good）、亲密感受（feeling intimate）和成就感受（feeling accomplished）。这四种感受代表人的四种基本心理需求的满足，和马斯洛需求层次理论的各个层次大致对应。因此，品牌实际上满足的是用户的情感需求。按照马斯洛的理论，人的需求从底层的生理到最高层的自我实现而不断提升，其中包含上述几个层次的情感需求。品牌建设作为用户品牌情感的建设也要顺应人的情感需求的升级而不断升级。企业满足了用户的这些情感需求，用户就自然会产生相应的品牌情感。品牌本质上是和用户的情感连接。

品牌情感的强度决定品牌强度。用户对绝大部分品牌没有什么印象，更谈不上长期的情感记忆。一般而言，"信任"情感生成"大品牌",如腾讯、微软和亚马逊等。"赞赏"则生成"好品牌",如戴森、宝马和雀巢咖啡等。"喜爱"塑造"强品牌",如抖音、Peloton[①]、华为、Zappos[②]和露露乐蒙等。"敬仰"构建"超品牌",处于这个情感层次的商业品牌很少,如华为被中国的部分用户视为英雄品牌,而苹果、耐克和哈雷摩托等在海外特定用户群中也可以达到这种境界。在这个层次的"超级"品牌,往往成为时代的文化符号(iconic brand)。当然,非商业品牌成为"敬仰型"品牌则更多,如全球顶级大学:清华、哈佛和剑桥等;顶尖科研机构:中国国家航天局(CNSA)、美国国家航天局(NASA);知名文化机构:故宫、国家地理(National Geographic)和大英博物馆等;以及广受尊敬的国际组织,如联合国教科文组织(UNESCO)、《科学》(Science)杂志和《自然》(Nature)杂志等都位居用户情感金字塔之顶。这样的品牌已经超越了文化符号,成为承载人类精神力量的殿堂级品牌。

因此,品牌以情感的方式长期存在用户心中。当用户受到和品牌相关的外部刺激后,关于这个品牌的特定情感和感受会从"心"中被提取出来,而非主流品牌理论所说的一系列词语和形象记忆,即"品牌联想",这种感受或情感就直接驱动用户决策。基于信息记忆的"品牌联想"不是品牌的本质,而基于情感记忆的"品牌联情"才是品牌的真正形态。所以,品牌作为一种情感记忆,代表的是一种情感型用户"关系"。可以说,所有的品牌都是"关系型"品牌。

[①] 美国的互动健身平台。——编者注
[②] 美国一家卖鞋的 B2C 网站。——编者注

【管理引申】

1. 品牌战略是"心"的战略，不是"脑"的战略。无论是在 C 端（consumer，消费者、个人）还是 B 端（business，商家），品牌战略的核心都首先是如何获得用户的信任。

2. 打造品牌就是和用户建立情感关系的过程，和人与人之间建立情感关系的过程相同。只有用真心、真价值，才能换取用户的真情。

3. 过度强调认知的品牌战略是错误的，真正有效的品牌战略是情感战略。它必须要深入用户内心，满足用户更深层的情感需求。

品牌是情感型决策捷径

毫无疑问，品牌是驱动用户决策的重要力量。这就是企业为什么要投入这么多资源和精力去打造品牌。但品牌如何影响用户决策？更广泛的问题是：用户如何决策？这其实是品牌乃至整个市场营销领域里最核心的问题。

要回答这个问题，我们先看看美国著名神经科学家安东尼奥·达马西奥（Antonio Damasio）的名言："人不是可以感受的思维机器，而是可以思维的感受机器。"（We are not thinking machines that feel, we are feeling machines that think.）即人是由感性和情绪驱动，而非理性和理智驱动的动物。同时，达马西奥教授对人类情感的多年研究显示，如果人脑中负责情感的部分受损，人仍然可以对复杂的问题和情况做出细致的分析，但是他却丧失了决策的能力。也就是说，情感会给决策的选项贴上"好"、"坏"还是"中性"的躯体标记（somatic marker），从而引导人做出选择。这种对决策选项的好坏判断来自过去体验留下的情感记忆。如果人无法对选项做出情感判断，他就无法分清选项的好坏，也就会陷入对各种选项无穷无尽的比较而无法做出决策。因此，驱动人类决策和一切行为的主动力是情感和情绪。

大多数人的直觉是：这个论断仅仅适用于 C 端市场。而在 B 端市场，决策人都非常理性，是理智而非情感在驱动他们的决策。其实不然，在 B 端市场，做决策的仍然是人。情感驱动是人的天性，不关乎行业特征。只不过在 B 端市场，决策人会做出各种努力让自己看上去更加理性。

谈到人的决策，就不能不提到由知名心理学家丹尼尔·卡尼曼教授（Daniel Kahneman）发扬光大的第一决策系统和第二决策系统理论（system 1 vs. system 2）。这个理论指出，人的大脑如同拥有双处理中心的电脑，有两个并行的决策系统（见图 1.2）：第一系统依赖直觉、情感，快速地做出决策。它的运作是一个时刻进行的自动过程，很多发生在无意识和潜意识的层面。第二系统依赖推理、逻辑和数据，是一个显意识的，也需要高度注意力的慢速决策系统。因为它很耗能"耗电"，所以大部分时间处于静态，只是在需要时才会被启动。在现实生活中，哪个系统是人类决策的主宰？卡尼曼教授多年的研究显示，人的第一系统远比第二系统强大。在绝大多数情况下，无论在 C 端还是 B 端行业，决策人都是用第一系统进行快速决策，然后用第二系统给自己的情感决策提供一个理性的解释。只有当决策出错的后果很严重时，如在特定的B端市场，决策人才会启动缓慢而且耗能巨大的第二系统。

因此，人是第一系统的生物，而第一系统才是决策的主宰。也就是说，人根本就不是理性的，生活中的绝大多数决策会"跟着感觉走"。那么，由感性驱动的第一系统做决策时会不会让人犯更多的错误呢？并不是。研究表明，在高度复杂的决策场景，第二系统很可能无法做出清晰的分析和判断，此时依赖直觉的第一系统往往会比理性驱动的第二系统做出更好的决断。因此，人在越复杂的决策场景，就越容易使用快速简洁的第一系统做决策。这就说明，在貌似理性的B端市场，决策人采用第一系统进行决策的概率更高。

图1.2 人的两个决策系统

那么，要想影响人的决策，是应该"讨好"人的第一系统，还是第二系统呢？答案似乎不言自明。那么，这些讨论和品牌有什么关系呢？

要回答这个问题，还需要再引入一个心理学概念：人人都是认知吝啬鬼（cognitive miser）。

心理学研究指出人就像一台机器，每天只有有限的能量。

所以，人在处理问题时会用最简单容易的方法以便减少大脑的能量损耗。这种心理"偷懒"倾向是人的天性之一。美国心理学家苏珊·费斯克（Susan Fiske）和谢利·泰勒（Shelly Taylor）则把这种现象归纳为一个简单的结论："人生来就是认知吝啬鬼。"

也就是说，人天生不喜欢思考，处理信息和问题时往往采用"决策捷径"，即基于常识和经验上的一些简单判断依据，如"熟悉的东西都是好的""颜色奇怪的饮料味道一定不好"等，快速做出判断和选择。人依赖决策捷径的懒惰做法其实是在漫长进化过程中逐渐建立的一种关键生存能力，能够让他们更加高效地应对生活中面临的各种问题和挑战。

换言之，这些理论互相验证，它们共同的核心观点是：人的"决策大脑"其实很小，并不喜欢思考。作为认知吝啬鬼，人们在处理问题时总想"多快好省"，所以惯用决策捷径来启动第一系统进行快速决策。情感就是一种最强大的决策捷径。一个人对一件事情的感觉或直觉就足以引导他对这件事的好坏做出判断，从而进行决策。其实，就算一个人启动第二系统进行理性决策，最后他也要在各选项贴上"情感"标签后才能做出选择。所以，从这个意义上说，所有的决策都是情感决策。

说了这么多关于决策的心理学和神经学知识，那这些和品牌有什么关系呢？大有关系！作为一种情感记忆体，品牌就是用户最重要的"决策捷径"。

众所周知，无论在B端市场还是C端市场，品牌都是用户用来决策的重要依据。对用户而言，品牌降低决策风险，可以帮助他们迅速做出判断，从而节省大量心智资源，让生活更加轻松。

这就是品牌对用户最大的价值。也就是说，品牌为我们这些"认知吝啬鬼"的决策提供了捷径。

不但如此，作为用户的情感记忆，品牌是最强大的一种决策捷径，即"情感型决策捷径"（affect heuristic）。用户看到品牌，就会依据品牌在自己心中的感觉和情绪做出快速决策。对于一个熟悉的品牌，用户的品牌情感源自和品牌的重复互动而形成的信任、赞赏或喜爱。当面对一个新品牌时，如果决策风险很高，用户可能会启动第二系统进行细致分析而做出决策。但在大多数情况下，用户会采用其他决策捷径，如"显著度捷径"（availability heuristic）或"相似度捷径"（familiarity heuristic）等快速建立对品牌的感觉或直觉，并做出决策。然后会按照决策结果的质量对品牌在记忆中的"第一感"进行修正，进而形成一种较为持久的情感记忆。

对企业而言，品牌存在的最终目的是驱动购买，无法驱动购买的都不是真正的品牌。了解了品牌是一种"情感型决策捷径"，企业就应该知道：品牌只有承载用户情感才能够驱动决策。可以说，没有情感就没有品牌，就算企业有很强的正面印象也不够。

比如，很多用户对三星手机印象很深，认为它代表高科技、创新等，但他们可能对这个品牌并无感觉，购买时仍然会选择华为、苹果、小米或一加。就像两性交往中，你可能对一个人印象很好，但就是对他没感觉，俗称"不来电"。品牌就是在用户心中让用户对某个产品"来电"的情感。换句话说，品牌就是能够驱动用户决策的感觉和情感。这才是品牌的实质。

因此，品牌不是用户对一个企业或产品的综合印象，而是综合情感或情绪。打造品牌就是在用户心中打造这种情感或情绪记忆。这种情感记忆就是品牌资产（brand equity）的基础。所以，打造品牌不是建立认知，而是建立情感。

再回到刚才的讨论，在 B 端市场，面对如此重要的决定，难道决策人仍然会在情感驱动下启动第一系统做出决策吗？当然不完全是。如果决策风险过高，决策人会通过对数据和其他客观证据的详细分析和对比而做出决策，但是最后的"临门一脚"一定是情感驱动的。这就是为什么在"理性"的 B 端市场，与"感性"的 C 端市场相比，品牌对决策行为的影响更加明显。

【管理引申】

1. 基于"知名度"的品牌战略很可能无法驱动用户购买。企业在制定和实施品牌战略时要专注于"情感度"。

2. 品牌战略必须聚焦用户的"第一系统"，而非"第二系统"，需要放下第二系统的"品牌联想"，关注第一系统的"品牌联情"。

3. 在所谓更"理性"的 B 端市场，品牌建设其实更重要。

虽然品牌是情感记忆，但是打造品牌却不能只靠情感。做品牌煽情和社交媒体的刷屏无法获取用户真实的感情。那么如何打造用户的品牌情感呢？要回答这个问题，先要从企业端来看品牌是什么。

品牌最基本的含义就是品质

从用户端看，品牌就是一种感觉和情绪记忆，一种用户的决策捷径。从企业端来看，品牌又是什么？

其一，不是名称、口号、符号、颜色、吉祥物等品牌元素。这些只是品牌的外在载体，远远不足以构建用户情感。

其二，也不是广告、社交媒体推广、公关、网红带货和明星代言。这些是打造品牌的手段，不是品牌本身。更重要的是，这些手段只对放大品牌声量、增强品牌曝光有效，而对打造用户品牌情感，尤其是长期情感，作用有限。

那么，构建深厚而持久的品牌情感要靠什么呢？

自然不能靠忽悠和宣传，也无法依靠定位和视觉钩，只能靠用户价值，而且是年复一年、日复一日稳定的优质价值。所以，品牌关乎价值。从企业角度来看，品牌就是承载价值含义的符号。更简单地说，品牌就是一种价值符号。

因此，"品牌形体" + "品牌含义"是企业端对品牌的更准确的定义。对企业而言，打造品牌的具体内容就是打造品牌形体和品牌含义。品牌形体和含义会激发特定层面的用户情感，在他们心中形成"品牌情感"，也就是"品牌"。

所以，企业在打造品牌的过程中，首先需要搞清楚，而且需要不断提醒自己的就是："用户需要什么样的价值？""我们在给用户提供什么样的价值？""我们应该给用户提供什么样的价值？"价值才是点燃用户情感的第一因。因此，任何品牌的基础都是价值。这就是品牌战略的第一公理："无价值，无品牌。"

作为价值符号，品牌应该具体代表什么价值？这个问题的答案随着品牌自身成长和宏观商业发展阶段的不同而有所不同。

再回到用户端，看看用户情感金字塔。

用户情感金字塔有四层，生成每层情感的价值都有所不同。先从底层的"信任情感"来看，构建"信任情感"靠什么？就是靠品质。产品质量不佳，无法解决用户问题，就根本无法赢得用户的信任，那么企业无论如何在媒体发声、用如何高明的定位、选用哪个网红来代言都没用。所以，在任何行业，品牌建设的出发点都是一个好产品。因此，对企业而言，品牌首先需要代表的价值就是"品质"。品牌就是品质符号。

有了高品质的产品，就可以在用户心中逐渐形成围绕品牌的"信任情感"。一旦"信任情感"在足够多的用户心中建立，一个"大品牌"就呼之欲出了。剩下的就是让更多的用户都使用这个产品，从而让这种"信任情感"不断蔓延到市场的各个角落。在这个扩展过程中，这种品牌信任情感会不断加强。一旦"深而广"的信任情感注入大部分人的心中，一个"大品牌"就建成了，如腾讯、微软和亚马逊等。大品牌要变成好品牌，只有"信任情感"还不够，还需要把用户情感上升到"赞赏"层面。构建"赞赏情感"靠什么？品质当然是基础，但仅靠品质还不够，还要具有满足用户心灵需求的能力，即提供感性价值。因此，产品或价值需要具有超越"品质"的"品位"，如代表一种积极的情绪、态度、个性和身份等。此时的品牌就成为"品位符号"，如戴森、雀巢咖啡和宝马等。好品牌要想变成强品牌，就需要使其在用户心中的情感从"赞赏"跃升到更强烈的"喜爱"。

这时品牌就需要真正触动用户的内心，给他们一个充分喜爱的理由。从企业角度来看，就是要通过提供优质的体验，尤其是"用户关系"体验和具有内涵的思想价值去与用户建立亲密感，产生心灵深处的共鸣。这个阶段的品牌给用户提供的核心价值就是出色的总体体验。品牌在这个阶段也就成为"体验符号"，如Peloton、宜家和星巴克等。品牌要想攀登到情感金字塔之顶，获得"敬仰情感"，只能靠定义某种引领时代潮流的理念、态度和精神境界，帮助用户在某种程度上完成自我升华和自我实现。这个阶段的品牌就是"引领符号"，如苹果、耐克和哈雷摩托等。

所以，从企业端来看，品牌的内涵和定义随着品牌的发展阶段而不断演化。

那么，品牌到底是什么呢？对企业而言，根据品牌所处的商业发展阶段，它可以是下述的任何一个定义："品牌是品质"，"品牌是品位"，"品牌是体验"，"品牌是引领"。

企业端的这四种品牌定义对应着用户端的四种品牌情感层次，同时也代表着品牌发展的四个阶段。（如图1.3所示）可以看出，品牌建设就是让用户情感从无到有、从弱到强的过程。品牌的最初阶段是基于产品理性效能和价值的信任情感。对企业而言，这个阶段的品牌建设就是产品和服务的价值提升。品牌发展的第二个阶段是使用户的情感从"信任"变为"赞赏"。要想得到用户的赞赏，仅仅专注于品牌的理性价值还不够，需要给品牌注入感性价值，让品牌触动用户的心弦，如让品牌成为个人身份、品位的一种标签和彰显。品牌发展的第三个阶段需要将用户情感从"赞赏"跃升为"喜爱"。这就是顶尖品牌如苹果、耐克、乐高、特斯拉和露露乐蒙等所处的层次。

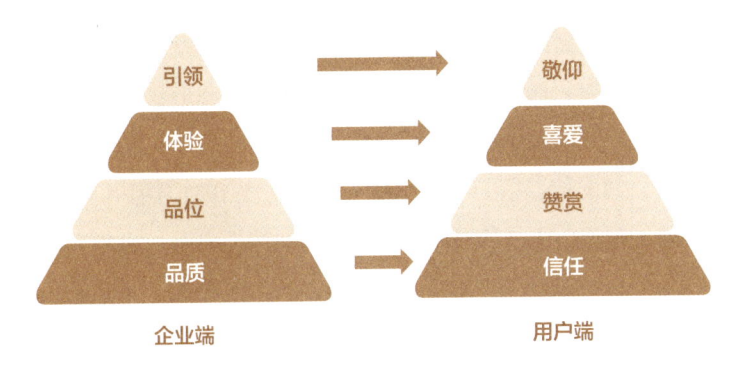

图1.3　品牌发展与用户情感的四个阶段

在数字化时代，要想打造高情感强度的品牌，企业必须要内外兼修，软硬兼备。也就是说，它们需要在向用户提供优质产品的同时，构建数字化"品牌全景体验"，全面满足用户身心灵的多重需求。也就是在提供卓越价值的基础上，还要给品牌注入更深的文化和思想内涵，例如让品牌代表一种引领社会潮流的理念和生活态度。这个阶段的品牌往往超越了商业范畴，而成为一种生活方式的象征。此时的品牌战略就是"产品"和"文化"的复合战略，而企业也开始从"产品生产者"演化为"文化或意义生产者"的复合体。这个境界的品牌应该是所有企业努力的方向。

品牌的四个定义和情感类型反映的是品牌发展的阶梯式演进。各个发展层次之间不是互相排斥，而是逐次递进而升高。更高一层的品牌定义包含所有下层的内涵，如"体验"层面的"喜爱情感"型品牌就必须已经具有"品位"和"品质"特征。

一般而言，成功的品牌都会随着时代的变迁，尤其是传播沟通技术的发展而逐步按照这些阶段进行演进。例如，可口可乐最初代表的就是"品质"，即"清新爽口"的软饮料。在这个阶段，可口可乐是"品质"符号。当时的品牌策略也只是专注于可口可乐的各个品牌元素设计，如标识、符号、颜色和形状等。随着电视的普及，可口可乐通过一系列成功的广告给品牌注入更多的感性价值，如友情、活力和团结精神等。它在1971年播出的经典广告《山顶篇》更是给品牌赋予了更深的感性内涵。这个阶段的可口可乐可以视为"品位"符号。2000年后期进入数字化时代以后，可口可乐努力给用户提供多元的数字化体验，正在把自身转化成一个"体验型"品牌。和众多其他知名品牌一样，可口可乐的这个数字化体验转型还在进行中。可以预见的是，以可口可乐为代表的全球顶级品牌还会进一步演进，成为能够引领用户向前的"意义型"品牌。

但无论品牌的定义如何演进，作为一种商业存在，它最基础的含义永远都是"品质"，即它解决用户问题的能力。这是一切品牌和企业存在和成长的基础。如果没有"品质"，讲体验和意义都算是一种用户欺诈，这种做法在数字化时代的今天绝对不可能长久。

【管理引申】

1. 品牌战略要实现的首要目标是"品质为王",即生产高质量的产品,向用户持续稳定地提供优异的用户价值。

2. 衡量品牌战略是否成功的标准是看用户情感强度的提升程度。

3. 数字化时代的品牌战略必须要包含专注于品牌思想的"文化战略"。

品牌是企业组织能力的外现

品牌在用户心中获得"信任"情感就已经可以驱动用户的消费决策,从而促进业务发展。所以,对于绝大多数企业,尤其是在B端市场的企业,构建信任情感就已经是一个相当充分的品牌战略。不用好高骛远,先把产品做到极致。做好产品靠什么?第一,靠技术研发;第二,靠市场研发。技术研发专注于如何利用最先进的技术手段打造高质的产品和体验,而市场研发则研究如何利用神经学和心理学最前沿的理论建立深广的用户情感。这就是研发的"双轨制"。目前来看,国内大部分企业对技术和产品研发的投入不足,用户心理和情感研发更无从谈起。打造品牌都是靠宣传和市场营销手段,而不是靠强大的产品力和思想力。这样的品牌很容易起得快也落得快。近几年来风起云涌的大批"新国货"品牌很多属于这种类型。

打造品牌就是打造用户心中的情感。这里没有捷径。要想品牌真正持久而强大，只有靠高强度的研发和极致的产品，再加上品牌深刻的思想内涵。可以说，研发的强度和思想的深度直接决定了用户情感的强度，也就决定了品牌的强度。这是品牌建设的最关键逻辑。

从企业端看，品牌是"品质"、"品位"和"体验"。更深层来看，品牌其实是企业组织能力的外现。无论是"品质"、"品位"还是"体验"，都代表一种特定的用户价值。持续稳定高质地向用户交付这些价值靠的是强大的企业组织能力。组织能力是一个企业的内功。因此，强大的品牌代表的就是强大的企业组织能力。可以说，品牌是企业内功的外现，是企业内功修炼到一定程度自然而然的结果，而不是靠广告、营销和各种社交媒体的发声和造势。

华为在全球市场打造品牌的成功就是优秀的案例。20 世纪 90 年代，刚刚开始国际化的华为根本不为人知，而且也没有真正具有市场竞争力的产品，因此在开拓市场时无比艰难。在发展中国家市场，华为大力进行形象营销，如精心安排潜在客户到香港和北上广等一线城市以及深圳总部参观等。这些措施取得了一些成效。但在发达的西欧市场，华为使出浑身解数也始终无法打开市场，甚至连客户企业的关键决策人都见不到，打造品牌更无从谈起。华为的突破方法只有一个，就是抓住一切机会贴近客户，进行针对性创新。终于，在 2006 年，华为通过帮助荷兰濒临倒闭的运营商 Telfort 建 3G 网，开发出含有突破性技术的分布式基站，从而获得沃达丰西班牙的接受。其后在 2008 年，华为又研发出真正具有颠覆性的第四代基站（Single RAN），在性能上远超竞争对手，从而彻底打开局面，并在 2012 年成为欧洲的市场领袖，也一举奠定了自身全球知名品牌的地位。

华为手机品牌的打造也遵循这个基本逻辑。作为一个出身于 B 端的加工制造型企业，华为长期被工程师文化主导，在以宣传为导向的品牌建设方面一直缺乏感觉。华为手机在 2013 年"出道"，当时，小米靠互联网营销手段和"参与感"如日中天，OPPO 和 vivo 靠眼花缭乱的品牌运作和深厚的渠道能力也在 2016 年成为市场领袖，而华为的品牌在市场上却一直没有存在感。在顶级研发体系的发力下，华为在推出高端机 Mate7 后就开始快速发展，4 年后就实现了对小米、OPPO 和 vivo 的全面超越。可以说，华为无论在 B 端还是 C 端，都是靠强大的研发能力打造出高端产品而实现了品牌的突破。对华为来讲，品牌战略几乎就是研发战略。

这样看来，打造品牌就是打造企业组织能力，这是一件事，不是两件事。而对任何企业而言，最核心的组织能力就是研发创新能力。只有长期稳定地给用户提供优质的价值，才能真正获取他们的信任、赞赏和喜爱。所以，真正的强大品牌都无法引爆，因为它背后的强大组织能力要靠长期的辛勤积累。正如亚马逊的创始人杰夫·贝佐斯所说："亚马逊在世人眼中所谓的'隔夜成功'（overnight success），背后都是十年默默无闻的辛苦努力！"这就是品牌建设的真谛。

进入数字化时代，所有行业，甚至是一贯靠"讲故事"和"打广告"制胜的快消品行业都逐渐高科技化，而技术和研发能力也越来越成为企业打造品牌的必备组织能力。当然，随着"千禧一代"和"Z 世代"在全球范围内成为主要的工作和消费群体，他们对企业和品牌的思想内涵提出了更高的要求，并会按照企业的价值观和对社会的贡献来决定是否购买它们的产品或为之效力。这就是为什么企业对环境、社会责任和公司治理（ESG: environment, social responsibility and corporate governance）方面的关注日益成为管理思想的主流。因此，品牌除了向用户提供效能，还要具有提供思想内涵的能力。这是数字化时代的企业急需构建的核心组织能力。2018 年，华为联手欧洲聋哑人联盟（European Union for the Deaf）、企鹅出版集团和动画巨头阿德曼动画（Aardman Animations）推出的帮助聋哑儿童阅读的安卓应用 StorySign，就是其打造品牌思想内涵的努力。由此可以看出，思想能力将日益成为企业品牌建设的核心能力。

在数字化时代，打造品牌的另一个关键组织能力是"关系能力"，也就是企业和用户构建个性化亲密关系的能力。品牌本质上就是情感型用户关系。技术和思想自然能够帮助品牌形成和用户之间的情感关联，但是构建深度的亲密关联还需要专门的用户关系战略以及相应的组织能力。这个能力不同于传统企业的"客户关系管理"，而是企业要真正以用户为友，通过平等并频繁的沟通和互动，与用户形成互信互利的长期共生关系。在传统工业化时代，构建和用户的深度关系成本很高，而且在用户众多的 C 端市场几乎无法实现。但在数字化技术和人工智能的支撑下，企业完全可以构建这种关键的"关系能力"。

品牌是情感，但在数字化时代，这个情感的建立需要技术驱动、意义驱动和关系驱动。因此，企业只有构建技术研发、意义创造和关系发展的三大核心组织能力，才能打造出真正强大的品牌。

本章金句

- 品牌是用户的情感记忆，代表的是一种情感型用户关系。情感是驱动用户决策的唯一力量，打造品牌的本质就是打造用户情感。

- 品牌的基础是"价值"，可以说无价值，就无品牌。品牌价值的内涵也在不断扩大，从工业化时代的"品质"延伸到"品位"，再发展到数字化时代的"体验"，而最终将成为智能化时代的"引领"。

- 打造品牌不靠宣传靠研发。进入数字化时代，打造品牌还要靠"思想建设"和"关系发展"。本质上说，打造品牌就是打造企业的组织能力。

核心一句话：品牌是情感，价值为基础。

第二堂课
什么是品牌战略?

品牌战略不是塑造用户认知的传播和宣传战略，更不是所谓的"定位"，而是围绕"价值"、"文化"和"关系"构建的激发深广用户情感的战略。品牌战略的核心是"价值"，具体而言，就是产品、服务和体验。它还要超越产品，向用户和员工提供思想和精神价值，从而和他们产生深层的心灵共鸣。在数字化时代，品牌战略的关键是依托技术平台打造全场景、沉浸式品牌全景体验，以满足用户身心灵的总体需求。

对品牌战略的误解

除了对品牌，企业对品牌战略也有不少误解。一谈到这个话题，大家都会想到广告、推广、代言等宣传活动，好像做品牌就是去媒体平台上放大声量，让搞创意的人"自嗨"，完全把品牌战略搞成了传播战略。因此才会有以下常见的疑问：

"中小企业需要做品牌吗？""B端企业需要做品牌吗？"

这些都是典型的伪问题，源自对品牌的错误理解，即把打造品牌的手段和品牌本身混为一谈。品牌不是定位和口号，也远远不是媒体宣传，而是用户对一个企业和产品的信任、赞赏或喜爱。打造品牌就是去建立用户的这种"信任"、"赞赏"和"喜爱"。无论规模大小和行业类型，哪家企业不希望用户信任、赞赏和喜爱自己和自己的产品呢？

企业之所以会问出这些伪问题，有两个主要原因。

第一，多年来的习惯性思维没有与时俱进。

在工业制造化时代，媒体相对较少，也普遍具有专业性和公信力。媒体为品牌做广告其实就是在为这个品牌做"信用背书"或推荐，把大众对自身的信任输送到这个品牌中，从而使用户建立对产品的"信任情感"。更重要的是，品牌数目也相对较少，因此具有更高的公信力。一般而言，用户对听说过的品牌会有基本信任，品牌"知名度"就会带来购买。因此，在那个时代，品牌掌握了媒体话语权，也就掌握了用户的信任力和购买力。最典型的就是20世纪八九十年代的国内市场，企业在央视上一做广告，它的产品就一定会在全国畅销。在那个时候，打造品牌几乎等同于媒体宣传。

但当今时代已经大不相同。首先，媒体数目众多，而且信用显著下降，因此只能承担发声筒的功能，基本丧失了信用输出能力。虽然当红自媒体的推荐仍能对品牌进行信用背书，但它们和主流大众媒体相比，触达规模仍有相当的差距。另外，由于各品类的品牌数目都很多，竞争极其激烈，同时用户也变得更加成熟，品牌获取用户信任也变得越来越难，只有综合实力足够强的品牌才能脱颖而出。在这个时代，品牌建设已经完全不能和媒体传播画等号，但是大众多年来形成的思维惯性还很难改变。

第二，品牌管理和市场营销行业里专业素养薄弱的人员比较多。

和其他商业领域如金融、会计、运营和人力资源等相比，市场营销和品牌是两个仍然发展很不成熟的行业。同时，因为这两个领域发展太快，理论和实践体系的构建远未完成，专业化程度较低，门槛也相对较低，好像人人都能做品牌搞营销，从而吸引了大批专业知识比较薄弱的从业人员。他们对本专业的基本概念缺乏深入理解，客观上对行业内充斥着大量伪观点的现状起到了推波助澜的作用。但是，随着大数据、人工智能和市场营销技术（MarTech）的飞速发展，品牌管理和市场营销正在成为商业领域里最科学化、系统化的严谨学科，在市面上流行多年的很多误解也会随之烟消云散。所以，在这个时代，企业要搞好品牌：首先，不要迷信广告，同时尽量靠近科技；其次，要大力提高品牌和市场营销部门员工的专业素养。不然，企业只会在错误的道路上越走越远。

再回到前文提到的那两个很典型的品牌问题：中小企业需要做品牌吗？B端企业需要做品牌吗？其实他们问的真正问题是：中小企业和B端企业要不要花钱搞宣传？他们的认知还是过去几十年那套旧理念，即做品牌等于搞宣传，品牌战略等于定位和传播战略。

传播战略当然是品牌战略的重要一环，但远远不是全部。打造品牌不是靠说，而是靠做，是靠真心实意、踏踏实实地给用户日复一日、年复一年地输送卓越的价值。众所周知，全球有一些顶尖的企业很少在媒体上发声，也一样打造出成功的品牌，如谷歌、特斯拉、脸书、星巴克和爱彼迎等。

因此，对上文问题的正确回答是：当然需要做品牌（做品牌＝构建用户信任、赞赏和喜爱），而且任何企业在任何时候都要做品牌。但中小企业和B端企业要不要花钱搞宣传做品牌呢？简单的回答是：在绝大多数情况下，绝大多数中小企业和B端企业并不需要。这两类企业只有把所有资源聚焦于创新、好好把产品做好，才是其做品牌的正道。

除此之外，企业也要意识到，把品牌战略等同于传播战略会严重损害企业的品牌建设。一般而言，这些误解会给企业带来五个问题。

其一，品牌战略和企业及业务战略割裂。

企业是创造商业价值的组织。很显然，它的核心战略就是如何更好地为用户和自己创造价值。品牌关乎用户情感。唯有持续稳定地向用户提供优异的价值才能让用户真心信任和赞赏。所以，品牌战略的核心也是用户价值。从这个意义上说，品牌战略和企业战略高度重合。可以说，品牌战略是企业战略的核心组成部分和灵魂。

如果企业把品牌战略狭义地理解为传播战略，就会把品牌战略从企业战略中剥离而成为一项操作层面的战术来运营。这样不但让企业战略缺乏清晰的方向，也让业务战略丧失指导原则，不但动作容易走形，而且会过于强调短期效应。可以说，如果品牌战略没有和企业及业务战略高度融合，它就只是一些华而不实且无法落地的空泛创意，企业和业务战略也丧失了内核和灵魂。

其二，把战略问题交给战术部门去做。

品牌战略是企业最重要的战略之一，应该由企业总裁领导、相关高管负责，各职能和业务部门充分参与并共同执行。但如果将品牌战略视为传播战略，就会交由市场营销或品牌部门去策划和落地。首先，传播根本无法解决公司品牌建设的核心问题，即建立深厚的用户情感。另外，品牌是一个企业最关键的战略资产，不能把它交由企业次要部门来管理。它们既无足够的权力，也无必要的专业能力，根本无法胜任这项最重要的工作。当然在用户驱动的数字化时代，市场营销和品牌部逐渐会成为企业最核心的战略部门，指导并牵引其他所有业务和职能部门的工作，也会由最有能力的管理团队掌控，但至少目前在绝大部分企业里不是这样。

其三，无法构建打造品牌的组织能力。

品牌战略的根本目的之一是确保企业可以建立打造品牌的组织能力，能够不断优化品牌建设的各项工作，形成有效的方法论，从而持续复制品牌建设的成功。这样，打造品牌会成为一种规范，而不是靠拍脑袋或靠运气。把品牌战略视为传播战术，会把品牌建设的战略问题变得局部化和战术化，而且专注于随机应变的短期实施，无法去构建一个完整的品牌管理体系和能力。就算偶尔打造出一个品牌，也是撞大运，无论是成功还是失败，都缺乏对其背后逻辑的深刻洞察，自然无法构建长期稳定的品牌建设能力。

其四，品牌建设的低效甚至无效。

品牌的核心是价值。从用户端来看，价值建立情感。从企业端来看，组织能力产生价值。成功打造品牌依靠的是企业强大的组织能力。企业如果把品牌战略视为传播战略会过度强调认知，企图用定位和声量去抢占用户心智，因此会把主要精力放在定位、媒体霸屏、设计和文案上。同时惯用短期营销手段去进行所谓的"引爆品牌"，而不注重这些品牌背后所承载价值的质量，更不会考虑系统地构建支撑品牌的组织能力。所以，在工业化时代，这种方法还可能奏效。但在数字化时代，因为用户需求和消费场景的显著变化，就算传播型品牌战略引爆了某个品牌，也会因为其价值上后劲乏力，而快起陡落，成为"鲨鱼鳍"型品牌，根本无法打造一个长期兴旺的品牌。

其实如果没有显著差异化的优质价值，抢占到了用户心智也没有什么用。而且，就算一个品牌具有较高的知名度和美誉度，用户也可能对它毫无感觉而不去购买。所以，过度强调认知的品牌战略在数字化时代越来越显得低效，甚至无效。

其五，让企业养成急功近利的毛病。

品牌战略的目的是使企业或产品在用户心中建立起信任和喜爱情感。很显然，传播的最大作用只是让用户知道一个产品，无法让用户充分信任它，赞赏和喜爱情感更是无从谈起。很多企业把品牌战略等同于传播，除了过去形成的思维惯性难以改变，更重要的原因是这种品牌战略的逻辑易懂易行。如果运气好，见效也很快，而且市面上的若干成功案例如脑白金和瓜子二手车等更是强化了这种品牌观念的合理性。

同时，企业内具体执行部门的人员也认为在传播上花钱更容易凸显自身的价值，就算没有成效也有直观的产出，给上级有个交代。要是把钱投到研发上，不但见效太慢，而且很可能颗粒无收，深为诸多企业家和职业经理人所不喜。这就导致大量企业根本没有真正的品牌战略，只有短期的战术层面的传播战略。但这种强调短、平、快的传播型品牌理念只能进一步强化企业急功近利的心态，不但越发偏离品牌建设的正道，也会在根本上动摇企业的根基。

品牌战略的三轮驱动

那到底什么是品牌战略？

顾名思义，品牌战略就是打造品牌的战略。品牌是用户心中对企业和产品的总体情感或感受。企业直接或间接，有意或无意中所做的一切都影响到品牌。因此，广义上说，企业所有部门、所有成员的所有作为都属于品牌战略的范畴。从这个意义上讲，品牌战略才是企业的最高战略，涵盖并指导企业所有部门和员工的言行。所以，品牌战略一定要上升到企业文化的层面，这样才能实现"全员参与"。

更具体地说，讨论什么是品牌战略要先回到品牌的定义。品牌是用户心中的长期情感记忆，即信任、赞赏和喜爱情感。所以，通俗地说，品牌战略就是让广大用户喜爱"你"的战略。当然，这种情感在用户心中越深厚，同时在用户群体中分布得越广泛，品牌就越强。可以说，品牌战略是企业大规模打造用户深广情感的战略。因此，"打造深广的用户情感"是品牌战略的目标。这种深广的用户情感就是品牌蕴含的高势能，自然能够驱动销售、业绩和利润，支撑企业的可持续性健康成长。

那么，用户怎样才会对一个品牌符号产生长期正面的情感，如信任、赞赏和喜爱呢？

首先，品牌要向用户提供优质的理性价值，真正解决他们的问题。

这是用户形成品牌情感的基础。高质量地解决用户问题才会使用户对品牌产生"信任"情感。这就关乎品牌的"价值"。聚焦品牌价值创造的战略就是品牌的"价值战略"。如果品牌可以在价值层面形成显著差异化，例如在 B 端市场和技术驱动的 C 端市场，品牌战略几乎可以等同于价值战略。这可以视为品牌战略的初级阶段，即以产品为核心的价值战略。这种导向的品牌战略可以打造出"信任情感型"品牌，如谷歌、亚马逊、Zoom、微软和丰田等。

其次，品牌向用户提供感性价值，让他们具有良好的心理感受。

这是用户品牌情感升级的关键。除了优质的理性价值，如果品牌还能向用户提供超越产品的感性价值，就更容易获得他们的"赞赏"和"喜爱"，甚至"敬仰"。在提供感性价值上，品牌之间的差异很大。有些品牌提供的感性价值比较浅层，如产品和品牌的唯美设计、积极向上的态度、赋予品牌人格化的形象，如品牌IP，或者打造一些生动有趣的品牌故事等。这类品牌在用户心中建立的品牌情感也比较浅层，如"赞赏"。戴森、宝马和安德玛（Under Armour）等品牌都属于这类。

有些品牌向用户提供更具有内涵的感性价值，满足他们深层的心理或情感需求，如对个人价值和定义的一种表达、对某种性格特征的渴望和人性深层欲望的释放等，如抖音、华为、特斯拉和星巴克等。这种感性价值也包括向用户提供比较亲密的关系，如 Peloton、露露乐蒙和 Zappos 等。这样的品牌可以使用户产生更强烈的情感，如"喜爱"。

还有少数品牌代表一种独特的信仰、价值观、人生态度和生活方式。它们能够激励用户追求更好的自我和理想人格。这种感性价值对用户起到引领和提升的作用。这样的品牌会在心灵层次和用户产生强烈共鸣，使他们对品牌产生"敬仰"这种更强烈的感情，如苹果、耐克和哈雷摩托等。

触动用户的心灵主要靠品牌的情感和思想内涵，设计和交付这些感性价值的战略可以统称为品牌的"文化战略"。在很多市场，产品的差异化很小，如日用品和快消品等，企业一般会采用技术壁垒低的"文化战略"创造差异化。这时的品牌战略就是文化驱动。这也是为什么在这类市场，企业都会在品牌的文化建设上投入很大。

当然，单纯的文化战略并不能建立一个强大的品牌。大多数"强品牌"都能够在价值和文化两方面给用户带来良好的体验，即高质量的同时满足他们的理性和感性需求。可以说，强品牌和超品牌的品牌战略都是靠价值和文化双轮驱动，如苹果、耐克和露露乐蒙等。双轮驱动的品牌战略属于品牌战略的中级阶段，具有打造"情感型"强品牌的能力。这也是工业化时代品牌战略的最佳实践。

总而言之，要想获得强烈而持久的用户情感，品牌战略就要兼顾价值和文化两个方面。当然，打造深层用户情感还不止于此。

众所周知，个人化关系是情感的重要驱动力。所以，让用户喜爱还有一个高效的方法，就是和用户建立一种具体而真实，甚至是亲密的关系，真正了解用户需求并频繁和用户互动，深度融入用户的生活，和他们成为朋友。这就是建设品牌的"关系战略"。

关系战略一直是工业化时代B端市场的核心战略之一。但在数字化时代，因为智能手机和数字化平台极大地拉近了品牌和用户的距离，让所有企业在品牌和用户之间建立一对一个人化深层关系成为可能，同时也让B端企业所熟知的传统型关系战略在根本上发生变革和升级，如依托数字化平台建立对客户需求的即时感应和反应能力。

可以说，关系战略是数字化时代品牌战略的关键组成部分。只有具备和每个用户建立一对一个性化关系能力的品牌才能够称为数字化时代品牌。耐克、露露乐蒙、三只松鼠和完美日记等品牌就初具这种重要的品牌建设能力，代表品牌未来的发展形态。

因此，在数字化时代，品牌战略是价值战略、文化战略和关系战略的整合，即"三轮驱动"（见图2.1）。它代表品牌战略的高级阶段。价值战略是情感建设的基础，文化战略是情感升级的关键，而关系战略是强化情感的最有效手段。数字化时代的品牌必须要"三轮驱动"。价值、文化和关系就代表数字化时代企业最基本的品牌建设能力。

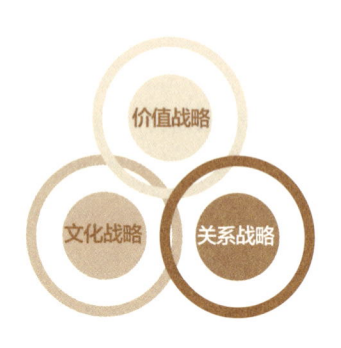

图 2.1 品牌战略"三轮驱动"模型

价值战略金字塔

用户和品牌建立关联的最重要目的仍然是获取价值。品牌必须真正高效地解决用户的问题,才能赢得用户的信任和赞赏。因此,要打造品牌,企业唯有扎扎实实、认认真真,年复一年、日复一日地向用户提供优质的价值。毋庸置疑,价值战略是品牌战略最重要的组成部分。其实,对大多数中小型企业和 B 端企业而言,品牌战略和价值战略完全可以重合。

简单来说,价值战略就是企业向用户持续稳定地提供优质价值的战略。在工业制造化时代,价值的主要载体是产品。因此价值战略就是产品战略,即做产品就是做品牌。但进入数字化时代后，服务和体验逐渐成为用户价值的主要承载者。价值的内涵变得更加广泛和丰富，价值战略也超越了单纯的产品战略，而延伸至服务和体验战略。

随着各行业的进一步成熟，用户期待的价值定义进一步演化，从务实的产品、服务和体验扩展到更加务虚的意义和精神层面价值。用户价值的载体和具体表现形式也更加多元化。例如，苹果、耐克、露露乐蒙和哈雷摩托等品牌提供给用户的价值并非只是产品、服务和体验，还有一种思想和精神的价值。这些品牌已经超越了它们各自的商业属性，几乎成为一种生活态度和精神境界的象征。

因此，价值战略包括下面五个内容：

◆ 产品价值
◆ 服务价值
◆ 体验价值
◆ 思想价值
◆ 精神价值

价值由需求产生。企业的价值战略应该满足用户的多层次需求。可以看出，这五种价值和马斯洛提出的人类五种基本需求——生理需求、安全需求、社会需求（如友爱和归属感）、自我尊重需求和自我实现需求——大致对应。因此，价值战略的这五个部分对应于人的五种需求，也呈现出一种金字塔结构，如图 2.2 所示。最基础的用户价值是具体的产品价值，而最高层次的价值则是满足"自我实现需求"的精神价值。对一个品牌而言，真正强大的价值战略需要满足用户的总体需求，也就是要向用户提供满足各个层次需求的总体价值。

图 2.2 价值战略金字塔

再以苹果为例，它向用户提供的总体价值（见图 2.3）是：

图 2.3 苹果品牌向用户提供的价值

- 产品价值：设计时尚、功能强大、简单易用的产品和配套软件及内容；
- 服务价值：围绕用户旅程的线上和线下的服务，如苹果店、客服、推特账号；
- 体验价值：使用产品的感受，线上、线下店体验，娱乐体验，社交体验；
- 思想价值：自我形象定义，自我认知的塑造，更好的自己；

◆ 精神价值：引领人类向前的叛逆精神和人生态度。

当企业试图向用户提供超越产品的思想价值和精神价值时，它已经进入文化战略的范畴。一个品牌的思想价值和精神价值的塑造和传播不是简单地讲讲品牌故事，而是基于信仰开发出一种新的理念、思想、价值观和生活态度，能够激励和引领众人向前，去追求和获取一种更高层次的人生体验。可以看出，思想价值和精神价值的创造和交付是品牌战略中价值战略和文化战略的交叉地带。

文化战略金字塔

有品质的品牌可以获得用户信任，有信仰的品牌才能获得用户赞赏。如果说"让用户喜爱你"是品牌战略的目的，在提升用户情感层次方面，文化战略可以发挥非常关键的作用。可以说，价值战略影响用户的认知，文化战略则能触动用户的心灵。

品牌的文化战略就是建立品牌文化的战略。一般来说，企业都有两个层次的品牌，即公司品牌和产品品牌。品牌文化也就包括公司品牌文化和产品品牌文化。虽然同一企业的不同产品有不同的目标市场，也会有不同的调性和传播重点，但在文化层面，公司品牌和产品品牌应该保持一致，也就是说，产品品牌最终要上升到公司品牌的层面，两者不再分离。在这种情况下，企业就要实施单品牌战略，用公司品牌覆盖产品品牌。例如，苹果、索尼、露露乐蒙和耐克等品牌都遵循这种逻辑。在快消品市场，宝洁、联合利华和帝亚吉欧（Diageo）①等集团都有众多产品品牌，从实施品牌文化战略的角度来看，用公司品牌更多地牵引和覆盖产品品牌将会是更为有效的做法。

这样看来，公司品牌是品牌文化的主要载体，品牌文化则是品牌超越产品自身的价值内涵，用来向用户提供感性价值以满足他们的心理和心灵需求。品牌文化战略的目的不仅是构建一个丰富正面的形象和人格内涵，同时围绕品牌形成多媒介的丰富叙事，而且是给品牌注入思想和灵魂，让它成为指引企业前行以及用户价值创造和交付的北极星，从而在情感和心灵层面和广义的用户，如消费者、员工和其他利益相关者，产生深层共鸣。

具体而言，品牌文化战略大致有五个组成部分：

- ◆ 企业文化：信仰、价值观、使命和理想等；
- ◆ 品牌思想：浅层心理需求和深层心灵需求的触及、彰显和释放；
- ◆ 企业故事：历史、传承、事迹、成就和员工故事等；
- ◆ 品牌故事：品牌历史、品牌IP、品牌人格化和品牌内涵等；
- ◆ 产品表达：独特卖点、产品定位、价值陈述、用户形象等。

这五个层次的文化战略也按照微观到宏观呈现出一种金字塔结构（如图2.4所示）。

---

① 全球最大的洋酒公司。——编者注

图 2.4 文化战略金字塔

虽然品牌文化很重要，但企业在设计和实施品牌文化战略时，不能重"文化"轻"价值"。真正打动人心的品牌都能长期稳定地给用户提供优质的价值和体验。因此，务虚的文化战略必须要以务实的价值战略为支撑。同时，文化战略不能停留在浅层的文化表达。文化的核心是信仰和价值观，对于品牌也是一样。所以，文化战略其实是企业的顶层设计，是品牌战略的核心，也是其他一切战略的源头。

文化战略的最高境界是树立、表达和实践企业的信仰和价值观，而非单纯对品牌进行流行文化的包装、传播和讲故事。因此，品牌文化战略要在企业运营和用户价值及体验的方方面面体现出来。品牌文化要能够让广义的用户真实地感知到，而非只是宣传层面的言辞。也就是说，文化战略不是传播中的表达而是在创造用户价值中的践行。

对新创和中小企业而言，产品驱动品牌。如果自身的产品具有显著的差异化并具有足够的技术壁垒，企业就可以实施最初级的文化战略，即"产品表达"，也就是从产品的独特功能入手来构建品牌含义。例如，沃尔沃早期的"安全"和OPPO的快充功能。

在非技术品类，中小企业的文化战略可以是形成差异化的一个手段。它们可以专注于产品层面的品牌文化，如从事品牌IP和品牌人格化方面的工作，从社会和文化大环境中找到能够真正触及用户情感的理念加以提炼，然后注入产品品牌，向用户提供差异化的感性价值。例如，当年风靡一时的凡客诚品就是采用了这种类型的文化战略，在毫无差异化的服装市场迅速获得成功。

关系战略金字塔

在很多市场，尤其是B端市场，"信任情感"就已经能够驱动购买，而建立"信任情感"往往只需要专注价值战略。但是，要想把用户情感从"信任"强化到"赞赏"，仅有价值战略可能不够，还需要"文化战略"，以向用户提供更多的感性价值。要把用户情感进一步升级到"喜爱"，除了实施更高层次的文化战略向用户提供深层的思想内涵，品牌还可以和用户建立更加亲密的关系，成为互信的伙伴。这就是关系战略的作用。可以说，品牌通过"价值"建立"信任"，通过"文化"建立"赞赏"，通过"关系"和"文化"建立"喜爱"，再通过"文化"建立"敬仰"。在数字化时代，品牌和广大用户建立个人化关系成为可能，关系战略在构建用户品牌情感方面就变得更加重要。

关系战略并非传统意义上的用户关系管理（customer relationship

management，CRM）。这些工业化时代B端市场的管理手段和软件系统在本质上还是以自我为中心，以销售为导向，用户关系只是它们实现销售的一个手段。真正的用户关系管理是真心以解决用户问题为目的，把用户当成伙伴而非销售对象，旨在和用户建立共生共荣关系的利益共同体，甚至是命运共同体。价值战略和文化战略的实施都不需要企业做深层变革，但关系战略则要求企业彻底完成"以用户为中心"的转型，从企业文化、组织流程、组织架构、人力资源和IT系统配置等方方面面做出改变。关系战略的最高层次就是企业按照用户需求即时进行个人化价值的生产和交付，实现用户驱动模式（customer-to-business，C2B）。从这个意义上讲，关系战略是数字化时代品牌战略的主要特征。

实施关系战略有两大前提条件。

其一，真正建立以用户为中心的文化。

在这方面，华为和亚马逊都是非常值得被学习的典范。华为"以客户为中心"的文化一直是其安身立命的根基。亚马逊作为全球仅次于苹果的第二大品牌更上一层楼，不仅是"以用户为中心"，而且是"为用户而执迷"（customer-obsessed），力求成为"地球上最以用户为中心的企业"。具有这种文化的企业才具有实施关系战略的必要条件。

其二，真正了解用户需求和用户价值。

关系战略的基础是企业通过向用户提供优质价值，高效地解决他们的问题。为了达到这个目的，用户洞察就变得非常重要。在数字化时代，这种洞察要在大数据、人工智能和万物互联技术的支持下向"即时感知"的方向迈进。同时，企业也要了解每个用户的终身价值。工业化时代的企业关注单品销量和利润贡献率，但毫不了解单个用户在它们整个生命周期的利润率。数字化时代的企业需要建立用户详细的个人数据库，知道每个用户的终身价值（customer lifetime value，CLV），并随时感知他们在不同场景下涌现的需求，这样才能和优质用户建立深层关系。

品牌和用户大致有五种关系类型，即陌生人、熟人、朋友、伙伴和信众。关系战略要按照关系模式来设计并实施。（见图2.5）

图 2.5　关系战略金字塔

对于"陌生人"，关系战略的核心是"建立关系"，即通过线上、线下渠道获取"陌生人"的信息，然后采用促销手段或口碑营销激活其消费兴趣并实现首单购买，从而建立关于这个新用户的需求和消费数据，让他们成为"熟人"。针对"熟人"的关系战略关注于"强化关系"，例如提供更加个人化的数字体验、真诚的服务和心理层面的共鸣等，让他们上升为赞赏品牌的"朋友"。

对于"朋友"用户，关系战略的核心是通过对他们理性和感性需求的深刻洞察，提供精准的推荐服务，不断优化他们的生活，并在不同场景随时和用户进行对话互动。构建用户社区是这个阶段的一个关键举措。高科技企业如 SAP 和赛富时（Salesforce）等，以及当今的国产网红品牌如完美日记、花西子等都具有这个阶段的特征。企业要引导"朋友"成为"伙伴"就需要满足用户的思想和精神需求，同时成就用户，帮助他们成为更好的自己。一般而言，用户成为"伙伴"就是关系战略的成功标志。引导"伙伴"成为"信众"则需要企业和品牌的进一步升级，成为"意义型"企业和品牌。这将是企业和品牌自然演进的下一个阶段。

【管理引申】

1. 品牌战略的第一步就是把产品做好。文化战略和关系战略必须依托价值战略。

2. 工业化时代，品牌可由价值和文化双轮驱动，而数字化时代则必须三轮具足。

3. 作为数字化时代品牌战略的核心，关系战略的实施需要企业进行深度转型。

打造品牌的关键是"品牌全景体验"

品牌的价值、文化和关系三轮是构建品牌的要素，但三轮兼备也只是第一步。要想在品牌如此泛滥的当今市场赢得用户真心，企业就要通过这三轮，实现用户体验的显著差异化，做到真正与众不同，从而"超预期"。超预期才能有情感。

但如果做不到这一点,用户根本就听不到品牌的声音,听到了也记不住,更谈不上专门为它建立情感记忆。也就是说,品牌只有"超预期",才能打动被众多"追求者"包围的用户,用户才会在众多的选择中对一个品牌产生信任、赞赏和喜爱的情感。可以说,打造品牌就是去实现用户体验超预期的"强差异化"。在这方面,美国西南航空公司和亚马逊旗下的线上鞋类和服装零售商 Zappos 就是比较典型的例子。它们在用户服务的方方面面都尽量做到"超预期",从而成为全球服务行业的标杆品牌。

什么叫"显著差异化"? 按照知名创业家埃隆·马斯克(Elon Musk)和他当年共创 PayPal 的著名风投家彼得·蒂尔(Peter Thiel)的话说,就是产品在核心功能上"要比竞争对手好十倍"。这就是他们一直推崇的"十倍定律"。当然,功能上的十倍差异只是一种比方。所谓的"显著差异化",就是在用户价值和体验上与竞争对手形成代差,即好过一个"身位"。

对于技术型品牌,这种程度的差异化往往可以形成对市场的"自然垄断",从而获取持久丰厚的回报,如微信、谷歌、亚马逊和脸书等。

对于非技术型品牌,形成十倍差异化更加困难,但也有成功的案例。例如,美国的网上鞋店 Zappos。在用户服务和体验上,它堪称经典。Zappos 设有一系列"超预期"的服务原则。例如,其他零售商的退货期限一般为三周,Zappos 允许一年之内退货;Zappos 回复收到的每一封用户邮件;其客服 24/7 全天候服务,而且客服电话没有通话上限,最长的一次客户通话竟然长达 10 小时 51 分钟。此外,Zappos 客服可以自己做主给用户带去惊喜,如给用户退款、免费升级,甚至包括帮助用户在深夜订外卖等。

美国的西南航空公司也是如此。它也竭尽全力为用户提供最好的服务和飞行体验。例如,西南航空的空乘竟然会帮助一位频繁出差的乘客照顾他的宠物。而且,在 2011 年,一位因为交通拥堵而误机的洛杉矶乘客必须搭乘航班去和他即将离世的外孙做最后告别,机长在得知此事后竟然晚点起飞,直至这位乘客赶到机舱。这样的"超预期"服务的例子在西南航空不胜枚举。西南航空公司如此卓越的用户服务,使其在"9·11 事件"之后的航运业大萧条中,成为唯一一家盈利的航空公司。

如果一个品牌很难在价值战略上形成代差,就需要在文化战略和关系战略上实现"超预期"。(见图 2.6)近些年很多新国货品牌或数字原生品牌就是在这些方面做得与众不同而成了"爆品"。尤其是在数字化体验方面,这些品牌在内容、社交和互动上都远远领先于同类的传统品牌,形成了显著差异化,也因此迅速建立了品牌。所以,在数字化时代,品牌建设的关键是"超预期"。

图 2.6　品牌建设的强差异化

如果说在工业化时代,通过形成"独特性"去打造品牌的

"心智显著性"是 C 端品牌战略的关键,那么在数字化时代,无论在 C 端还是 B 端,形成"显著差异化"或"强差异化"(significant differentiation)才是品牌战略的最核心任务。

虽然在打造显著差异化方面有成功的案例,但无法否认的是:无论是在技术型还是非技术型市场,这样做的难度越来越大。就连以颠覆性创新闻名于世的苹果公司在"后乔布斯时代"高调推出的 iPhone X、iPhone 11 和 iPhone 12 三代手机也大同小异,根本没有一点"超预期"的味道。因为在硬件技术上难以突破,不少专家建议企业在用户体验上有所作为。但事实是,因为用户体验设计的工具和管理手段日益成熟,现如今大量企业都具备优化用户体验的能力,用户体验设计也趋向同质化。在这种情况下,品牌如何实现"超预期"?

数字化时代带来了品牌"超预期"的新机会。这就是通过构建个人化"体验生态系统"(experience ecosystem)打造"品牌全景体验"(如图 2.7 所示),即用户通过多维度、全方位、沉浸式接触和感知品牌而获得优质综合体验,从而实现多维度全景差异化。与此同时,品牌的独有内涵在这个全景体验的方方面面得以体现,形成唯有这个品牌才能够提供的品牌体验(branded experience)。

图 2.7 品牌全景体验

品牌全景体验超越传统的产品和用户旅程体验，而包含品牌在物理和虚拟世界里表现自身的无限可能性。它将抽象的品牌具象化，以丰富的形式多维度进行品牌表达，并依托数字化技术实现品牌体验的沉浸化、多平台化和泛场景化，以更加丰富的形式多维度表达自己，积极主动地接触用户，深度嵌入用户生活，让他们在多个场景实现对品牌的全面且即时的感知，从而满足身、心、灵的多重需求。

其实，对用户来讲，品牌带来的从来都是一种综合的体验，如产品、服务、渠道、传播和价格等市场营销组合，口碑和差评，以及品牌在线上线下每个触点（touch point）给他们的感受等。但品牌全景体验则在这些体验层面更进一步。

传统的品牌综合体验内涵较窄，主要围绕用户的消费旅程和行为而展开。而且，从企业来看，这些品牌体验的目的就是实现一个非常具体的目标，即促进销售。与之不同的是，品牌全景体验代表一种崭新的品牌理念：品牌的目的不是售货，而是以"伙伴"、"顾问"和"导师"等多重角色引导用户接受品牌蕴含的理念、态度、思想和生活方式，从而进入一个内涵丰富的"品牌世界"。品牌也成为用户体验精彩人生的平台和企业交付多种服务的界面。可以说，传统的品牌综合体验是通过用户价值来推动销售，属于"在商言商"，而品牌全景体验则是邀请用户进入由品牌诠释的多元丰富人生，通过"品牌理念"或"品牌哲学"潜移默化地牵引用户的全面需求，自然而然地带动长期稳定的销售。

其实，品牌本来就是一个全景的存在，企业和用户的一切触点都会影响品牌的构建。但工业化时代的传统品牌战略把品牌内涵缩减为传播，甚至就是广告。因此，品牌表达主要靠广告和品牌视觉元素，包括产品包装的设计。

除了企业的品牌理念比较狭窄，工业化时代的企业根本没有技术能力去构建一个品牌的"全景体验"。只有进入数字化时代后，通信技术、大数据、物联网和人工智能技术等的综合发展才使构建品牌全景体验成为可能。可以说，品牌全景体验的背后是高科技能力，不具备构建"全景体验"能力的品牌很难在数字化时代继续生存和发展。

从目前来看，数字化程度较高的品牌如耐克和可口可乐正在朝这个方向迈进。这些品牌尝试出现在用户生活中的多个场景并扮演多重角色。进入由人工智能和物联网主导的后数字化时代后，品牌全景体验的构建才会进入成熟期，这也将是所有企业必须具备的核心组织能力。

在数字化时代，品牌全景体验主要是体现在价值、文化和关系三个方面。可以说，这三大驱动轮也是品牌全景体验的主要支柱（见图2.8）。随着物理世界和虚拟世界的逐步贯通，品牌价值、文化和关系将会有千变万化的载体和表现形式，而且相互的边界也会逐渐消失。企业会在高端科技和极致创意的赋能下，构建出无数精彩纷呈的"超预期"品牌全景体验。其实，数字化时代品牌战略的最高境界就是打造出高质的品牌全景体验，然后在这个基础上，让品牌成为用户的顾问和导师，优化并提升用户的生活和生命体验。构建品牌全景体验的具体思路会在"数字品牌"章节详细表述。

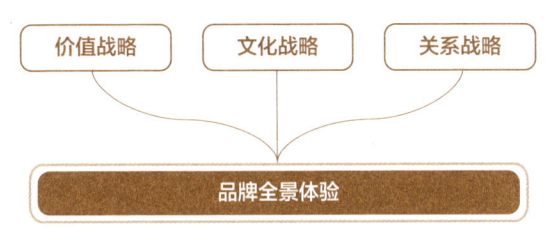

图 2.8 品牌全景体验的三大支柱

【管理引申】

1. 在数字化时代实施品牌战略的前提是企业深度数字化转型。
2. 数字化时代,品牌战略必须强化品牌的思想和精神内涵。
3. 后数字化时代,品牌战略关乎如何构建满足用户多重需求的品牌全景体验。

品牌战略和市场营销战略的区别

首先,在绝大多数工业化时代的企业里,严格地说,既没有品牌战略,也没有市场营销战略。这些企业往往把市场营销等同于搞活动,把品牌战略等同于打广告,将它们都归为战术层面的职能,主要进行围绕销售而实施的一系列短期行为。例如:市场营销主要是开拓市场,为销售部门提供支持;而品牌主要是品牌设计、传播和组织品牌宣传活动,为市场营销提供支持。在这个管理理念下,有些企业把品牌和市场营销设置成平行职能部门,而另一些企业则把品牌设置为市场营销的一个子部门。

具体而言,在把品牌和市场营销当作具体战术职能的企业里,品牌策略的主要目的是在用户心中树立一种特定的品牌形象。因此,品牌策略大多是影响用户认知或心智的举措,如品牌视觉设计(如视觉锤)、品牌调性、品牌创意(如定位)、独特卖点的提炼和文案以及品牌活动等。虽然数字化时代早已开启,但大批国内企业还在从事中、低端产品的大规模制造,仍然具有鲜明的工业化时代特征。因此,它们所实施的品牌战略仍然局限于西方 20 世纪六七十年代出现的定位思路。

与此同时,在这些企业里,市场营销策略的目的是打开市场空间,以获取用户。它的主要工作是组织市场活动,进行线下、线上的市场推广,拓展销售渠道,提高产品知名度等。简而言之,就是产品的推广和传播及渠道管理。在这种情况下,品牌和市场营销职责不同、功能互补,边界比较清晰。

事实上,品牌和市场营销都应该是战略性功能部门。用户是企业最重要的资源,作为面对用户的职能部门,市场营销自然是一个企业最重要,也最具战略性的部门。进入数字化时代后,企业正逐渐演化成为"用户驱动"的组织机构。面向用户的市场营销部门会更加重要,而且会逐渐演化成为牵引和驱动企业其他所有职能部门的决策中枢。因此,从战略层面来看,市场营销的核心目的不是去实现短期的销售目标,而是聚焦用户需求,提供优质的价值去更好地解决他们的问题,并与用户形成长期而稳定的共生互利关系,从而确保企业实现长期而健康的盈利和增长。

所以,市场营销战略代表一种"以客户为中心"的经营理念。它的主要工作包括洞察用户需求、定义用户价值,制定市场营销战略，并协调企业其他职能部门通力协作来创造并交付最佳的用户价值和体验，同时通过用户运营实现用户关系的维持和强化。可以说，市场营销战略就是持续洞察和满足用户需求的战略。

因此，市场营销战略要解决三个基本问题：

1. 我们应该为谁服务？（目标市场）

2. 他们需要什么？（需求洞察）

3. 我们如何更好地满足他们的需求？（价值的定义、创造和交付，如4Ps）

表面上看，价值、文化和关系三轮驱动的品牌战略和市场营销战略的范畴有一定的重合。例如，市场营销战略的核心内容之一是"市场营销组合"（marketing mix），即4Ps：产品（product）、价格（price）、促销（promotion）和渠道（place）。其中产品和价格是价值战略的主要载体，而促销则是文化战略中的内容，与传播紧密相关。而且，近年来，市场营销组合中又出现了第五个P（people），即用户关系管理。这样看来，品牌战略的价值、文化和关系似乎就是市场营销组合5Ps的另一种表述。但事实上，品牌战略和市场营销战略有重要的区别。

虽然品牌战略的最终结果是建立品牌或建立用户情感，但从企业端来看，品牌战略的本质是"自我定义和表达"，即向广义的用户清晰地传达"我是谁"，尤其是"我"如何与众不同而值得信任和拥有，从而和竞争对手显著区分开来，以吸引和维持用户认同和购买。可以说，品牌战略就是"身份战略"（identity strategy）。

具体而言，品牌战略需要清楚地表达下面三个核心问题：

1. 我是谁？（品牌身份定义和企业定位）

2. 我信仰什么？（品牌信仰和价值观）

3. 我为什么存在？（品牌使命、愿景和理想）

第一个问题直接决定企业或品牌的价值战略，第二和第三个问题则涉及企业和品牌的文化战略，体现出品牌的思想和精神内核，这就是一个品牌的核心"身份"或"大概念"。定义、塑造和表达这个"身份"是品牌战略的重心。

品牌战略的三轮，即价值战略、关系战略和文化战略是这个思想内核的具体表达。也就是说，品牌的"身份"表达绝非仅靠传播的"视听"表达，更要靠用户价值和体验的"实体"来表达，这样才真正具有触动用户内心的穿透力。

品牌战略的"实体"表达就是市场营销战略的范畴，或者说市场营销战略是品牌战略的具体实施。市场营销战略的核心是依据品牌的"自我表达"或品牌内核，选定合适的目标用户，通过准确洞察他们的需求，设计并交付独特而优质的用户价值及体验。这样看来，品牌战略是企业的顶层设计，代表企业的最高战略；而市场营销战略是底层实践，负责品牌战略的落地。因此，在战略上，市场营销战略隶属于品牌战略。

更具体地说，品牌战略和市场营销战略有三个关键不同。

第一，层次不同。

品牌战略是企业的最高战略，可以视为指引企业前行的北极星，绝对是"一把手"工程；而市场营销战略虽然对企业而言越来越重要，而且会逐渐牵引其他业务和职能部门的战略实践，但它仍然是具体职能部门的职责，一般由首席市场运营官负责。

第二，范围不同。

品牌战略的范围最广。广义上讲，企业的任何行为都会直接或间接地影响用户情感，也都属于品牌战略的范畴。因此，品战略作为企业前行的"北极星",对内指导企业员工的言行和企业运营的方方面面,对外定义和表达特定的用户价值和体验;而目前而言,市场营销主要是对外的职能,负责用户需求的洞察和满足。随着市场营销作用的提升,它会具有更多的对内协调职能,但也只是围绕满足用户需求这个主题进行。可以说,品牌战略包含"定义"和"表达"两个方面,而市场营销专注于"表达"。

第三,性质不同。

品牌战略的核心是务虚的思想和精神内涵,属于企业的上层建筑和顶层设计;而市场营销更多的是务实的具体实践。可以说,品牌部是一个企业的最高思想部门,而市场营销是具体的执行部门。如果把一个企业比作一个城市,品牌部的负责人就是市委书记,主管意识形态;而市场营销部的负责人则是市长,主管业务运营。

市场营销战略聚焦于满足用户需求,品牌战略关乎构建用户和员工及其他利益相关者的深广情感。当然,构建情感的前提是满足用户需求,但还需要更进一步,如以特定的风格、调性和形式满足用户需求,同时给用户价值和体验注入更深刻的思想和精神内涵,从而满足他们的多重需求。这就是品牌战略的范畴。

品牌战略的核心是"身份"的定义和视听及实体的表达。作为"身份"的表达,品牌战略的重点随着企业类型和商业时代的不同而有所变化。对于大部分快消品以及处于发展初期的品牌,身份表达主要限于产品层面,即独特卖点。沃尔沃的"安全"表达就是经典的案例。还有一类产品层面的身份表达专注品类领袖的塑造,例如在中国市场风靡多年的各种定位手段。在以"产品品牌"为导向的产品驱动型企业,品牌战略的主要内容就是对品牌形体的设计和产品层面的独特卖点或品类特征的表述，根本没有上升到战略的层面，而只是一种"策略"和"战术"。在这种情况下，品牌战略或"策略"其实是市场营销战略的一个组成部分，但仅靠产品驱动的"自我定义和表达"很难建立起深厚而持久的用户情感。这个层面的品牌策略大多产生短期和低效的结果。

随着市场竞争的日益激烈和用户的不断成熟，品牌的身份定义和表达需要更加丰富和深刻才能承载企业持续增长的要求。品牌的身份表达不再只局限于产品和品类层面而逐渐上升到企业层面；品牌战略也从产品功能和品类特征的表达逐渐演化为感性身份的塑造和表达，如万宝路的"牛仔"、可口可乐的"快乐"和吉尼斯黑啤酒的"友情"等。随着这些感性表达的同质化，如可口可乐的"快乐"和百事可乐的"喜悦"，品牌战略逐步上升到企业信仰和价值观的表达，如苹果、耐克、Zappos、露露乐蒙和哈雷摩托等。这个阶段的品牌已经升级到企业战略的层次，而且它的设计和实施也变得更加复杂。

品牌身份表达的升级促使企业的公司品牌和产品品牌趋于融合。企业的总体品牌战略从"品牌家族"（house of brands）向"家族品牌"（branded house）过渡。这种品牌架构设计的变化顺应数字化时代发展的大趋势，如品牌的平台化和生态化。因此，科技型企业大多是这种类型，如谷歌、腾讯、亚马逊、华为和苹果等。平台型的品牌已经无法以特定产品或品类性能作为身份表达的主体。品牌更为抽象的身份表达，如生活方式、理念、信仰和价值观等逐渐成为主流。对信仰和价值观的"自我表达"才会真正触动用户的内心，从而激发他们深层的情感。因此，品牌战略的最高境界就是品牌人格的自我表达，即"信仰驱动"。在这个层次，品牌战略就成为品牌"深层人格化"战略。产品品牌和公司品牌也实现了完全的融合。

可以看出，在工业化时代，公司品牌和产品品牌分离是一种常见的品牌管理做法。对于这样的企业，它们品牌战略的主体其实就是"产品品牌战略"，如宝洁、联合利华和帝亚吉欧等。对"产品品牌型"企业而言，它们的品牌战略大多只关注第一个问题，即"我是谁"，而且会在产品或品类的理性和感性层面提炼身份表达，即独特卖点。例如，宝洁旗下的知名品牌帮宝适就把自己定义为"保持皮肤干爽健康"和"易用易换"的婴儿纸尿布。这一产品品牌和公司品牌"宝洁"没有关联，而且"宝洁"作为公司品牌也没有刻意地进行清晰的身份表达。

但对公司品牌和产品品牌融合的"家族品牌"而言，它们的自我表达则必须回答前文所述的品牌三问题。这个层次的品牌战略其实才称得上真正的"战略"，而且是企业的最高战略，其实也就是公司品牌战略。从品牌发展的趋势来看，品牌战略会逐渐从产品层面向企业层面升级，品牌内核也更加抽象化和意义化，甚至精神化。

虽然品牌"身份"的定义越来越聚焦抽象的理念和思想，但它的具体表达却并非只靠传播实现，即通过媒体向用户进行不同形式的视听陈述。更重要的表达方法是价值表达和体验表达，即通过给用户提供的价值和体验，把品牌身份的内核真实具体地表现出来，使用户能够真切地感受到。这样的"实体表达"远比传播上的"视听表达"更有说服力、穿透力和感染力，自然也更加有效。正如杰夫·贝佐斯所说："品牌由企业行动而非言语所塑造。"

可以看出，品牌战略中的文化战略专注于品牌身份的设计和传播，而价值战略和关系战略则是品牌身份的"实体表达"。这样看来，市场营销战略是品牌战略的具体落地，即按照品牌身份的定义（也就是品牌内核）来设计、创造和交付用户价值和体验，包括价值战略和关系战略。而品牌战略则是指导市场营销战略的思想战略。

了解了品牌战略的本质，就知道了一个完整的品牌战略，即公司品牌和产品品牌的贯通融合，这主要有两个内容。

其一，定义企业的信仰和价值观。

这是品牌内核的设计，也就是企业的顶层设计。这里面包括前文所述的三个问题：我是谁？我信仰什么？我为什么存在？通过定义企业信仰、价值观、愿景、理想和使命等来确认企业的行业定位和核心用户价值。这是企业的最高战略，必须由企业创始人或总裁主导，并由高管团队实施。这项工作是品牌战略的核心，属于品牌"文化战略"的范畴。对于新创企业、中小企业和众多 B 端企业，这项工作可以仅限于"品牌价值"的定义。如果实施有效的价值或产品战略，这些企业也能够成功打造出"价值驱动型"或"产品驱动型"品牌。

其二，贯彻企业信仰和价值观。

贯彻企业信仰有对内、对外两个方面。对内，是指将抽象的企业信仰解码成为指导企业战略和组织能力构建的具体准则，同时将企业信仰和品牌理念进行有效的表达。首先是大力宣传，让它们深入每个员工的认知。更重要的是，企业在贯彻企业信仰时要言行一致，不但要进行"信仰驱动"的战略决策，还要把信仰和价值观贯穿于向员工提供的价值和体验，让他们切实地感知到这种企业信仰。这样才能直击员工的内心，让他们形成对企业的强大情感，实现组织的全面激活。这就是"雇主品牌"或"公司品牌"的建立，属于品牌"文化战略"的范畴。

对外，是将企业信仰和价值观通过具体的战略和它背后的组织能力贯通到用户端，指导产品价值和用户体验的设计和交付，把品牌内核在与用户的每个触点充分体现出来，从而让用户获取对品牌内核最具体而真实的感知，并在此基础上激发用户情感而建立"外品牌"或"产品品牌"。

也就是说，企业信仰和价值观作为公司品牌的内核贯通到产品品牌层面，指导产品品牌和用户总体体验的设计和实施。做到了这点，品牌就实现了内外贯通，即指引企业前进的"信仰"和"价值观"也同时指导具体用户体验的设计和实施。这种"信仰驱动"的内外贯通就代表品牌战略的最高境界。这些工作属于品牌的"价值战略"和"关系战略"。

新创企业、中小企业和众多B端企业则可以专注于面向用户的"外品牌"的构建，而把企业定义的"核心用户价值"在用户端通过市场营销组合（5Ps)，如产品、价格、渠道、促销和服务等在每个用户触点体现出来。

基于品牌战略的这两大内容，企业的品牌部门具体应该承担什么职能呢？

从商业实践来看，企业的品牌部和市场部大致有三种关系类型：品牌部隶属于市场部，品牌部和市场部并行，以及市场部隶属于品牌部。前两种关系占绝大多数，也都把品牌和市场营销作为战术性操作部门来看待。把品牌作为战略部门的企业应该遵循第三种组织模式，让品牌战略指导包括市场营销在内的所有其他部门和相关战略。

因此，品牌部门有以下三大职能。

其一，参与企业"自我定义"的设计。

协助企业领导层进行顶层设计，同时透彻理解企业领导层进行的顶层设计，并协助他们对抽象的顶层设计进行解码而成为一系列指导企业行为和用户价值设计的原则和政策。

其二，协助企业"自我定义"的贯彻。

在内部企业端，监督品牌核心精神在各个部门的执行情况，并随时将出现的情况和问题上报，协助高层进行相关政策的调整。在外部用户端，与市场营销、客服、销售和服务等各相关部门协作，设计充分而准确体现品牌内核的用户体验，并确保其成功落地。同时，参与建设品牌管理体系和品牌建设能力的构建，如品牌人才雇用和培养、IT系统、数字化能力和品牌生态合作伙伴管理能力等。

其三，负责企业"自我定义"的传播。

负责公司品牌和产品品牌的视觉设计、品牌形象、品牌调性及品牌口号等，在企业内部进行有效的宣传，确保每个部门和员工的认同和参与，建立雇主品牌。同时负责制定和实施公司品牌和产品品牌的传播战略，包括内容、口碑、新媒体、广告、公关、活动和事件等。这就是绝大多数企业的品牌部门和品牌策略的职能范畴。

当然，品牌部门还有惯常的品牌管理职能，如品牌资产的维护、日常的检测和定期评估、公司品牌和产品品牌的架构设计和延伸战略、制作品牌规范手册、确保企业对内对外的所有行动和信息与品牌原则保持一致等。

所以，品牌部应有战略和战术两项职能。在战略上，它是务虚部门，相当于企业的最高指挥部，必须由一把手亲自领导，并由高级别管理者如首席品牌官（CBO）或首席市场营销官（CMO）执行。在战术层面，它是确保务虚的顶层设计顺利落地的务实部门，负责品牌建设的具体事宜，如指导市场营销部的战略制定和实施。这样就能保证品牌战略和战术的协同一致。

具体而言，品牌部有两个重要务实的职能：其一，时时刻刻对员工体验及各部门的行为进行检测和评估，确保企业信仰真正并准确地在其中充分体现，如果出现偏差，品牌部需要将情况反馈给最高领导者，并提出最佳的修改方案，同时监督这个方案的落地；其二，大力宣传公司品牌战略的精髓，用高效的方式把这种理念送达每个内、外部用户的内心。

因此，公司品牌部应有战略和战术两个不同层面的分部。"品牌战略部"应该和企划部合并，主要负责企业的顶层设计和公司品牌的内部、外部建设。"品牌战术部"负责具体产品品牌的建设，与市场营销部深度整合。这样就可以确保品牌战略和战术的贯通。可以看出，如果品牌战略成为企业的顶层设计，那么设计它的是由企业总裁带队的高管团队，而执行它的必须是企业的每一个部门和员工，而不只是品牌部门。

【管理引申】

1. 品牌战略是自我表达战略，起点是树立企业信仰。

2. 企业信仰就是品牌内核，它驱动品牌战略以及企业的所有其他战略。

3. 品牌部应该整合企划部和市场营销部，使其成为企业最高战略部门。

对品牌战略的全面理解还需要引入时空维度。广义上来讲，企业有意和无意中所做的一切都能影响用户和其他利益相关者对它的感受，也就是影响它的品牌。因此，一个企业所有成员的所有作为，上至总裁，下到保洁员，乃至商业伙伴的言行都属于品牌战略的范畴。企业最高层次的品牌战略就是把组织的自我表达变成每个员工和合作伙伴的自我表达。所以，品牌战略必须要上升到企业文化层面，因为它需要企业的每个成员积极参与，而不是成为某一个职能部门的事。不管知不知道、是否有意识，企业在每个时刻其实都在做品牌。因此，品牌战略不是局部的、静态的，而是要引入空间和时间两个维度。

既然企业和所有商业伙伴的所作所为都直接影响到品牌建设，那么真正完整的品牌战略一定要跨越企业自身边界而触达其商业系统中的所有参与者。进入数字化时代后，品牌战略的立足点也从工业化时代的产品独特卖点和品牌故事逐渐过渡到泛场景化的品牌全景体验。单一企业无法具备这种复杂的交付能力，必须构建跨越自身边界的品牌生态系统。所以，在空间轴上，数字化时代的品牌战略需要所有利益相关者的广泛参与，如企业、商业合作伙伴、员工和用户等。因为品牌建设越来越依赖各参与方的深度协作，品牌战略应该是在商业生态系统层面的宏观战略。跨企业和跨部门的广泛合作就更需要一个清晰独特的自我表达来指引。例如，苹果的自我表达就可高度概括为"非同凡想"（Think Different），这就是苹果的品牌内核，也是指导苹果整体商业系统前进的北极星。

同时，品牌是不断变化成长的活体，品牌战略还必须引入时间轴。也就是说，品牌战略必须随着品牌发展、品类发展、行业发展和用户发展及环境发展的趋势不断变化,调整自身的侧重点。所以,在时间轴上,品牌战略需要具有长期、中期和短期目标,并按照用户情感阶段、企业类型和企业生命周期等维度,在价值、文化和关系三大驱动因素中设计出最佳组合来实现长期、中期和短期企业目标。例如:对于 B 端的中小企业,在制定品牌战略时,"价值"轮的权重最大,"关系"轮次之,"文化"轮可以最小,甚至忽略不计;而对于快消行业的成熟企业,则是"文化"轮的权重最大,"关系"轮和"价值"轮次之。最有效的品牌战略能够让这三个驱动轮和内外环境达成最佳的匹配。

进入数字化智能化时代,有效的品牌战略一定是融合价值、文化和关系的品牌全景体验,并按照场景即时感知用户当下需求并做出最优反应。这对企业组织能力又提出了更新、更高的要求。但无论时空维度如何变化,品牌战略的核心不会变,就是品牌关乎价值,向用户持续稳定地提供优质的价值永远是品牌战略的本质。

本章金句

- 品牌战略不是搞传播，而是围绕价值、文化和关系打造深广的用户情感。因此，品牌战略的三大驱动力是技术、意义和亲密，而核心则是产品。

- 品牌战略的本质是"身份战略"，关乎顶层设计，是企业的最高战略和长期战略，是一把手工程。品牌战略必须要上升到企业文化层面，实现全员参与，同时与企业战略和业务战略深度融合。

- 用户价值和体验"超预期"才能激发情感。显著差异化是品牌战略追求的目标。在数字化时代，品牌战略的核心是基于价值、文化和关系，通过数字化工具构建全场景的沉浸式"品牌全景体验"。

- 品牌部务虚，主要负责企业的意识形态和上层建筑，是个战略指导部门，也需要确保品牌思想和精神在企业决策和运营的方方面面落地；而市场营销部务实，它主要负责对外贯彻落实品牌精神，让它充分体现在用户的价值和体验中，从而让用户切实感受到。

核心一句话：数字化时代品牌战略的核心是打造可以激发深层用户情感的品牌全景体验。

第三堂课
品牌和品牌战略
如何演进？

品牌和品牌战略从来都不是一成不变的，而是依据所处的商业时代进行不间断演化。从工业化时代到智能化时代，品牌会逐渐完成从 1.0 品质、2.0 品位、3.0 体验、4.0 伙伴，直至 5.0 顾问的跃升，而品牌战略也将从工业化时代由广告驱动的"记忆"战略，转变为数字化时代由体验驱动的"接触"战略，直到智能化时代由技术驱动的"嵌入"战略。数字化时代品牌战略的核心是构建和用户亲密的伙伴关系，而品牌人格化、智能化、平台化和社群化是实现这个目标的基础。在智能化时代，超级平台通过构建品牌全景体验，将彻底终结品牌时代。

品牌从 1.0 到 5.0 的演化

当今的商业时代正在进行一场翻天覆地的变化，过去从来没有的现象和打法层出不穷。一个年轻网红一天的带货额可以超过数百家线下店一年的总销量，曾经风光无限的电视台完全让位于平民化的小视频，没有任何固定资产的企业也可以成为全球最大的旅店和出行服务公司……这些变化不但颠覆认知也颠覆行业的惯例和竞争格局。企业再走老路肯定会被淘汰，只有脱胎换骨才能在新时代生存下去。

品牌当然也要变。沿用了几十年的老套路都是在工业制造化时代总结出来的做法，但现在已经是数字化时代了，墨守成规根本无法有所突破。至于品牌如何变革才能与时俱进，就要求企业先要了解商业时代变迁的特点和本质。英国知名品牌咨询公司 Interbrand 提出了这样一个模型（见图 3.1）。

这个模型把现代商业和品牌建设的发展归结为四个阶段。第一个阶段是"识别时代"。在这个时代，行业发展仍在早期，产品尚未极大丰富；用户相对幼稚，对产品质量的期待不高。同时，媒体和企业拥有较强的公信力，用户对被宣传的品牌具有基本信任，从而会"认知即购买"。所以，哪家企业掌控了媒体的发声权，就掌握了品牌建设能力。这个时代也可以称为"媒体时代"。这也是广告行业的黄金时期，如中国从 20 世纪 80 年代到 2000 年。

这个阶段可以总结为"品牌即广告"。

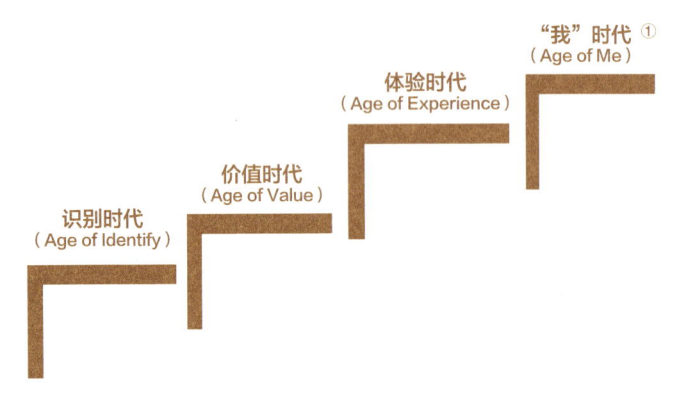

识别时代
(Age of Identify)

价值时代
(Age of Value)

体验时代
(Age of Experience)

"我"时代 ①
(Age of Me)

图 3.1　现代商业和品牌建设的四个阶段

第二个阶段是"价值时代"。在这个时代，随着产品和品牌的过剩供应，品牌对媒体发声权的抢夺也日益激烈，市场充斥大量的品牌信息。但用户也变得更加成熟，不再过度依赖媒体宣传而更加关注产品质量。品牌单凭媒体声量已经无法取信于用户。产品质量好的企业就更容易打造出成功的品牌。例如，日本各大企业如索尼、松下、日立和夏普等在 20 世纪 80 年代横扫全球就是典型的例证。这个时代又可称为"硬件时代"，可谓"品牌即品质"。

第三个阶段是"体验时代"，更准确地说，是数字化体验时代。大致来讲，体验时代始于 2010 年前后，这也是中美互联网巨擘如谷歌、亚马逊、脸书、百度、阿里和腾讯等的创立时间。

---

① Interbrand 原有表述是"你时代"（age of you），但在此改为"我时代"。

数字化时代真正大行其道始于 2007 年苹果成功推出第一代智能手机。在这个时代，价值主要载体开始从"产品"向"服务"并向"体验"转化。用户不再只专注产品性能，而更注重整个消费旅程中的总体体验。数字化工具和平台也让总体用户旅程管理和优化成为可能。因此，提供更佳用户体验的企业更容易打造出成功品牌，如苹果、Peloton 和爱彼迎等。这个时代又可称为"软件时代"，也进入"品牌即体验"阶段。

第四个阶段是"'我'时代"，也就是人工智能时代。目前，这个时代仍然处于初期。它的主要特征是企业可以通过大数据、人工智能、机器学习、物联网及云计算等技术向每个用户提供匹配场景的个人化精准价值流服务，而且还可以按照用户数据的不断输入即时优化。用 Interbrand 的话来讲，这个时代的企业要为每个用户构建一个量身定做的"个人生态系统"，完全实现市场的"单人细分"（segment of one）。这个时代可以概括为"品牌即顾问"。

其实更准确地说，这四个演化阶段只代表两个时代，即"工业化时代"和"数字化时代"，而智能化时代可以认为是数字化时代的成熟阶段。"识别时代"和"价值时代"都属于前者，"体验时代"和"'我'时代"都属于后者。虽然人类历史上有过数次重大的时代变革，如从农业到工业及四次相互交替的工业革命，但从本质上说，人类文明的真正革命就是进入数字化时代，从此人类具有创造一个虚拟世界的能力。可以说，人类历史上只有一次真正的时代变革，就是从"前数字化时代"进入"数字化时代"。

从商业角度来看，数字化时代和前数字化时代最大的不同有两点：用户赋权（customer empowerment）和网络连接（network and connection）。

这两大力量将会重新塑造人类社会、商业世界和企业品牌。任何一个组织都必须在新世界重新定义自己，并找到自身的生存空间。品牌自然也不例外。拥抱变革的将是赢者，拒绝变革的必是输家。数字化时代是品牌管理面临的最重大时代变革。对积极进取、与时俱进的品牌而言，这是最好的时代；但对思维僵化、目光短浅的品牌来说，这则是最糟的时代，而且它们的覆灭将是定局。

时代正在剧变，品牌当然也要变。在变之前，企业需要考虑清楚：不变的是什么？无论世界怎么变，不变的是商业逻辑，它背后是不变的基本人性。人仍然需要生存、安全、温暖、尊严和自我价值的体现，用户仍然需要多快好省、方便易用、放心省心。因此，对品牌而言，在剧变时代中不变的有两点：

第一，品牌的本质不变，还是用户心中对企业和产品的情感记忆；

第二，品牌的基础不变，还是持续稳定地向用户提供优质的价值。

但是，因为用户需求的层次、用户决策方法、消费场景、用户价值的内涵和交付方法都发生了很大的变化，打造品牌或情感记忆的方法也会有本质的不同。那么品牌和品牌战略会怎么变，应该怎么变，这是每个企业都必须清楚的核心问题。

对企业而言，品牌仍然是承载价值含义的符号，但具体承载的价值会有很大不同。对用户而言，品牌仍是情感，但情感的层次尤其是构建这些情感的方式取决于品牌所处的时代大环境。从品牌的角度来看，人类商业社会可以分为三个阶段：工业化时代、数字化时代和智能化时代。

工业化时代，尤其是二战后，在美国的引领下，大规模工业化生产制造导致大批品牌出现。在这个时代，用户最关注的是产品的质量和性能，品牌的最重要含义就是品质或质量。因此，品牌就是用户心中承载品质的符号。可以说，"品牌就是品质"。这是品牌的理性阶段，代表性品牌有丰田、IBM和微软等。

随着工业化时代进一步发展，产品同质化严重。为实现差异化，企业开始为品牌注入新的含义，如独特的形象、个人身份和生活方式等，品牌从此进入感性阶段。这个阶段的品牌含义从"品质"延伸到"品位"。可以说，"品牌就是品位"。但无论是理性还是感性阶段，品牌的主要价值载体仍然是产品本身。代表性品牌有宝马、索尼和雀巢咖啡等。

进入数字化时代，企业之间的竞争已经超越产品范畴，开始专注于用户体验，尤其是用户数字化体验。在这个阶段，品牌的价值含义也已经不是简单的"品质"或"品位"，而是用户在整体消费旅程每个环节的感受，而品牌的价值载体开始从有形产品向无形的服务和体验过渡。因此，在这个阶段，"品牌就是体验"。代表性品牌有苹果、耐克和星巴克等。

随着数字化时代的深入，尤其是移动设备的普及，消费移动化、社交化和娱乐化成为主流，用户数字化体验无处不在。此时，企业只专注将用户体验作为导购手段已经远远不够。用户期待的不只是在旅程每个触点获得满意的感受，而是期待各个触点都能衍生出丰富多元的消费内容，即多维立体、全方面的多元消费体验，品牌全景体验日益成为用户的预期。更重要的是，品牌的商业属性变弱，社交和娱乐属性加强。用户希望通过品牌建立社交群体，以此和品牌或其他用户进行对话和交流。因此，在这个阶段，品牌和用户建立深度关联成为可能。

对用户而言，他们需要的是一个非常理解自己，能够随时提供个性化内容、服务及产品，而且能与自己时时相伴的"伙伴"。这将成为品牌全景体验的重要内容。"伙伴型"品牌体验也代表品牌全景体验的更高阶段。这个阶段的品牌已不再是一个无生命的抽象商业符号，而是充满活力和个性的人格存在。品牌也承担更多的职能，如导购、顾问和伙伴。品牌的背后不再是单一企业而是一个丰富多元又活跃的生态系统。因此，品牌也不仅仅代表产品和体验，还有内容、娱乐和陪伴，甚至意义。品牌深度人格化成为趋势，真正进入品牌全景体验的更成熟发展阶段，即"品牌就是伙伴"。网红带货现象让品牌的这种伙伴化、人格化的过渡更加迅速。代表品牌有 Peloton、完美日记和三只松鼠等。

在以 5G 技术为起点的智能化时代，品牌定义仍然会随用户需求和企业自身的演进而持续变化。可以预见的是，在"万物感知、万物互联、万物智能"的这个新时代，物理世界和虚拟世界或数字世界的边界将完全打通，企业和品牌第一次可以对用户提供虚实兼备的混合产品体验，并进行全渠道、全场景覆盖。所有场景都将被个性化、商业化和智能化，商业社会从此进入超级平台和超级品牌的时代，即少数技术巨头成为"万货商店"（everything store），向所有用户提供所有产品和服务及体验。

这些超级品牌通过大数据和人工智能完全洞悉每个用户在每个场景的需求，开始帮助用户设计并优化人生，商业社会从此进入品牌全景体验的更高层次，即"品牌就是顾问"的阶段。其后，单个品牌消失，每个用户都生活在某个超级品牌所构建的世界中，接受它设计的总体人生，并形成对这些品牌的完全依赖和深度绑定。用户、生活和品牌最终融为一体，而消费本身成为沉浸式体验。从此，人生彻底数字化和游戏化。商业社会即进入品牌消亡，也就是"品牌就是人生"或"游戏是人生"的最终阶段。目前可能成为超级平台的品牌有腾讯、亚马逊、谷歌、阿里巴巴和脸书等。

所以，品牌的内涵也在变化。对企业而言，根据品牌所处的商业发展阶段，它可以是下述的任何一个定义：品质、品位、体验、伙伴和顾问。

工业化时代的品牌就是"品质"和"品位"，数字化时代的品牌就是"体验"和"伙伴"，而智能化时代的品牌则是"顾问"和"导师"。当然，品牌的这些定义代表它在不同演进阶段扮演的角色。这些角色之间并非互相排斥，而是逐次升级的关系，如"伙伴型"品牌就必须已经涵盖"体验"、"品位"和"品质"的特征。无论品牌的职能和定义如何演进，作为一个商业存在，它最基础的职能永远都是"品质"，代表一个品牌解决用户问题的能力，是品牌和企业存在的根本理由。图3.2、表3.1是品牌演进不同阶段的总结。

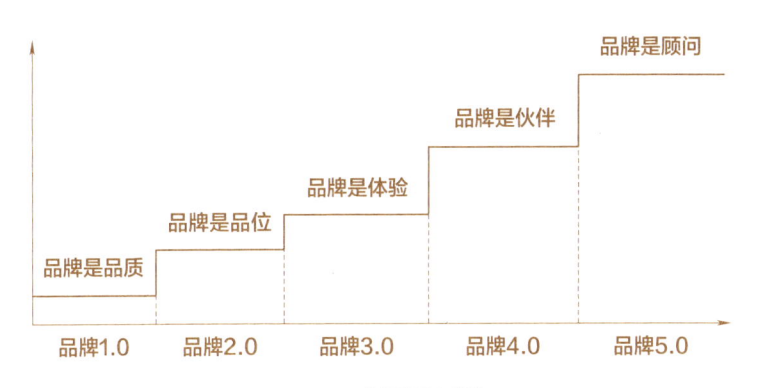

图3.2 品牌演进阶段总结

表 3.1 品牌演进阶段总结

品牌时代	品牌 1.0	品牌 2.0	品牌 3.0	品牌 4.0	品牌 5.0
品牌角色	品质	品位	体验	伙伴	顾问
用户感受	信任	赞赏	喜爱	喜爱	敬仰
用户需求	安全	自信	欢愉	亲密	成就
构建媒介	广告	广告	广告/社交	社交社群	全场景植入
价值特征	标准化	标准化	标准化	个性化交流/标准化产品	个性化交流/个性化产品
价值生成	加工制造	加工制造	体验创造	内容创造	需求创造
价值变现	产品销售	产品销售	产品/服务销售	产品销售/服务订购	服务订购
业务重点	产品经营	产品经营	产品/服务经营	用户经营	用户引领
核心能力	硬件能力	硬件能力	软件能力	内容/关系能力	智能思想能力
企业特征	产品生产型	产品生产型	用户体验型	媒体社交型	意义精神型
关系类别	交易型	交易型	交易型/关系型	关系型	依赖型
用户距离	人、品分离	人、品分离	人、品贴近	人、品亲密	人、品合一
企业类型	单一企业	单一企业	多家企业	生态系统	超级平台
商业时代	工业化	工业化	数字化	数字化	智能化
商业模式	B2C/B2B	B2C/B2B	B2C/B2B	C2B/C2C	C2B2C
代表品牌	丰田、大众	宝马、香奈儿	苹果、宜家	完美日记、小米	尚无

> **【管理引申】**
>
> 1. 随着商业时代的发展，品牌内涵不断丰富，品牌战略也要与时俱进。
> 2. 数字化时代，品牌战略的核心是成为用户的亲密"伙伴"。
> 3. 智能化时代标志着品牌和品牌战略的终结。

品牌在随时代变化，品牌战略自然也需要与时俱进。

品牌战略的演进路径

在工业化时代、数字化时代和智能化时代，从企业端来看，品牌都具有显著不同的定义，如品质、品位、体验、伙伴和顾问。就用户端而言，用户围绕品牌可能形成的情感深度也有显著差异。在工业化时代，除了极个别的情况，用户根本没有和品牌建立情感关联的兴趣，同时也很难对距离遥远又抽象而且无生命的品牌产生超越"信任"的情感。所以，在工业化时代讨论品牌情感，如所谓的"至爱品牌"（Lovemark）的概念和忠诚度等，是个不折不扣的伪命题。尤其是曾为众多企业追逐的用户忠诚度其实毫无情感基础，只是惰性和习惯所致。南澳大学市场营销学教授拜伦·夏普对这点有过深入的解读。但在数字化时代，由于品牌角色的多元化和人格化，品牌和广大用户建立深层的情感成为可能。因此，打造情感型忠诚度应该是每个品牌都要努力实现的目标，而且把品牌打造成为用户心中的"至爱品牌"也并非遥不可及。

品牌战略就是打造品牌情感的战略。在不同的时代，品牌战略也会有显著的差异。从品牌战略角度来讲，工业化时代的最大特点是"媒体稀缺，注意力过剩"，而数字化时代则正好相反，是"媒体过剩，注意力稀缺"。所以，品牌战略必须进行深度变革，以适应新环境。

在工业化时代，因为购物的主要场景是线下场所，在消费过程中，能够率先被用户"想起来"的品牌就更可能被购买。因此，品牌战略的关键就是建立用户对品牌的认知，通过打造深广的品牌联想来形成一个围绕品牌的记忆结构，从而提高品牌的"心智显著性"。从品牌的角度说，工业化时代就是品牌战略的"记忆时代"。打造品牌就是打造记忆，而当时最有效的打造记忆方法就是大众媒体广告。而且，品牌基于广告的"自我表达"也不用复杂，只要讲出"我存在"，然后用广告不断重复，就能打造出用户的品牌记忆和"心智显著性"。当年非常成功的脑白金就是这种品牌建设思路的典型案例。

除了品牌信息的不断重复，这个阶段的品牌战略还强调品牌元素设计的"独特性"，如鲜明的品牌颜色、过目不忘的标识，即所谓的"视觉锤"，而产品差异化反而并不重要。因此，企业打造品牌就等同于烧钱打广告，所以，"品牌即广告"或"品牌就是知名度"。

到了工业化时代的"价值时代"，品牌的建立逐渐由"媒体驱动"向"产品驱动"转化，品牌质量而非单纯媒体声量开始变得重要，而基于品牌质量的口碑也成为影响品牌建设的要素，所谓"品牌即品质"或"品牌就是美誉度",但由于各行各业激烈的竞争,大量品类出现严重的同质化。为了打造用户主观感知上的所谓"质量差异化",从而在竞争中脱颖而出,品牌的"自我表达"变得更加复杂,如品牌形象塑造、独特卖点的提炼,品牌定位的设计和朗朗上口的品牌口号等,即所谓的"语言钉"。这些做法都是不但要讲出"我存在",还要讲出"我最好",如"我是品类领袖""我的功能最强"等。但品牌战略的重点仍然是通过广告手段塑造用户认知,仍然属于记忆为导向的品牌战略。可以说,工业化时代的品牌战略就是"记忆战略"。

到了以"体验"为特征的数字化时代,品牌和用户的关系发生了根本的变化:数字化技术让品牌从一个远距离的抽象存在、与用户的零星接触变为近距离的具体存在、与用户的频繁接触。在这个时代,品牌可以出现在用户整体消费旅程的方方面面,从而全方位地影响用户对品牌的印象和感受。从品牌战略的角度来看,数字化时代已经不是品牌"记忆时代"而是"接触时代"。

也就是说,因为用户消费场景日益数字化,品牌信息在用户的个人数字世界中无处不在而且随时出现,记忆对品牌决策已经不再重要,与品牌的直接接触或"品牌体验"及线上推荐更为关键。"品牌即体验"阶段正式开启。

同时,数字化也让品牌的角色和职能变得更为丰富,除了提供解决问题的能力,它还成为社交、娱乐,甚至生活指导和陪伴的平台。用户从此可以和品牌建立深层的情感关联。品牌也真正进入情感时代,即"品牌就是情感度"。品牌的"自我表达"也更加丰富,开始向深层人格化发展。企业信仰和价值观逐渐成为品牌内核，如苹果、耐克、Zappos 和露露乐蒙等。品牌战略也向打造品牌全景体验过渡。

所以，数字化体验的品牌战略不再关注"认知"或"记忆"，而是"接触"和"口碑"。这就是为什么大批成功的"数字化"或"体验型"品牌如谷歌、星巴克、脸书、特斯拉和 ZARA 等几乎完全放弃了广告手段。与此同时，很多成功的品牌开始"先服务后营销"，让用户直接感受和体验品牌，如 B 端众多软件和服务企业的产品免费试用。典型的成功案例莫过于云服务领军企业赛富时和近年来为人称道的 Slack 和 Zoom 等。在 C 端，也有越来越多的品牌开始利用数字化手段直接接触用户，如耐克的健身 App 开放给公众免费使用。通过和耐克的直接接触，很多非耐克用户开始购买耐克产品。这些品牌用"接触"和"体验"跳过"记忆"和"认知"，直接塑造情感和品牌。因此，创造"接触"成为数字化时代品牌战略的关键。可以说，数字化时代的品牌战略是"接触"战略，也就是品牌全景体验战略。

智能化时代应该是品牌战略的"嵌入时代"。这个时代的品牌会深度嵌入用户生活的方方面面，成为用户不可分割的一部分。它不但满足用户需求，还会不断牵引用户需求，通过提供顾问和咨询建议，帮助用户实现价值和体验的最优化。用户和品牌的关系也将再次发生根本变化，用户将深度依赖品牌来完成各项工作和获得期待的体验。在这个阶段，"品牌即顾问"，或"品牌就是依赖度"。而智能化时代品牌的"自我表达"将是和用户融合为一体的共同表达。品牌战略在三个时代的演进可以总结为如表 3.2 所示。

表 3.2 品牌战略的演进路径

商业时代	工业时代	数字化时代	智能化时代
品牌时代	记忆时代	接触时代	嵌入时代
战略重心	认知	感受	共生
核心指标	心智显著性	体验优异性	情感依赖性
成功指标	知名度	情感度/推荐度	依赖度
构建媒介	广告	体验/口碑	全景体验
品牌表达	视觉锤/语言钉	体验化/人格化	智能化/精神化
构建方式	大声量/重复播放	体验交付	全景嵌入
战略目标	销售导向	关系导向	融合导向
战略执行	短期/单点	长期/过程	终生/端到端

【管理引申】

1. 品牌战略的核心要从构建"记忆"向构建"接触"转移，而品牌建设的"定位—广告式"必须让位于"体验—口碑式"。

2. 品牌战略的最高境界以"信仰"为基础，实现人格化和精神化的价值表达。

3. 品牌战略的目的不应是促进销售，而应是建立和用户长期的共生互利关系。

数字化时代品牌就是"用户伙伴"

因为创造价值的方式不同，每个时代遵循的商业逻辑和价值观也有很大的差异。在工业化时代，价值的载体是单个产品。企业完全掌控价值的创造和交付，用户处在被动接受地位。企业和用户的关系是简单交易型，各自利益完全对立。企业的目标就是将自身利益最大化，而用户只是帮助它实现这个目标的媒介。所以，这个时代的企业，无论如何高喊"以客户为中心"，仍然还是"以自我为中心"及产品驱动。这种情况根本不关乎企业的道德操守，完全由商业运营的基本逻辑所决定。

进入数字化时代，上述的价值创造和商业运营逻辑发生根本性变化。首先，承载价值的主体逐渐从单一产品向服务及内容过渡。在 20 年前，数字化时代刚刚开启，全球市值最高的十大企业中，九家都是加工制造和资源型企业，如通用电气、沃尔玛和诺基亚等。而在 2020 年的榜单上，七家都是内容和服务型企业，包括微软、亚马逊、脸书、谷歌、阿里、腾讯和苹果。可见在这个时代，驱动价值创造的逻辑已经完全不同。

在数字化时代，信息愈发对等和透明，技术壁垒大幅降低，可供用户选择的品牌极为丰富，而且企业价值创造和交付越来越依赖用户的参与，用户的权力也显著提升。因此，数字化时代带来的"用户赋权"导致权力从商家向用户迁移，形成商业世界的"权力双极化"。另一个重大变化"网络连接"促使用户之间、企业之间及用户企业之间的融合，形成商业生态系统各个参与者的"成员一体化"。

这两大变化重新塑造了商业逻辑。在新逻辑体系下，企业创造价值和获取价值的方式依赖于和用户及商业伙伴的深度协作，企业和用户及合作伙伴的利益关系也从对立到趋同。所以，企业必须要在文化、组织架构、运营流程和人员激励等各个方面真正成为"以客户为中心"的组织。数字化时代的价值观也要从工业化时代的"控制"、"支配"、"孤立"和"强权"过渡为"关怀"、"亲密"、"社区"和"生态"。

也就是说，在数字化时代，最核心的商业价值观就是"共生共荣"、"协作发展"，而构建"命运共同体"应该成为企业的核心商业逻辑和理念。在工业化时代，企业和用户的关系可称为"农奴制"，即企业拼命压榨用户，用废了就再换一批，总有源源不断的用户供应。而在数字化时代，这种关系必须要变为"伙伴制"，大家互相关怀、相互成就，同甘苦、共患难，一起携手打天下。

在工业化时代，本质上自私自利的企业绞尽脑汁要和用户建立情感联系，从而获得用户忠诚度。主流广告公司和品牌专家天天鼓吹企业必须让用户建立起对品牌的情感和热爱，但在"以自我和产品为中心"的工业化时代，讲用户情感、挚爱和忠诚度不是真心不懂就是有心误导。

进入数字化时代，在以"伙伴型"用户关系为基础的新商业逻辑里，构建用户情感和持久用户忠诚度不但成为可能，而且必须实现。主要原因是，在数字化时代，用户需求和场景发生了根本的变化。线上环境成为用户消费和体验的主要场所，导致品牌可以深度融入用户生活的各个场景和片段。同时，因为线上环境的方便易用性和天生黏着性，用户对娱乐和社交的需求也主要在线上环境完成。娱乐、社交和消费开始在线上平台融合。用户在线上追求无缝对接的整体体验，从而要求品牌承担更多的职能和扮演更多的角色。

这种"伙伴制"用户关系如何在品牌层面体现出来？关键的举措是品牌的人格化、智能化、平台化和社群化，从而让抽象、无生命的品牌逐步成为具体、有生命的"人"或"人格"，同时满足用户的多重需求。

品牌的四个"现代化"：人格化、智能化、平台化、社群化

工业化时代的品牌是产品的一个属性，也是毫无生命的抽象符号。因此，用户根本无法和品牌建立情感联系，一些品牌理论家提出的"品牌个性"（brand personality）在现实中并不存在。但是在数字化时代，打造"伙伴型品牌"不但可能，而且必须要实现。那么，如何打造"伙伴型品牌"？四个关键举措：品牌人格化、品牌智能化、品牌平台化和品牌社群化。品牌在这四个方面的演化会进一步推动品牌全景体验的构建。

人对无生命的抽象符号无法产生情感共鸣。要真正成为用户伙伴，品牌首先必须具有拟人化的形象和性格。

品牌人格化

品牌人格化有三个层次，如图 3.3 所示。浅层的品牌人格化就是给抽象品牌赋予人物或动物的具体形象，比较典型的例子就是米其林的橡胶人、M&M 的巧克力豆小公仔和麦当劳的小丑等。这是品牌元素设计中一个常见的做法，但未必适用于所有品类。更重要的是，它们对品牌建设的作用可能非常有限。

图 3.3 品牌人格化的三个层次

中层的品牌人格化是在这些形象中注入人格特征和故事内容，让它们的内涵丰满起来，成为"有血有肉"的一种存在。这就类似知名文娱企业打造的各种形象，如迪士尼的米老鼠和其他诸多动物人格，影视公司打造的蜘蛛侠、绿巨人和神力女超人等。万宝路的"牛仔"和国内品牌如三只松鼠的"小贱""小美""小酷"，泡泡玛特系列公仔和京东的"Joy 狗"等走的也是这条路线。这就是所谓"品牌 IP"①主要讨论的议题。但这些企业打造故事的能力远远无法和专业的顶尖文娱公司相提并论,除非它们像苹果和亚马逊等科技巨头一样,开始构建和文化媒体企业近似的组织能力,即向文娱企业靠近,否则它们打造的这些品牌形象很可能因为高质量内容的枯竭而后继无力。目前来看,主流企业文娱化和媒体化代表一种发展趋势。

在这个层面,品牌人格化的另一种做法就是给品牌赋予一个真实的人物形象和人格,使品牌尽量被看成"人",如耐克的乔丹、TopShop 的凯特·摩丝(Kate Moss)、苹果的乔布斯和特斯拉的马斯克等。这些著名的品牌代言人和创始人给抽象的品牌注入了他们的人物形象和性格特征,从而让用户和这些人格化的品牌建立情感关联。但在工业化时代,品牌和用户距离遥远,品牌很难真正走入用户生活。品牌所做的人格化努力主要依赖媒体宣传,很难触达用户内心。

但进入数字化时代,品牌可以融入用户生活的各个场景,真正像"伙伴"一样陪伴用户。因为它天然的亲密性甚至私密性,用户不再满足于和无生命的抽象品牌符号打交道,而需要面对有血有肉的人。因此,品牌具有深层人格化的可能。例如,正在风靡美国的健身单车品牌 Peloton 就是通过自己旗下的"网红"健身教练实现了更加鲜活的品牌人格化。大批用户都是被这些教练

---

① 目前,社会上对"品牌 IP"这个概念的陈述比较混乱。所谓"品牌 IP"就是围绕品牌建立的特定视觉形象,以动物或卡通人物为主。所谓的"品牌 IP 化",是把品牌的这些形象元素通过"人格化"的文化内容进行营销,打造成为具有商业价值的文化符号。简而言之,"品牌 IP 化"就是品牌"人格化"的文化内容营销。但品牌人格化则远远超出内容营销的范畴。

吸引而参与到 Peloton 健身社群中的。另一个知名健身服饰品牌露露乐蒙的健身教练也起到这样的作用。这些真实的人成为品牌的化身。

国内当今的一些网红也是这个层面品牌人格化的一种表现。当然，这些网红都同时代理多个品牌，目前都属于"个人品牌"，但今后的发展趋势一定是品牌主会努力形成单个网红代表单个品牌的状态。其中最典型的例子就是完美日记的"小完子"。当然，品牌社群也是实施品牌人格化的一个手段。活跃的社群可以给予用户归属感，给品牌注入温情和人格。

在功能设计上，品牌人格化最重要的特征就是能够精准把握用户需求，如像人一样感知用户当下感受，并具有和用户进行即时一对一对话的能力。可以说，强大的即时感知和反应能力是品牌深度人格化的一个关键标志。近年来的网红品牌如完美日记、花西子、小红书和三只松鼠等都逐渐开始具备这种新型的组织能力。

品牌人格化的关键是让品牌具有即时感知和对话的能力。因此，更高一层的品牌人格化就是让品牌能够给用户提供和场景精准匹配的内容和用户体验，真正成为他们工作或生活的帮手和顾问。深层人格化的另一个重要举措就是给品牌注入真正的思想和精神内涵，让品牌具有鲜明的信仰和价值观，满足用户心理和心灵需求，从而和用户产生深层情感共鸣。这种品牌不但是用户的"伙伴"，还会成为用户的"知己"。这就进入了品牌智能化和意义化的阶段。

也就是说，这个层面的深度品牌人格化需要依赖大数据和人工智能技术，更需要在人生意义上引领用户，以帮助他们提升自己的生命境界，真正迈向"自我实现"。在后数字化时代，用户更加关注品牌信仰、价值观和人生态度。品牌深层人格化必须在

"意义"创造方面有出众表现,帮助用户提升自己,成为"顾问"和"导师"型的信仰驱动品牌。这应是品牌发展的最高境界。

品牌智能化

在品牌深层人格化方面,人工智能可以发挥重要作用。例如,在形象塑造上,数字化工具可以完全打造出一个极其逼真的"数字人类"(digital human)或"虚拟化身"(avatar),而不再需要依赖各种卡通或动物的形象。例如,花西子刚刚推出的虚拟形象"花西子",基于IBM沃森(Watson)人工智能平台开发的"灵魂机器"(soul machine)或数字人类"瑞秋"(Rachel)和韩国推出的YouTube虚拟网红"瑞"(Rui)等。这些人工智能驱动的数字人可以以假乱真,不但形象和真人一样,而且可以识别用户情绪。现在,电视台的AI主播也越来越常见。机器人技术的发展也可以把这些人格化的形象移入物理世界,如汉森机器人公司(Hanson Robotics)推出的仿真机器人索菲亚(Sophia)等。这种线上和线下的智能数字人一定是品牌人格化的发展方向。

当然,品牌要想具有丰富的人格内涵,除了对话能力和思想能力,还要满足用户的多重需求。这就需要品牌平台化。

品牌平台化

数字化时代的技术工具和平台,尤其是网络连接产生的巨大能力，可以让品牌出现在用户整体消费旅程中，通过多个触点和用户随时接触并互动。品牌还可以更近一步，不断深入用户的生活和内心，出现在他们生活中的各种场景，深度参与他们的日常生活，甚至最终能够解决他们面对的各种问题。因此，品牌要成为用户伙伴，除了人格化，还必须承担多重功能和角色。

也就是说，除了向用户提供更丰富的问题解决功能和与用户沟通、对话的功能，品牌还要具有娱乐和社交能力，以满足用户多维度的感性需求。这种综合价值的交付就要求品牌具有整合供应链和构建生态系统的能力。也就是说，品牌自身要成为一个综合平台，具有文化及社交媒体企业的能力和特征。这也就是为什么头部互联网企业如苹果、亚马逊、阿里巴巴、腾讯、抖音等都纷纷进入文化产业。覆盖用户全方位需求的能力将成为当今品牌最核心的竞争力，具有这个能力的品牌就会成为强大的"超级品牌"。腾讯、阿里巴巴、字节跳动、美团和亚马逊等都具有这种潜力。可以说，品牌平台化就是要成为用户的"万能伙伴"。这个"万能伙伴"就是各大科技巨头企业正在努力成为的"超级平台"，即无所不包的"万货商店"。

品牌社群化

"伙伴型"品牌除了能够解决用户的多元问题、具有丰富的人格内涵和强大的即时对话能力，还要满足用户的社交需求，从而让用户形成一种强烈的"归属感"。这种归属感会极大地强化用户和品牌的伙伴关系。

也就是说，品牌要为用户提供一个社交圈子和一批兴趣相近甚至志同道合的伙伴。这种社交群体能够强化用户已有的社会角色和身份定义，同时通过群体认同来极大地增强用户的自我认同感。这就是品牌的社群化建设，即创建品牌社群。

品牌社群不是一个新概念。在工业化时代，已有很多品牌如哈雷摩托、可口可乐、苹果、乐高甚至戴尔等建立了比较活跃的用户社群。但数字化时代的互联能力让这种社群的建立和管理更加容易，也显著地提升了社群互动的内涵和成员之间的亲密度。

小米公司就是一个典型的案例。小米公司从创建之初就是一个以建立社群即"米粉"为导向的品牌。用雷军的话说，小米是"让发烧友一起参与的企业"。小米公司通过用户参与和互动做产品，通过用户口碑做推广，把整个企业的运营建立在用户"参与感"之上，使其成为一个"让年轻人愿意聚在一起"的品牌，也就是"把用户当朋友"。在这样一个理念之下，小米公司自然而然地吸引了兴趣相同的用户而聚合成一个社群。小米公司做用户论坛的理念是做"用户俱乐部"和"老用户的家"。它的门店也是做成"用户之家"，主要目的不是销售，而是体验和用户交流。用户可以去门店办生日聚会、借雨伞，甚至借用打印机。

在商业伙伴端，小米公司也遵循"品牌社群"理念，构建庞大的小米生态链企业群，同时创立"小米有品"来引入大批涉及各个生活消费品品类的"白牌"产品[1]。小米公司成为这些品牌的领头羊，不但给它们提供品牌授权，而且在销售、研发等各个关键环节提供支持，一起打天下，共同繁荣发展。品牌社群由品

---

[1] 指一些小厂商生产的没有牌子、知名度低的产品。"白牌"即没有牌子。——编者注

牌和社群参与者共同创造，相互具有很强的认同感，甚至可以演化成真正的"命运共同体"。

品牌社群化是数字化时代"以用户为导向"和"以社交为核心"商业逻辑的一个体现。它的核心精神是"人人都是参与者"。在这些理念引导下，用户参与品牌社群和品牌本身的建设，和品牌共同成长，互相成就，建立亲密伙伴关系，逐渐迈向"人、品合一"的状态。在这个过程中，企业也逐渐演化成关系型和社交型企业。建立品牌社群是构建品牌"私域流量"的基础，而构建庞大活跃的"私域流量"则是今后品牌成功的一个关键因素。

根植于数字化时代的"伙伴型"品牌和工业化时代的品牌具有完全不同的商业逻辑。数字化品牌和用户是"利益共同体"，甚至是"命运共同体"，所以它旨在全方位帮助用户更好地成就自己，从而也实现自己的战略目标。作为一个伙伴，品牌必须承载更多的职能，而非只是"品质"、"品位"或"体验"。在这个过程中，品牌逐渐从一个代表效能的符号变成用户真正注入情感的伙伴，也从一个抽象的存在演化为更具体而丰富的人格。建立伙伴关系最重要的要素是"诚信"。因此，数字化时代的品牌必须以诚信作为立身之本。从这个意义上说，数字化时代就是"诚信时代"（age of trust），"伙伴型"品牌就是以用户为导向，以诚信为核心。

打造"伙伴型"品牌，企业不但需要真正把诚信注入自己的基因，还需要构建新的组织能力，如对话能力、社交能力、娱乐和内容能力、文化能力和思想能力等。这些能力的基础是大数据、人工智能、创造力和情感能力。企业不能把这些核心能力外包。不难想象，在不远的将来，科技企业可能会开始自己孵化和培养网红，就像媒体公司培养自己的主持人和播音员一样。

【管理引申】
1. 数字化时代的品牌战略旨在打造身兼数职的"关系型"品牌。
2. 要成为用户伙伴，品牌需要深度人格化和意义化。
3. 文化能力、社交能力和诚信基因都是数字化时代企业必须具备的素质。

沉浸式社区品牌生态系统

上文讲述的品牌"四化"都已经被不同的品牌予以实践。随着人类社会进入以 5G 技术为标志的智能化时代，品牌将何去何从？

对将来的预测当然还没有清晰的结论和共识，但目前来看，"技术驱动"和"用户驱动"将是塑造未来品牌特性的两股主要力量。基于这种认识，可以预见的是，未来的价值创造方式和企业形态一定是以人工智能技术为基础的"用户驱动"模式，即 C2B 模式。因此，智能化时代的品牌大致会具有下面四个主要特征：沉浸式、文娱式、全景式和个人式。也就是说，智能化时代的品牌将进入品牌全景体验的最高阶段。

"沉浸式"是指品牌通过线上、线下的设计，让用户产生前所未有的丰富体验。从线下来说，就是通过门店等场所让用户在各场景中近距离体验品牌。门店不再是销售渠道，而是品牌体验中心。进入数字化时代,在高科技平台的支持下,品牌会展现前所未有的创意而打造出无比丰富的品牌沉浸式体验新形态。

在线上,品牌可以通过各种智能终端和可穿戴设备,如通过虚拟现实(VR)、增强现实(AR)和全息投影(hologram)等技术打造一个让用户无法分辨真伪的逼真虚拟世界,以线下无法比拟的崭新方式让用户全方位体验品牌。而且,线上和线下世界会完全贯通,而虚实体验之间将形成无缝连接。在这个混合的新世界中,用户可以和品牌以及其他用户随时互动,并通过新一代可穿戴设备如电子皮肤形成真实的感知。理论上说,用户可以24小时完全沉浸在品牌构建的无限混合现实里,如同进入一个电影和电子游戏的世界。消费本身成为娱乐性的沉浸式体验,人生深度"游戏化"。

这种沉浸式体验会进一步推动品牌向文娱模式发展。也就是说,品牌会超越产品功能性属性,而成为用户极其丰富的娱乐体验。早在工业化时代,知名品牌就开始了这方面的努力。例如,在2001年,宝马就和知名导演包括李安、吴宇森和亚历桑德罗·冈萨雷斯·伊纳利图(Alejandro González Iñárritu)推出八部短片,并获得电影节大奖。现在流行的品牌IP化也在朝这个方向迈进。例如:三只松鼠已经成立松鼠萌工厂动漫文化有限公司,围绕三只松鼠进行原创内容的生产,如"松鼠萌动漫"系列;京东也和奥斯卡获奖影视公司Passion Pictures合作推出动画短片《JOY与鹭》;三只松鼠还建立了主题公园"松鼠小镇"。在数字化时代,科技发展会极大地加速品牌娱乐化的进程。

近年来,品牌文娱化的趋势也随着电商新形态如网红带货而变得更加强劲。网络主播本身就是文娱化的内容创造者。基于高科技平台的品牌沉浸式体验更需要高质量文娱内容的支撑，品牌体验也会向影视和电子游戏的方向靠拢甚至最终融合，最终形成"品牌即娱乐"的品牌模式。企业也将演化成不但要生产产品，也需要生产内容的文娱企业，如阿里巴巴、腾讯、苹果和亚马逊等。在此之上，还会有超级品牌开始生产思想，成为"意义"的创造者。

与此同时，嵌入用户生活方方面面的全场景品牌将会出现，为用户提供全方位的产品、服务和内容，完全实现"万物皆电商"。用户可以随看随买，甚至随想随买。电商入口无处不在、无时不在，场景即渠道。品牌实现对用户全场景、全内容和全时段的覆盖，真正形成泛电商业态。至此，品牌在垂直方向的内容层面和水平方向的场景层面都达到极致，兼顾现实和虚拟世界的品牌全景体验从而彻底实现。也就是说，真正的品牌全景体验在智能化时代会成为现实。

在这种大背景下，个人式商业品牌会不断涌现。4G时代的阿里巴巴、京东、拼多多、B站、快手和抖音等已经培养出一批网红个人品牌。网红带货现象表现出的大趋势是：今后任何一个品牌都必须拥有自己的网红主播，因为这将是用户和品牌接触的标准模式。现在的网红大多依托电商平台并代言多个品牌；今后的直播模式将会是单品牌直播，而网红真人或AI虚拟人直播会成为每个品牌的常态，品牌和个"人"从而融为一体。直播方式将融合产品推广、服务、内容和渠道等多项功能，成为一个功能齐全的微型实体店，并能针对每个用户的需求实现一对一个人化。随着3D打印、柔性制造和人工智能技术的发展，企业终将实现产品去中心化的单件制造能力。在C2B模式的驱动下，直播界面也成为研发生产部门接受用户个性化订单的窗口。

成功的"直播型"品牌也会逐渐向电商平台过渡，成为多个产品的界面，如同"小米有品"的模式，其他大量品牌则逐步丧失用户关注而成为"白牌"。它们中获得质量认可的成员会成为这些网红品牌的供货系统。例如，很多网络红人就从带货发展到打造出自己的品牌，从而完成了从网红到商家的转变。如果这类网红商家继续发展，就很自然地会成为一个电商平台，开始承载多个产品甚至品牌，成为"社区电商"，并和传统电商呈现出分庭抗礼的局面。

传统电商和以网红为中心的社区电商都会采取这种网红直播带货的模式进行品牌建设。也就是说，它们各自的生态系统都不再是多个产品品牌的整合体，而是多个网红直播个人品牌的整合体。这类网红直播可能代表一个品牌或者多个品牌，是大社区电商中的中小社区电商。今后的超级平台将由众多以网红直播为界面的中小型社区电商构成，而对于绝大多数没有参与到这个新游戏中的企业和品牌而言，这将是它们的终结。因此，以非社区电商为基础的品牌终将消亡。

当然，社区品牌是品牌方和用户共同创建的结果。今后，当品牌主为单个用户构建"个人商业生态系统"成为现实的时候，很可能会为每个用户打造他们的个人化品牌，这就进入了"品牌定制"的时代，即每个用户都可能有一系列为自己量身定做的独特品牌，而这些品牌会成为每个人塑造"另我"（alter ego）和"超我"（super ego）的媒介，并在彰显和推广这些品牌时完成自我价值的塑造和自我实现。在他们依托的社区品牌的扶持下，这些个人独有品牌可以向网红演化。品牌从而进入"人人电商"和"人人品牌"的时代。

本章金句

- 品牌必须跟随商业时代的变化而演进，从"品质"和"品位"逐步演化为"体验"、"伙伴"和"顾问"，完成从"品牌1.0"到"品牌5.0"的跃升。品牌建设的最终目标是打造5.0层级的"顾问"和"导师"型品牌，而品牌战略的最高境界就是以信仰为基础，进行人格化、精神化的"自我表达"。

- 工业化时代的品牌战略是广告驱动的"记忆"战略，数字化时代的品牌战略是体验驱动的"接触"战略，而智能化时代的品牌战略是技术驱动的"嵌入"战略。在数字化时代，品牌全景体验将成为品牌建设的基础，企业必须要实现深度数字化转型，成为高科技型企业，才能具有打造品牌的基本能力。

- 数字化时代品牌要成为用户的亲密伙伴，建立一对一的深度感知和沟通能力。品牌成为伙伴要完成人格化、智能化、平台化和社群化。社群型品牌将是数字化时代的主流，它的构建原则是"人人都是参与者"。企业也需要演化成具有社交能力的"社交型"企业。

核心一句话：品牌从"品质"到"伙伴"，品牌战略从"记忆"到"接触"。

第四堂课
如何建立一个高势能品牌?

主流的品牌建设逻辑强调打造用户的"高认知",但在数字化时代,品牌建设应该专注于"高情感"和"高势能"。品牌是用户情感,代表一种能量。品牌能量的高低直接决定品牌的强弱。打造品牌其实就是打造品牌能量或品牌势能,也就是打造用户情感。用户情感形成的基础是企业在技术、意义和用户亲密三个方面所提供的显著差异化价值。品牌势能的构建遵循五个步骤:找寻、启动、强化、扩散和维持。种子用户和用户社群在构建品牌势能上发挥重要作用。在数字化时代,沉浸式品牌全景体验将是构建用户情感和品牌势能的关键。

打造高认知品牌的逻辑困境

正如其他的商业活动，打造品牌也有它内在的逻辑。这个逻辑往往由品牌模型来描述。模型可以理解为现象背后的"公式"，即用一种简单的方式来描述复杂真实世界中的因果关系，以便帮助人们更好地理解现象的本质，并在此基础上优化自己的行为去获取更好的结果。可以说，模型是行动的指南，能够指导实践。当然，在品牌这个领域，模型也很有必要。对一个企业而言，品牌模型就是一个品牌建设的内在逻辑，可以指引企业有效地进行品牌战略的设计和实施，从而打造出一个强大的品牌。

市面上的品牌模型有很多，主要的是联合利华的"品牌钥匙模型"（brand key）、天联广告公司（BBDO）和凯文·凯勒（Kevin Keller）教授的"品牌资产金字塔模型"、大卫·艾克（David Aaker）教授的"品牌资产五星模型"和Interbrand的"品牌评估模型"等。这些模型虽然有所区别，但基本讲述同一个问题，即如何依照品牌建设的背后逻辑成功打造出一个品牌。这也是整个品牌战略的核心目的。

但如果细看这些模型，就会意识到它们都有三个主要缺陷。

缺陷一：基于过时的场景而过度强调"认知"

目前所有的品牌模型和理论，都是20世纪六七十年代在工业制造化高峰时期开发出来的框架，以宝洁和联合利华的品牌为主要代表，适用的品类也以日用品和快消品为主。这些模型反映的是典型的工业化时代思维，即企业为主，产品为王，强调效率、控制和标准化。现在已经过去了半个世纪，人类社会也进入了数字化时代。这是一个用户为王、服务和内容为价值主要载体、由个性化和创意驱动的用户体验时代。商业的基本逻辑和用户决策过程及场景发生了天翻地覆的变化，但主流品牌理论和模型还保持原貌，不免落在了时代的后面。

更具体地说，这些品牌模型最大的问题是：它们的底层逻辑基于工业化时代的信息传播、商品交付和用户决策场景，反映的都是打造高认知品牌的逻辑；也就是说，打造品牌就是塑造用户认知，占据了用户认知空间的品牌就会成为一个在市场上成功的品牌。但在数字化时代，这些场景已经发生了根本的变化，品牌建设的驱动力和路径都有显著不同，这些逻辑已经不再适用。

具体来讲，在工业化时代，由于"媒体稀缺，注意力过剩"，以及信息的不对称和品牌与用户之间的远距离，大众媒体是用户了解品牌的主要途径。另外，用户的购买场景是和媒体隔离的线下场所，品牌认知对决策起到主要驱动作用。因此，获取用户的注意力和记忆力就极为关键。通过广告吸引用户注意力并建立关于品牌的"记忆"就成为打造品牌的最佳选择。当然，除了不断重复，具有"说服力"的广告似乎更容易被用户记住。所以，品牌形象设计、独特卖点提炼和定位语言钉等都纷纷登场,全部指向一个目的:塑造用户认知或用户记忆。

也就是说,在工业化时代,品牌战略的基本逻辑就是通过大众媒体放大声量获取用户注意力,然后通过重复或"说服",影响他们的认知或心智,即在他们头脑中建立对品牌的"记忆",然后通过"记忆"驱动品牌购买。在这个逻辑下,"知名度"、"心智显著性"、"品牌联想"、"砸钱"、"霸占认知"和"垄断心智"等就成为品牌战略的关键词,而"永远投资于品牌的知名度"、"要敢投放,持续广撒网"等做法也自然变为打造品牌的原则。

毫不出奇的是,这个时代的品牌模型和理论也是基于这个逻辑。在这套理论体系里,认知或记忆驱动购买,品牌战略就是用户认知战略或传播战略,也几乎等同于广告战略。打造品牌主要就是打造品牌的知名度。品牌建设遵循"知名度—美誉度—忠诚度"的路径。因此,这些品牌模型都可称为"广告型"或"传播型",也可以说是"认知型"或"记忆型"模型,都是基于"记忆"的逻辑,可以用以下的公式概括:

$$品牌建设 = 注意力 + 说服力 + 记忆力$$

也就是说,品牌建设的核心三步骤是:第一,大声量获取注意;第二,采用"形象"或"定位"说服;第三,不断重复强化记忆。流行甚广的凯文·凯勒品牌资产金字塔模型(见图 4.1)就是这类品牌模型的代表。这个模型的底层是"显著性",它代表品牌建设的基础和起点,主要依靠广告来构建。其上的"形象"也需要广告来塑造。因此,凯文·凯勒的品牌模型基本上可以称为"认知驱动"或者"广告驱动"的品牌模型,反应的是非常典型的工业化时代思维。

图 4.1 凯文·凯勒品牌资产金字塔模型

但在数字化时代，一切都发生了变化。首先，因为"媒体过剩，注意力稀缺"，用户获取品牌信息的方法显著不同：过去依赖大众媒体宣传，现在则通过随身携带的手机在各个消费场景随时进行网上搜索以及熟人推荐，而不会依赖认知进行购买。因此，品牌记忆变得不再重要。记忆驱动的"广告时代"也变为质量驱动的"口碑时代"。打造品牌不再是抢夺用户认知或心智，而是通过高质量的用户价值和体验创造高信任度的信息来源，如粉丝、意见领袖（如网红、产品专家）等。

这个时候，品牌战略就从抢夺电视屏幕变为抢夺用户信任，而大众传播手段也让位于信任传播手段。也就是说，打造品牌从打造知名度变为打造美誉度，而这个美誉度不是企业通过公益营销或事件营销形成的虚假美誉度，而是真实用户通过直接感受优质的消费体验而产生的真心传播。这种美誉度源自忠诚度。

因此，在数字化时代，打造品牌的逻辑和工业化时代信奉的教条几乎完全颠倒，变为先打造忠诚度，通过忠诚用户传播高信任的口碑而产生美誉度，再生成知名度而驱动主流市场用户。在这个过程中，品牌可以几乎不使用媒体广告。这就是谷歌、脸书、抖音、Zoom、优步、Slack、星巴克和开市客（Costco）等众多品牌的成功之道。可以看出，数字化时代的品牌建设逻辑是：忠诚度驱动美誉度，进而驱动知名度。

数字化时代的另一个重要变化也让"认知"和"记忆"从品牌建设的核心慢慢淡出，即智能手机高度的市场渗透和各类数字化工具及社交媒体平台的广泛应用，这使得品牌从过去抽象的认知变成具体的体验。用户可以在消费前有各种机会、方法与品牌接触和互动。品牌建设真正进入体验时代。通过在数字化平台上直接体验品牌，用户形成对品牌的直观感受，而不借助于基于媒体信息的记忆来选择品牌。

同时，购物的广泛电商化彻底改变了用户的决策场景。用户在线上购物时会随时随地看到各种品牌推送的信息以及其他用户的评论，而不再依赖所谓的"心智显著性"和"品牌联想"。所以，记忆驱动的品牌战略，如品牌视觉元素设计、定位语言钉、品牌联想构建等工业化时代的做法越来越不重要。

更关键的是，数字化时代的技术发展给工业化时代所有同质化严重的品牌和企业带来了实现显著差异化的巨大机遇。越来越多的传统品牌和企业进行技术化升级，带来用户数字化体验上的极大差异化。用户可以清晰地感知不同品牌数字化体验的不同，而去选择具有更好体验的品牌。工业化时代"差异化无效，独特性有效"的论断已然过时。

基于工业化时代基本逻辑的品牌理论和模型必须基于数字化时代的逻辑完成重构，如以"品牌数字体验"和"口碑传播"等为新的驱动力，从而能够更加准确地描述数字时代品牌的建立过程。

缺陷二：基于"企业导向"和"产品导向"的思维，而不是"用户导向"的思维

主流品牌理论和模型的第二大问题是：在"用户时代"还是用"企业导向"的那一套思维来打造品牌。以凯文·凯勒品牌资产金字塔模型和联合利华品牌钥匙模型为例。

这些模型背后隐含的基本假设有两个。

其一，品牌就像一个硬件产品，企业可以也应该控制。

在这个假设下，企业打造品牌的做法就应该像打造一款洗衣液，先把品牌当作"产品"设计出来，如先看看目标用户，再看看竞争环境和竞品，然后通过大大小小的头脑风暴设计出一个品牌"产品"的各个"性能模块"，如品牌符号、品牌形象、品牌精髓、品牌性格、品牌价值观、品牌效能和品牌独特卖点等，接下来把它们都拼接成一个能够自洽的框架，再借助市场组合的4Ps，尤其是促销这个"P"，利用各类媒体像轰炸机一样把这些"功能模块"以广告的形式频繁、高浓度地投放到用户阵地上去，又称"高举高打"，努力去塑造广大用户的心智。经过一段时间不断重复的狂轰滥炸，品牌就在用户心智中建成了。

这种基于"命令—控制"的硬件思维打法在工业化时代，也

就是所谓"媒体时代"或"记忆时代"还可以奏效,宝洁和联合利华等一系列全球品牌就是在那个时代通过控制媒体的发声权而一举称霸天下的。那时的企业十分强势,用户基本就是天天在电视屏幕前"任人操纵"。可现在时代不同了,用户完全可以决定倾听和喜欢什么品牌,甚至开始参与塑造自己选择的品牌。这种基于过时硬件思维的品牌观念已经远远落在了时代的后面。

这里需要再次强调:品牌是用户感受和情感,既看不见也摸不着。它不是一个可控的硬件产品,无法按照生产计划按部就班地制造出来。在工业化时代,企业对"制造"品牌还有很大的可控度,但在数字化时代,用户具备前所未有的自由度和自主权,企业再想用生产制造的思路来打造品牌根本无法成功。

这个时代的品牌不但被用户随意选用,而且被用户拥有、被用户定义,甚至被用户驱动。品牌越来越向"关系型"和"社群型"发展。因此,企业必须要放弃管控的心态,打开品牌的边界,融入用户群体,和他们共同创造出一个属于用户的品牌。任何一个画地为牢,天天想靠定位、独特卖点和各种媒体吸睛手段来诱惑用户购买的企业,都还在用旧方法来应对新世界。品牌新理论和新模型都必须如实、充分地反映出这个数字化时代的新现实。

其二,因为产品可以标准化,品牌也可以标准化。

因为"硬件产品"和"企业导向"的工业化思维,主流品牌理论和模型似乎也认为,品牌不但是个可控、可制造的"产品",还是一个可以标准化的"产品"。这种理解还是基于"品牌即心智"的假设,即用一套标准化的语言钉和视觉锤在广大用户心中打造一个共同的品牌认知,如沃尔沃的"安全"。在这种思想指导下,品牌战略就要找到一个标准化的"一句话"或"独特卖点",

然后把它通过传播手段输入到用户心智中，品牌建设就大功告成。

但近30年的心理学尤其是神经科学的研究显示，品牌是一种长期情感记忆。而且，这种情感不是通过品牌信息的刺激而被动激活，而是用户在进入任何一个场景前形成的"情感预期"。而品牌体验对他们所做的就是"确认"或"否定"这种情感预期的正确性。如果得到正面确认，情感预期就会逐渐形成围绕某个品牌的情感记忆。如果被否定，那么这个品牌就失去用户的信任而不再被考虑。

所以，同一个品牌在同一个消费场景下，每个用户的情感预期有显著不同。他们各自的品牌体验也会有差异，对品牌的感受自然也不同。也就是说，在"接触时代"，品牌体验直接塑造用户情感和品牌势能。品牌不再是认知，而是基于接触的体验。因此，对于同一个品牌，因为每个用户的情感预期和用户体验都不同，他们围绕品牌形成的情感记忆也就各异。可以说，数字化时代的品牌战略就是个人化的品牌体验战略。认知可以标准化，但情感无法标准化。标准化的品牌设计仍是工业化时代或"记忆时代"的产物，很难在数字化时代发挥应有的作用。

而且，不同类型的企业和品牌在不同阶段面对的品牌问题差异很大，自然不可能用一个标准化品牌模型套用在所有品牌上。一个有效的品牌模型至少要考虑企业在以下四个维度的区别：

1. C端和B端企业的不同（如中石化 vs. 海尔）；

2. 大企业和中小企业的不同（如小米 vs. 智米科技）；

3. 技术型企业和非技术型企业的不同（如华为 vs. 娃哈哈）；

4. 传统企业和数字原生企业的不同（如茅台 vs. 花西子）。

当然，服务类企业和产品类企业、领导型和跟随型的企业等也需要不同的品牌战略。一个完整的品牌模型要能够尽量涵盖不同类型的企业和产品类别。

但主流品牌理论和模型的适用范围比较有限，它的适用条件是：

其一，C端市场；

其二，产品缺乏差异化；

其三，用户和品牌缺乏有效的数字化连接；

其四，用户之间缺乏连接的机制和动机。

也就是说，主流品牌理论和模型是基于工业化时代消费场景，针对无差异化日用品或快消品构建的理论。它不适用于技术型和B端品牌，更不适合正在蓬勃发展的数字化时代原生品牌。

这就是为什么主流品牌理论的做法，如品牌形象塑造、品牌定位和视觉锤等，大多在食品、餐饮、日用品和服装等同质化严重、价位较低、品种繁多和用户低介入性（low involvement）的快消品中盛行，而在更为重要的技术类行业、B端市场和互联网品类中，目前并没有一个行之有效的品牌理论和模型。

缺陷三：用静态框架去描述一个动态的现象

除了上述的核心缺陷，主流品牌模型都是基于一个静态的框架，即罗列出所有可能影响品牌建设的因素，然后堆积到一起。言下之意似乎是：如果一个企业把这些"模块"都准备齐全了，然后投入资源运作起来，品牌就自然建成。这也是视品牌为可控

"硬件产品"的工业化思维。但品牌是用户情感，被广大用户随时塑造，是一个时刻变化的活体，有自己的出生、成长、成熟和衰亡的生命周期。打造一个品牌就像和异性建立情感关联，也是一个复杂的动态过程。同时，品牌存在于一个动荡的环境中，在时空里的演进就如同一个生命体的不断成长，能否长大有很大的不确定性。用一个静态的品牌模型来描述一个动态过程自然就会出现主流理论无法解释众多新一代成功品牌的问题。如 Peloton、脸书、特斯拉、Slack、Zoom 和抖音等，这些品牌并没有让人惊叹的语言钉和视觉锤，甚至都没有在媒体上发声，就迅速成为全球知名品牌，主流品牌模型对此似乎也无法提供一个具有说服力的解释。很显然，强调"高认知"的主流品牌理论和模型已经过时，无法适应数字化的新时代。

数字化时代的品牌模型要能够避免主流理论的缺陷，真正具有指导企业打造一个强大的品牌的能力。所谓强大的品牌就是具有高能量的品牌，也就是所谓的高势能品牌。而高势能的基础不是用户的"高认知"，而是"高情感"。

强大的品牌具有高势能

品牌是用户情感，情感就是一种能量，反映的是人内心深处的一种冲动和采取行动的意愿。所以，品牌就是用户心中能够驱动他们进行购买的能量。品牌能量和用户情感层次直接相关，"信任"情感所蕴含的品牌能量比较低,而"喜爱"和"敬仰"情感蕴含的能量就很高。当然,品牌能量越高,就越能激发用户购买。而且,品牌能量不但能够激发用户的购买冲动,还可以通过用户把这种能量通过口碑传递给其他用户,激起更多人对这个品牌的购买热情,让能量扩散到更大的用户群体中。因此,品牌能量越高,势能就越高,就越能够实现长期健康的增长,品牌也就越强。

也就是说,一个强大的品牌就是一个高情感的品牌,自然也就是一个高能量或高势能的品牌。高能量的品牌具有"点燃"的功能,就像势头强劲的燎原之火,不但能够维持现有用户的消费热情而促使他们进行重复购买,而且还能不断点燃新用户,通过"拉新"而迅速扩张。因此就会形成欧洲工商管理学院(INSEAD)琼·克劳德·拉里齐(Jean Claude Larreche)教授所说的"势能效应"(momentum effect),即品牌不用做太多的营销和推广就能够迅速地实现销售,而且能够维持高速增长。这就是"自驱动"的品牌高增长模式,可谓品牌建设的最佳状态。

苹果、抖音、Peloton、露露乐蒙和华为等都属于这类高能量品牌。这些品牌如同燃烧的火焰,让用户为之兴奋和倾倒,并自愿为这些品牌担当"火炬手"或"品牌大使"(brand ambassador),传递这些品牌的热情和能量,影响周边的人,从而让品牌之火越烧越旺。可以说,一个品牌的强弱由它承载的能量或用户情感所决定。强大的品牌不但能够持续健康增长,而且抗打击能力强,大多会成为行业或品类领袖。

因此,品牌强度由它的能量值决定。品牌能量同时决定品牌的财务价值,即品牌资产(brand equity)。从企业的角度来看，打造品牌就是打造品牌势能，品牌战略的核心也就是打造高势能品牌。企业只有通过构建用户情感而非认知才能实现这个目标。

品牌势能简单地说就是用户情感的聚合。用户对品牌的情感越深，品牌的势能就越强。具有品牌情感的用户越多，品牌势能越强。因此，一个品牌的全部势能就是它所有用户品牌情感的总和：

品牌势能 = 单一用户的品牌情感 × 用户总数

单一用户的品牌情感反映的是一个品牌的"情感深度"，用户总数则代表"情感广度"。对企业而言，最佳的状态是每个用户的情感层次都上升到"喜爱"和"敬仰"，这就是"用户激情"（customer passion）的状态。对品牌充满激情的用户会成为不遗余力推广品牌的免费销售员和品牌大使。在苹果零售店外露宿几夜的苹果粉丝和同样充满激情的哈利·波特书迷们都是诱发品牌之火熊熊燃烧的能量源。

高能量的品牌一定会带来更高的利润和更持久的增长。但是高认知度品牌的能量水平可能并不高，如戴尔、福特和韩国现代等。一般而言，B端品牌的能量值普遍低于C端品牌，但也有例外，如赛富时、Slack和Zoom等。从长远来看，因为B端和C端产业的融合趋势，B端品牌战略的关键之一就是提升用户情感层次，从而增加自身的能量值。

基于这个"高情感"的品牌逻辑，这里引入更适合数字化时代的品牌势能模型。在讨论这个理论之前，需要先重申一下工业化和数字化时代品牌建设的不同逻辑。

在"媒体稀缺，注意力过剩"的工业化时代，品牌建设关乎认知、记忆和媒体传播，而在"媒体过剩，注意力稀缺"的数字化时代，品牌建设则关乎情感、接触和社媒口碑。工业化时代的品牌建设过程可以简单地描述为"知名度—美誉度—忠诚度"，而数字化时代则完全相反，是"忠诚度—美誉度—知名度"，两者基于相反的逻辑和顺序。所以，在数字化时代，企业不能再沿用工业化时代过时的品牌理论和模型；同时，数字化时代的品牌模型必须准确地反映出当今商业环境和品牌建设的新现实。

在工业化时代，品牌对用户而言既抽象又遥远，品牌和用户最多是产品、广告和零售店三个非常不频繁的触点，因此在主流用户心中并不存在所谓的品牌情感。就算有也最多是在"信任"层面。对他们而言，品牌只是一个无生命的工具，用过即忘。凯文·凯勒品牌资产金字塔模型中把"共鸣"视为品牌建设的目标和终点，但工业化时代的品牌建设并不具备充分的情感基础，这种目标可以视为一种不切实际的良好愿望。可以说，工业化时代的大多数品牌没有"势能"，只有"记忆"，品牌增长可以归结为用户惯性和媒体驱动。

在数字化时代，品牌第一次能够以"全景体验"的形式出现，深度嵌入用户生活的诸多场景，近距离和用户频繁接触并互动，同时为用户提供多元的价值和功能。而且，越来越多的品牌开始具有人格和更丰富的内涵，可以和用户建立真正的情感关联。品牌具有了情感，就开始蕴含能量或势能。品牌增长本质上是依靠以品牌激情为基础的"自驱动"，而品牌建设的目标就是和广大用户在心灵深层产生"情感共鸣"。

因此，数字化时代品牌建设的基本逻辑是：品牌势能是品牌成长的基本驱动力。企业进行品牌建设的核心就是点燃和放大品牌势能。品牌管理就是管理品牌的势能,品牌势能也是衡量一个企业品牌管理水平的核心指标。

在这个逻辑体系下,企业要用品牌去接触和点燃用户,再用用户去点燃更多的用户,而不是用媒体去诱导或说服用户。因此,它的过程是:找到能量原点,点燃它,并不断强化能量,再引导它向四处扩散,而最终形成覆盖市场的熊熊大火;然后不断向大火中添加燃料,即新品,再引发新一轮的能量生成、强化和扩散过程。这样,品牌就会具有持续而稳定的高势能,实现长期健康的自我增长。

简而言之,品牌建设就是一个情感或势能的"找寻—启动—强化—扩散—维护"(Search-Start-Strengthen-Spread-Sustain,5S)过程。描述这个过程的模型就是原创的"品牌势能过程模型"或品牌势能5S模型。根据这个模型,建立高情感高势能品牌的基本逻辑可归纳为:找寻—启动—强化—扩散—维护品牌势能,也就是下面陈述的5S过程。具体地说,按照品牌势能模型,打造品牌需要以下五个步骤,如图4.2所示。

图4.2 品牌势能的5S过程模型

第一,找到最容易被点燃的种子用户,即能量原点。

这些用户是品牌热情或能量的起点，对一个品牌的成功非常关键。这些"种子用户"一般是小众市场的先锋用户。在科技产品市场，就是所谓的"极客"。小米公司的起步就仰仗这些极客的支持，特斯拉也有一批这样充满激情的种子用户。在消费品市场，种子用户就是各类"达人"。露露乐蒙和 Peloton 的快速成功都仰仗健身达人的拥戴。在 B 端市场，这些种子用户就是最被痛点困扰的企业。

第二，打造极致产品和体验，实现能量启动。

点燃种子用户热情的方法就是打造出"超预期"的极致产品，使产品直接"接触"并真正触动关键用户而赢得他们的喜爱和追捧。产品可谓是能量启动的点火器。很显然，一个差异化不明显的产品很难获得这些用户的青睐。所以，在品牌能量模型里，产品而非广告是品牌建设的基础。点燃种子用户的产品必须具有"显著差异化"，尤其是在 B 端市场。

随着数字化时代的演进，单纯靠极致产品去点燃用户的效率也会逐渐降低，而涵盖产品在内的优质"品牌全景体验"将成为启动品牌能量的标配。这种高层次体验的设计和交付是数字化时代品牌战略的核心。

第三，建立用户社群，加强品牌势能。

用户社群是加强品牌能量的关键平台。数字化时代就是关系型商业成为主流的时代。品牌和用户之间的情感关联通过品牌的社交属性得以强化。社群归属感和参与感将会显著放大品牌情感，为下一步品牌能量的广泛扩散打好基础。

第四，激活用户社群成员，实现社媒平台上广泛的口碑传播。

种子用户和社群成员在充分激活后，会通过社交媒体平台或网上论坛等把品牌热情和能量广泛传播给周边人群。品牌要提供高质量的社交媒体和网上论坛内容，同时设计高效的分享机制，最大限度地发挥这种口碑传播的效力。例如，耐克在社交媒体上发布的每张照片都堪称经典，"分享度"非常高。

第五，通过不断创新，向市场持续注入新品以维持品牌能量。

维持品牌能量的最终方法仍然是不断推出优质的产品。数字化时代也是这样，只不过基于产品的优质"品牌全景体验"在点燃、加强和维持品牌能量会越来越重要。数字化时代的创新将是产品创新和全景体验创新的结合。全景体验创新也将是品牌形成可持续性竞争优势的关键。

露露乐蒙、Peloton 和近年来涌现的众多数字原生品牌如 Warby Parker、完美日记、SheIn 和 Allbirds 等的品牌建设都大致遵循这个模式和路径。可以说，品牌势能模型更能准确地表述数字化时代品牌建设的主要驱动力和过程。今后越来越多的品牌都会依据这种品牌建设的逻辑而成功。

品牌势能模型和主流品牌模型有四点主要的区别。

其一，主流模型强调"认知"和"记忆"作为品牌成长的主要驱动力；而品牌势能模型则强调"品牌能量"，即"用户情感"为品牌的主要驱动力。所以，主流模型虽然也有考虑其他因素，如产品等对品牌建设的作用，但把广告和大众传播放在主导地位；而品牌势能模型强调"接触"、"价值"、"口碑"和"品牌全景体验"为品牌建设的核心驱动因素。

其二，主流模型的出发点是"知名度"，这是"广告驱动"的逻辑，如凯文·凯勒品牌资产金字塔模型中的"显著性"；而品牌势能模型的出发点是"忠诚度"，是"价值驱动"的逻辑，强调品牌全景体验。

其三，主流模型是面向大众的模型，而品牌势能模型可以说是"粉丝"模型。

其四，主流模型是静态模型，而品牌势能模型是动态模型，描述品牌建设的整体步骤和过程。

因此，主流模型不但适用范围较窄，更重要的是，它已经和数字时代逐步脱节；而品牌势能模型适用于所有品类和行业，是契合数字化时代新现实的品牌建设模型。

【管理引申】

1. 品牌战略不是定位和宣传战略，而是激发品牌势能的战略。
2. 品牌战略要从打造忠诚度开始，这是品牌势能的起点。
3. 品牌战略的核心是和用户产生深层的情感共鸣。

品牌势能的"驱动力模型"

品牌势能模型有三个组成部分。前文讲的是品牌势能的过程模型，表述品牌势能的形成过程，以及依据这个逻辑，品牌建设需要采取的具体步骤。更好地理解驱动品牌能量的具体因素则需要参考品牌势能模型的第二部分，即"品牌势能的驱动力模型"（见图4.3）要表述的内容。

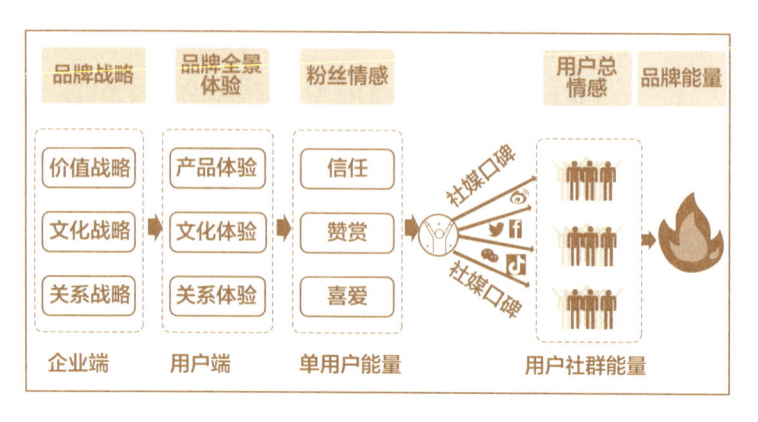

图 4.3　品牌势能的驱动力模型

前文说过，极致产品是启动品牌势能的主要驱动力，但实际情况要更加复杂。

启动品牌势能自然是从底层开始，即"信任"情感，然后再不断升级并强化。毫无疑问，构建用户信任的最直接驱动力就是产品和服务的品质，也就是企业提供给用户的总体价值。这个价值反映出产品解决用户问题的能力。这个能力决定品牌能量或用户情感能否构建起来。决定这个能力的就是企业的"价值战略"。

在工业化时代，价值的主要载体是产品和服务或解决方案，但进入数字化时代，价值的内涵更加丰富，涵盖包括产品、服务、内容和理念等在内的品牌全景体验。而打造这个全景体验就是品牌能量或用户情感能否升级到"赞赏"和"喜爱"等更深层次的关键。

品牌全景体验需要满足用户身、心、灵三个层次的总体需求。"身"的层次对应于产品的具体效能或功能，即产品的理性价值，反映的是产品解决用户具体问题的能力；"心"的层次对应于用户的感性和心理需求，品牌也需要向用户提供优质的心理体验来满足这些需求，如社交、被尊重、自我定义和彰显自我价值等；"灵"的层次关乎一个人对"意义"的思考和探索，数字化的品牌还需要在这个层面给用户提供能够产生心灵共鸣的深层体验，帮助他们更好地理解自己和这个世界，并实现个人生命的提升，也就是说品牌要"意义化"（purposeful）。

除了提供身、心、灵三个层次的完整体验，在数字化时代的全景体验还有一个显著特征，就是数字化技术支持下的"沉浸式"。体验的沉浸程度取决于体验的个人化、互动化和娱乐化。因此，品牌全景体验可以用下面这个简单公式表达：

品牌全景体验 = 沉浸式身、心、灵的完整体验

极致产品可以点燃"极客"的热情，但要想品牌能量升级和扩展，品牌全景体验则是关键。除了价值战略，品牌全景体验的构建还需要企业的文化战略。文化战略涵盖满足用户"心"和"灵"层次的措施，主要负责全景体验的人格化、娱乐化和意义化；而企业的关系战略则通过和用户构建个人化互动和即时的对话能力，让品牌承担用户的伙伴、导购和顾问等多重角色，直接驱动用户的喜爱情感和品牌势能。除此之外，数字化时代的关系战略需要构建品牌社群。社群对品牌势能的升级和强化起到非常关键的作用。

当然，这三种品牌战略都可以影响用户不同层次的情感，如价值战略也可以让用户赞赏，而文化战略也会获取用户的信任和喜爱。只是对于某种层面的用户情感和品牌能量，特定的战略对它的驱动力会更加显著而已。

如果把品牌势能的过程模型和驱动力模型整合成为一个框架，就是数字化时代的品牌势能模型（BEAM）（见图4.4）。

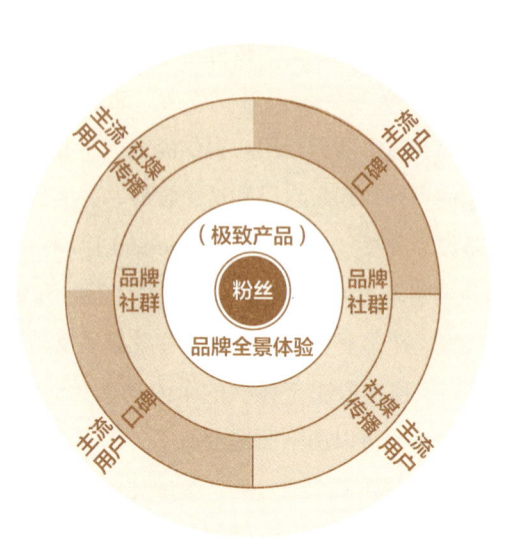

图 4.4　品牌势能模型（BEAM）

数字化时代品牌势能模型的核心和出发点是用户，更准确地说，是种子用户，而不是企业各种形式的自我表达，如品牌精髓、定位和独特卖点等。在 C 端市场，这些种子是"极客"和"粉丝型"先锋用户，而在 B 端市场则是最具痛点的前卫用户。同时，数字化时代的品牌模型是价值驱动，不是传播驱动。极致产品是启动能量的关键，可谓品牌能量的"点火器"。随着后数字化时代的到来，今后能够真正触动"粉丝"和 B 端前卫用户，从而启动品牌能量的，将是虚实兼备的"品牌全景体验"。

能量启动后需要进入品牌社群进行能量放大，然后以口碑的形式在社交媒体上进行广泛传播。口碑作为高信任度信息就会大范围点燃其他用户的品牌兴趣和热情，从而让品牌之火开始燃烧。一旦品牌能量达到一个稳定又具有相当规模的总值，一个强大的品牌就得以形成。可以看出，数字化时代的品牌建设就是将"火种"点燃，然后把火种的能量传递到品牌社群，放大后再传递给主流用户，最后形成整体市场对一个品牌广泛而深厚的情感关联。这就是数字化时代打造品牌的基本逻辑。

那么，品牌势能如何转化成为销量和利润？

如图4.5所示，这种转化通过五个途径：重复购买，升频消费，交叉购买，升级购买和裂变拉新。也就是说，单个用户会对一个品牌进行重复购买，同时购买和消费频率提高；也会对同一个品牌下的各个品类进行交叉购买；还会升级购买，即购买更高价位的同品牌产品；更重要的是，具有品牌热情的用户一定会点燃其他用户，进而引发新用户的购买。而这些用户会继续拉新，让品牌能量不断扩展并升级。当足够数量的用户形成了一个比较紧密的用户社群时，品牌就会进入自驱动的良性增长模式。苹果和露露乐蒙这样的品牌就是典型的案例。可以看出，品牌激情和势能才是利润和增长的真正源泉。

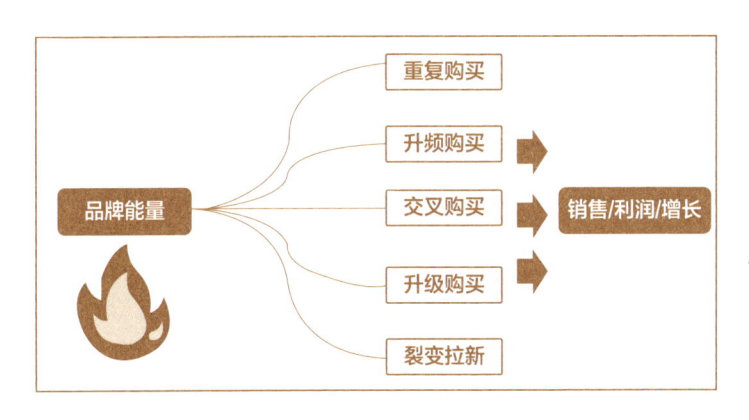

图 4.5 品牌势能转化的途径

品牌势能的"用户模型"

品牌势能的过程模型和驱动力模型是从企业端来描述品牌建设的机制和过程。而从用户端来看,品牌势能的形成过程和机制可以用"用户模型"来描述。

用户对一个品牌形成情感的过程其实和异性之间建立情感关系的过程很像。首先要先听说对方,产生兴趣后会初次见面;见面感觉好,会再次见面;然后逐步开始交往,感情在这个过程中慢慢形成。交往一段时间后,若感觉仍然很好,感情就会变得更加深厚,到了一定程度就会确定关系或结婚。如果婚姻的体验很好,感情会进一步加深,配偶双方很可能还会积极鼓励周围单身朋友尽快建立这种情感关系,甚至会热心地主动帮人介绍。

品牌的形成过程也是一样。潜在用户首先要听说这个品牌。如果关于品牌的信息很正面,用户就很可能去购买,这就是初次见面。使用后感觉不错,用户很可能会复购,这就是交往阶段。经过几次复购后体验都不错,用户就形成了对这个品牌的信任,开始建立购买习惯,如同确定关系或结婚。如果这个品牌一直值得信赖,甚至经常超预期,那么用户就很可能喜欢上这个品牌,而向身边人进行推荐。在这个过程中,用户对品牌的情感从无到有,从弱到强,然后再从"私有"通过口碑传播而转化为"公有"。

简单而言,这个情感建立过程就是以下五步:

第一,听说;

第二,购买;

第三，重复购买；

第四，习惯性购买，成为忠实用户；

第五，推荐而引发连锁效应。

如果品牌是一个具有生命的活体，在这个消费过程中，被首次购买的品牌在用户心中所形成的情感层级还很低，如同一个"婴儿"。如果品牌全景体验超预期，用户会重复购买。这时品牌在用户心中的情感就会逐渐增强，即品牌势能在不断变强，品牌也从"孩童"长到"少年"，再变为"成年"。如果品牌全景体验持续满足用户情感预期，用户进入习惯性购买阶段，品牌在用户心中的情感和能量层级就达到一个更高的层次和强度，品牌就进入"壮年"阶段。品牌如果能够继续让用户充满热情，就会通过被推荐成为一个基于社群并日益强大的"壮年团队"，从而进入自驱动的高速增长模式。

从图4.6可以看出，品牌建设是一个不中止的持续过程，就像维持异性之间的情感一样，需要持续达到，甚至超越对方的预期。在品牌和用户已经建立信任关系的阶段，即重复购买期，不满意的用户不一定选择退出，而是会再次购买。但用户如果失望过多，会选择退出这种关系。就算进入习惯性购买期而对品牌具有喜爱情感的用户，也可能因为品牌的表现不佳而最终退出，如同异性双方解除一段婚姻关系一样。所以，品牌建设的关键是持续不断地达到并超越用户预期，从而保证持续有正能量输入品牌，直到用户情感深厚到一定程度，开始积极推荐品牌。进入这种状态的品牌就可以实现高速增长，如苹果、露露乐蒙和Slack等。

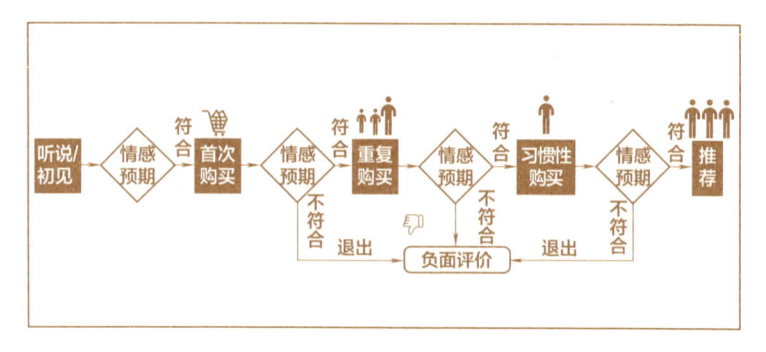

图4.6　品牌势能的用户模型

【管理引申】

1. 从品牌势能的角度来看，打造品牌就是点燃众多用户心中的品牌热情。

2. 品牌建设是一个有始无终的过程，需要持续不断的努力。

3. 维护和提升品牌势能的关键是不断推出用户期待的新品和爆品，并最终具备构建超预期品牌全景体验的能力。

正如人与人之间的情感在不同的阶段需要不同的举措来维持和强化，品牌战略也需要和品牌生命周期的阶段相匹配才能有效。因此，在品牌生命周期的不同阶段，品牌战略需要不同的侧重点。

从图4.7可以看出，品牌战略需要和品牌势能的发展阶段形成协同。品牌建设的第一个阶段就是构建信任。在这个阶段，"价值为王"，与其相对的产品服务和解决方案必须超预期地满足用户需求才能够启动品牌势能。然后，为了强化和升华用户情感或品牌势能，企业要以文化战略为主，向用户提供多层次、有内涵，同时娱乐性很强的感性价值。在品牌势能从中级向高级跃升的阶段，企业除了实施更高层次的文化战略，更需要强调关系战略，以和用户形成亲密而持久的情感联系。虽然品牌战略在品牌势能发展的不同阶段有所侧重，但由价值战略、文化战略和关系战略构成的品牌全景体验要贯穿和用户建立情感关联的始终。

情感阶段	"初识阶段"	"交往阶段"	"婚姻阶段"
用户行为	听说/初见	首购/复购	惯购/推荐
情感层次	情感预期	信任/欣赏	喜爱/敬仰
品牌阶段	承诺	体验	关系
品牌成长	萌芽/婴儿	幼年/青年	成年/壮年
品牌战略	价值战略	文化战略	关系战略
品牌能值	零/低	低/中	高/广

图 4.7　品牌生命周期和品牌战略的协同

在数字化时代，品牌关乎情感和能量。如果品牌全景体验能够不断超预期地满足用户的理性和情感需求，用户情感就会不断加深，品牌势能也会由低到高不断积累，从星星之火发展到燎原之势。在技术驱动的数字化时代，能够激发用户热情的品牌从默默无闻到全球闻名所用的时间可能很短，如苹果、Peloto 和露露乐蒙等。它们腾飞的背后就是极致产品、优质体验、热情粉丝和活跃社媒所引发的品牌熊熊之火。可以说，在数字化时代，品牌能量是驱动增长的最重要力量。

用户社群是能量升级的放大器

用户情感就是品牌势能的来源。如果某一用户对品牌的情感足够深,他会自然而然地用口碑影响其他用户,这如同星星之火可以燎原。这样一个个高情感用户就会逐渐点燃其他更多用户的品牌热情。一旦具有品牌情感的用户社群变得足够大,品牌就会进入一种自驱动的模式,借助"势能效应",开始在市场上如野火般蔓延。这样的品牌就会形成呈指数级增长的态势。

也就是说,用户社群是强化品牌势能的最关键平台和媒介。用户社群通过两个机制来产生并放大品牌势能:用户聚合和思想共振。品牌能量如同在用户心中的一团火,只有当其他用户比较贴近时才容易把火苗传递过去。用户社群就形成了这样一个紧密结合的用户群体,一个人的思想和品牌热情很容易在围绕他的一群人中迅速传开。更重要的是,用户社群中的各个成员很容易发生思想共振。而这种共振会将能量状态极大地放大。共振这种神奇而强大的现象在物理学界已是众所周知的事实。其实这个规律也同样适用于人的思想和情感,如同一个个能量波被不断叠加最后形成摧枯拉朽般的巨大力量。所以,用户社群对品牌情感不是简单叠加,而是共振放大。用户社群放大品牌势能的能力就决定了品牌的势能总值。

在工业化时代,构建一个紧密结合的用户社群并不容易,而且用户相互的联结程度比较有限。但数字化时代的平台和工具让用户社群的全时段联结、全方位互动成为现实。所以,这种品牌能量的扩散和放大效应变得极其显著。很多近年来迅速成功的品牌就是直接借助用户社群对品牌能量的放大效应而迅速形成燎原之势的，如苹果、特斯拉、Peloton 和露露乐蒙等。

这些品牌没有刻意去定义品牌精髓、品牌价值、品牌效能和独特销售主张等，就凭着用户社群支撑起来的能量场迅速成功。这背后的推动力就是用户的自我裂变。这样高能量的品牌会很快成为行业领袖。例如：苹果公司在 2007 年推出智能手机，仅用了一年半时间就成为行业霸主；露露乐蒙和特斯拉也是利用这种社群能量放大的机制飞速崛起。在这些品牌的成长过程中，它们很少或几乎不在主流媒体上投入宣传费。可以说，在用户驱动的数字化时代，用户社群是决定品牌成败的关键因素之一。

打造品牌就是打造用户情感，也就是打造品牌势能，而不是打造用户认知。能否驱动品牌业绩的提高，要看品牌势能的高低。高势能品牌一定会带来高利润，高认知的品牌则很可能业绩平平。品牌情感和势能的启动和增强依靠优质的产品、服务、解决方案和品牌全景体验，而不是靠广告和传播。打个简单的比方，产品价值是能量的原材料，品牌文化是能量的催化剂，而品牌社群则是能量的放大器。这就是品牌势能理论的基本逻辑。

品牌势能模型说明的就是如何打造出一个高势能品牌。简而言之，打造高势能品牌至少需要技术和意义两个方面都要和竞争对手形成显著的差异化，这也就是品牌建设的价值战略和文化战略。在数字化时代，品牌还要通过关系战略与用户塑造亲密关系。这样才能形成充满用户情感和能量的高势能品牌。

这个品牌能量模型的基本逻辑具有普遍性，但对于不同类型的企业，驱动品牌能量的要素会有不同。例如，对中小企业和大多数 B 端企业而言，最关键的用户情感是信任。所以，价值战略对形成品牌能量最为关键。因此，对它们而言，产品就是品牌，品质就是品牌，至少在现阶段可以不用考虑文化战略和关系战略。对大企业而言，无论在 C 端还是 B 端市场，都需要在文化战略和关系战略上尤其是品牌全景体验方面下功夫。但无论是哪种类型的企业，品牌能量模型都能够提供关于品牌建设的有益思路。

本章金句

- 基于注意力、说服力、记忆力并强调高认知的主流品牌理论已经不适用数字化时代。数字化时代品牌建设遵循忠诚度驱动美誉度、再驱动知名度的路径，强调的是高能量或高势能。所以，企业需要先专注技术、意义和用户亲密，然后聚焦"极客"和"粉丝"，再依托用户社群才能迅速打造出高势能品牌。

- 品牌是一种能量，能量源自用户情感。高势能品牌就是高情感品牌，也就是强品牌。因此，品牌战略的核心是建立和提升用户情感，即品牌势能，而建立品牌情感和势能的最有效手段是让用户直接接触和体验品牌。在后数字化时代，用户情感和品牌势能的核心驱动力就是能够满足用户身、心、灵多重需求的沉浸式品牌全景体验。

- 用户社群是品牌能量池，它可以放大品牌势能而驱动品牌实现指数式增长。作为关系战略的核心，用户社群将成为C端和B端品牌在数字化时代的核心战略。任何企业都必须构建针对用户社群的组织能力。

核心一句话：打造高势能品牌需要聚焦技术、意义和用户亲密。

第五堂课
如何打造价值驱动型品牌?

品牌关乎价值。在现阶段，价值的主要载体是产品。在很多行业，打造极致产品或高势能产品就是品牌建设的关键。可以说，高势能品牌的背后就是高势能的产品。美国B端企业Slack的案例可以揭示打造高势能产品的五个要素。在数字化时代，价值的载体逐渐演化为品牌全景体验。企业可以从"需求层次"和"场景广度"两个维度思考如何进行品牌全景体验的构建。元宇宙将是品牌全景体验的最终形态。

品牌势能的基础是价值

品牌是用户情感，用户情感是一种能量。打造品牌就是在用户心中注入品牌情感或能量。充满情感的品牌会点燃用户，被激活的用户也会不断点燃周边的其他用户，这样，用户数目就会不断增加。用户积累到一定程度后，品牌就显现出具有自驱动特点的"势能效应"，实现快速增长。这就是品牌势能理论中表述的品牌建设路径。

在数字化时代，向用户注入品牌情感的最有效方式是提供优质的品牌全景体验。但在现阶段，绝大多数企业还不具备这种管理和技术能力，启动品牌能量的方法仍然是向用户提供理性或感性价值。这就对应于打造品牌的两个主要战略，即价值战略和文化战略。关系战略可以视为依托在价值战略和文化战略上的品牌势能强化战略。也就是说，向用户输送价值和文化是建立关系的前提。一个品牌没有价值和文化，关系也无从谈起。

因此，目前而言，打造品牌可以简化为两个主要路径：价值驱动和文化驱动。价值驱动以价值战略为主导，聚焦产品和技术提供的理性价值；而文化驱动以文化战略为主导，专注文化和意义带来的感性价值。可以说，价值驱动和文化驱动是现阶段打造品牌的两个主要路径。

一般而言，B 端的大部分品牌是以价值战略为主导，如微软、

IBM 和通用电气等。但是英特尔是一个例外。英特尔在文化战略上有非常出色的表现，完全可以和顶尖的 C 端品牌媲美。大多数技术型品牌使用的也是以价值驱动的品牌战略，如亚马逊、华为、谷歌和 Slack 等。

C 端市场的大部分非技术类品牌，如可口可乐、麦当劳和雀巢等则是以文化战略为主导，但宜家是个例外。宜家在价值战略上显著优于竞争对手，从而赢得了全球用户的青睐。还有少数品牌如苹果、宝马和索尼等则是价值战略和文化战略并重。当然，有些品类的质量比较主观，尤其是文娱类产品，如抖音、蒂芙尼和香奈儿等。那么，文化本身就成为价值的主要部分。对这些企业而言，价值驱动和文化驱动的边界并不明显。

无论是价值驱动还是文化驱动，品牌情感和品牌势能的基础都是价值。品牌代表的是广义的产品，而产品存在的唯一理由就是向用户提供价值，去解决他们生活和工作中出现的各种问题。所以，就算是以文化驱动为主导的品牌也必须向用户提供优质的价值。

例如，欧莱雅有数千名研发人员在全球 18 个研发中心进行化学、生物、医药、毒理学等各个领域的尖端研发。它还在全球设有 12 个用户研究中心，随时对新产品进行测试和评估。为了不断研发出高端产品，欧莱雅还针对不同种族人群的发质和皮肤养护在美国芝加哥设立了专门的研究机构，并为此创立了一个新学科，称为"地域美容学"（geocosmetics）。它也在上海浦东设立了专门针对中国市场的研发中心。这个中心在 2010 年的时候就已经开发出 300 多款新产品。所以，看上去只会讲故事的欧莱雅其实是一个不折不扣的高科技企业。

耐克更是如此。多年来，耐克的各种励志广告和"行动起来"的广告词深入人心。自迈克尔·乔丹在1984年代言耐克后，各个领域的体育巨星纷纷成为耐克的代言人。表面上看，这些体育明星的广告和代言是耐克成为全球超级品牌的主要原因，但其实不然。耐克多年来在研发上投入的巨资远超同行，而且频繁地推出颠覆性运动技术，如20世纪70年代末期的空气缓冲系统，80年代后期的鞋身充气技术，还有后来推出的超级跑鞋技术（Vaporfly 4%），此外它在2013年就率先使用3D打印技术进行高端运动鞋的研发和生产。近年来，耐克在人工智能、大数据、计算机识别、机器学习和数字化技术方面都有突破性进展，不但开发出一系列围绕数字化体验的App，还推出基于人工智能的耐克扫描测足技术（Nike Fit），为每个人提供个性化跑鞋做铺垫。耐克的运动研究实验室（Nike Sport Research Lab）在生物力学、生理学、生物医疗工程学、机械工程学、物理、数学、运动机能学和系统科学等领域都有深度研究。所以，耐克作为一家主要生产跑鞋的企业常年被评为"全球最具创新力的企业"毫不奇怪。在波士顿咨询公司推出的2020年全球创新50强榜单中，耐克高居第16位，超过科技企业巨头如英特尔、空客和戴尔。发展到这个阶段，耐克已经是一家货真价实的高科技企业。

一般人会把欧莱雅和耐克视为文化驱动的品牌，这不过是因为它们和大众文化紧密相关，而且这些品牌的文化战略非常出色，遮盖了它们在产品研发和价值创造方面的努力。其实，不管在任何行业和品类，创新才是品牌能够持续成功的核心驱动力。这是商业和品牌管理的基本逻辑。也就是说，用户情感和品牌势能的最根本来源是用户价值。用户价值的生成只有靠研发和技术的不断突破升级，这是品牌持续成功的必经之路。

产品驱动品牌价值和势能

点燃用户热情、提升品牌势能要靠企业持久稳定地向用户提供优质的价值。所以，无论在任何行业，品牌战略的基础都是价值战略。在工业化时代，价值战略几乎就是产品战略。进入数字化时代后，虽然价值战略的内涵不断扩展，但在现阶段，对大多数企业而言，价值战略的主体仍然是它们的产品战略，所以，质量优异的产品是品牌战略和品牌势能的基础。

但如果产品战略只是强调高品质，那么对打造品牌热情和势能仍然不够。一般而言，高品质能够给企业带来健康的现金流，但对打造品牌而言，产品战略的核心应该是打造出一个能够迅速并大幅度点燃用户激情的产品，即高势能产品。一个中规中矩的高品质产品未必有高势能。什么叫作高势能产品？就是通过"超预期"让用户为之倾倒，从而点燃用户激情，促使他们迫不及待地想要和周边的人分享。这也就是通常所说的"极致产品"或"爆品"。

当然，企业不可能时时刻刻都能推出这样的产品，但对中小企业而言，要想迅速打造出一个成功的品牌，或者成熟大企业要想让一个老旧的品牌重新焕发生机，就必须要推出一款这样的产品，这样才能显著提升一个品牌的势能和成功的可能性。高势能品牌的背后就是一款或若干款这样的高势能产品，像苹果、谷歌、抖音和微信等。这样的产品一经推出就如燎原之火，能迅速把整个市场点燃，形成几乎不可遏制的"势能效应"。

这样看来，高势能产品或爆品才是打造和维护品牌的重中之重。因为品牌是用户情感，品牌势能就是用户情感的总和。高质量的产品可以得到用户的信任甚至赞赏，但只有高势能产品才能把用户心底的热情点燃，从而点燃其他用户，引导他们进入喜爱甚至敬仰的情感高度。因此，打造出这样的高势能产品是打造出成功品牌的第一步。可以说，在品牌战略的三个驱动轮中，价值战略是基础，文化战略是提升，关系战略则是强化；而高势能产品则是用户价值的主要载体。

打造高势能产品没有捷径，只有不断创新，并且不能只专注于渐进式创新，而是要实施显著性创新，如颠覆性，甚至是激进式创新。特斯拉和优步在短短几年内就从无人知晓的新创企业跃升为全球知名品牌，靠的就是激进式和颠覆性创新。对它们而言，品牌建设几乎等同于产品创新。只有高质量的创新才可以超预期地满足用户的需求，激发他们对品牌的情感，从而形成品牌势能。可以说，高势能品牌的背后看上去是用户情感，其实是企业强大的创新和研发能力。对所有企业而言，持续创新是注入和维护品牌势能的最关键手段。没有创新基因和创新能力的企业无法真正构建一个持久强大的品牌。近年来涌现的一大批重营销、轻研发的新国货品牌，因为并没有基于雄厚技术实力的优质产品，它们用各种营销手段积累的用户情感既单薄又短暂。同时因为缺乏技术壁垒，这些品牌非常容易被模仿并超越。因此，志在建立高势能品牌的企业必须要完成自身数字化和高科技化的转型。从根本上说，品牌势能来自科技。任何行业的产品都要进行科技升级,用科技创造价值。研发和技术创新将成为所有行业品牌建设的原动力。

进入数字化时代,产品内涵无限外延,开始超越单一产品而涵盖服务、解决方案、内容和体验等。随着数字化技术的进一步发展,在工业化时代用以构成用户价值的各个割裂要素,如产品、价格、渠道、促销和服务等,将实现体验化和融合化,即通过深度整合,实现和用户在全旅程多触点的无缝对接,从而显著提升用户身、心、灵的总体感受。在这个阶段,用户价值泛体验化,即"一切价值皆是体验"。与此同时,企业各职能部门,以及各项战略的边界也会消失,成为多维整合的一体。因此,对企业而言,广义的产品创新理念给它们的成长带来了无限的延展性和可能性。最重要的产品创新方向自然是产品的数字化和用户体验的数字化。这样,企业才能逐步具备构建沉浸式品牌全景体验的能力。因此,所有品牌都应该向数字化技术型品牌过渡,而所有企业都应该尽快成为科技型数字化企业。在后数字化时代,整合价值战略、文化战略和关系战略的品牌全景体验将成为支撑品牌的唯一"产品",它也是用户价值、品牌情感以及品牌势能的最终驱动力。

高势能产品的"五星模型":
Slack 案例

关于如何打造高势能产品,美国著名新创企业 Slack 可以给我们提供有益的思路。Slack 据称是美国历史上成长最快的"软件即服务"（SaaS）领域的新创企业。它创立于 2009 年，并于 2019 年在纽约证券交易所成功上市。2020 年年底，赛富时宣布斥资 277 亿美元收购 Slack。准确地说，Slack 其实在 2013 年才真正成立，在此之前，它是在做一款失败的网络游戏。短短 4 年，Slack 就成长为一个估值 28 亿美元的公司，迅速晋升为硅谷新贵。Slack 从一个默默无闻的新创企业一跃成为"团队协作软件"领域的市场领袖，堪称 B 端市场品牌建设的经典案例。

Slack 在打造品牌的过程中，没有在广告和其他形式的传播上进行投入，甚至在创业的前几年里都没有设立市场营销经理的职位。它的品牌成功完全是产品驱动的结果。也就是说，Slack 成功打造了一款高势能产品，该产品一经推出就飞速成长。在 2014 年 1 月，Slack 只有 1.2 万用户，到 2015 年 10 月，用户就剧增到 170 万，以平均每星期 5% 的速度增长，并且将这种强劲的增长势头维持了 70 个星期，呈现出"势能效应"引发的自驱动模式。在 B 端市场，这种用户增长速度非常罕见。更重要的是，这样的用户增长是在毫无媒体投入的情况下自然形成的。Slack 品牌成功的秘密就是产品驱动。

首先，Slack 的产品是一款用于企业内部的沟通软件。在 Slack 的产品推出之前，市场上存在几款提供类似功能的产品，如 Skype、Yammer、HipChat、Campfire 和 IRC 等，但是这些产品都有各自的短板，没有一款产品能真正解决用户在团队协作沟通时面临的各类问题，团队在沟通时往往需要把几种相关的软件拼凑在一起使用，非常不方便。这成为团队协作中的一个真正痛点。

Slack 的产品非常高效地消除了这个痛点。也就是说，Slack 的产品为用户解决了一个真实而又紧要的问题。曾经有个说法，一个能够迅速成功的产品必须要解决一个 4U 类型的问题，即"缺乏有效解决办法的"（unworkable）、"无法避免的"（unavoidable）、"比较急迫的"（urgent）和"市场关注度比较低"的（underserved）。这就是所谓的"完美的用户问题"。很显然，Slack 的产品正是解决了这样一个问题。

另外，Slack 的产品在性能上要显著优于其他同类产品。它在开发产品的初期就确定了一个原则，即只关注三个最重要的功能，并把它们做到极致，而其他的功能只要做到足够好就可以了。经过对用户需求细致的分析和洞察，Slack 选定了团队协作时最关注的三个功能，即搜索、同步和文件共享，然后集中精力在这三个核心功能上实现突破，使其远超其他产品。更重要的是，Slack 在用户体验上精益求精。它充分认识到，产品远非功能，而是用户的总体体验。因此，Slack 首先针对现有产品较难上手的问题，在简单易用上下足了功夫，确保就算没有技术背景的人也可以很容易就开始使用 Slack 的沟通产品。当然，Slack 允许多平台兼容也非常关键。另外，它力求用户使用产品时交互体验流畅愉快、感受良好。更重要的是，Slack 代表的是一种品类创新。其实，如果品牌想形成真正显著的差异化，大多需要品类创新，也就是实施所谓的"蓝海战略"：通过打造一个新品类而开创一个新市场。

在 B 端市场，其实很多企业在开发产品时的做法和 Slack 很相似，但都没有开发出 Slack 这样的高势能产品。这是因为 Slack 还在其他两方面别具一格。

其一，Slack 的总体产品，从用户界面到品牌标识都具有很强的设计感和"酷"性。这点对 C 端产品而言应该是常识。但是在 B 端市场，产品开发者大多并不注重产品外观和用户感受，只强调功能。因此，大多数 B 端产品都是平淡无奇的功能性产品，而且因为过分强调功能的强大，开发者往往加入了太多性能，导致产品不仅难以使用，而且滞重缓慢、维护复杂。这种现状给 Slack 形成显著的差异化提供了一个绝佳的机会。在总体设计上，Slack 其实更像一个 C 端产品，不但简单易用，而且"形象"美观，很容易让用户喜欢。而且，Slack 让工作交流更有趣味。和 B 端其他中规中矩的产品不同，Slack 的界面颜色鲜明，而且设计了表情包，让紧张的工作交流带有一些调皮的意味，也更具有人情味。用户感觉用 Slack 的产品更好玩。这和其他平淡、严肃的 B 端产品形成了鲜明的对比。

其二，更重要的是，Slack 的产品具有"上瘾性"。这个"上瘾性"体现在两个方面：一是用户会情不自禁地不间断地去查看 Slack 上的交流内容；二是用户越用 Slack 就越欲罢不能。

这种上瘾性和 Slack 的品类特征有关，也适用于很多具有社交属性的软件产品，如社交媒体，电邮和网上游戏等。在一个熟人社交场所，人的天性就是不想因错过交流中的信息和趣事而显得"落伍"，所以大家会用手机不间断地刷微信和电邮。这种情况在工作场景中就更为显著，没有人想在团队的伙伴面前显得消极和沉闷。错失同事之间的即时交流不但会给他人尤其是自己团队的领导造成不好的印象，更可能会错过一些关键机会而影响自己在职场的发展。这就是"上瘾性"的关键，即社交压力。Slack 的设计更加强化了这种心理压力，即用户如果不即时参与团队交流的短信流,就永远错过了针对某个议题发表意见的机会,所以不得不随时关注。Slack 的所有同类产品如 HipChat、Skype、Yammer 和 Campfire 等都不具有这种"时效性"的设计而允许用户在稍后的时间再参与之前的讨论。这应该是 Slack 和其他产品最本质的差异。而且 Slack 具有整合其他沟通软件的良好功能,很多用户就自然而然地把 Slack 当作一个信息沟通的整合界面来使用。因此,一旦开始使用 Slack,人们这种"怕错过"的心理就会让 Slack 极具黏性,让人几乎全天候都"泡"在上面。正是这个原因,有人认为宣称"让工作更有效率"的 Slack 其实已成为严重干扰员工工作的一个产品。

Slack 另一个"上瘾性"体现在组织层面。一旦一个团队开始使用 Slack,他们之间的信息沟通都会沉淀在这个平台。经过一段时间,其实团队所有成员都已经被 Slack 绑定,很难再转移到其他平台。Slack 很早就发现,当一个团队相互发送 2000 条信息后,他们绝大多数人都会成为 Slack 的终身用户。很显然,Slack 具有让用户重度上瘾的"产品钩"(hook)。

总结来说,Slack 的高势能产品有以下五个特征:

其一,解决一个真正的重要问题—精准性;

其二,产品和体验有显著的差异化—显著性;

其三,产品比较酷,有趣味,好玩—潮酷性;

其四,注入社交效能和社交压力—社交性;

其五,设计重度"上瘾"机制—游戏性。

高势能产品的这五个特征可以归纳成如图 5.1 所示的五星模型。

图5.1 高势能产品的五星模型

在这五个特征中,精准性和显著性是形成高势能产品的基础。首先,企业要找对正确的问题去解决。其次,要以一种让用户惊叹的新方式解决这个问题,即埃隆·马斯克和彼得·蒂尔的观点"产品要好过竞争对手十倍",这才叫真正显著的差异化。这种程度的差异化往往根本无法依赖渐进创新,必须要通过打造一个新品类来实现,而且这种新品类往往需要依托一种新技术平台。所以,绝大多数高势能产品都代表一种技术型新品类。可以说,高势能产品必须是技术型品类创新。

如果一个产品具备精准性和显著性,又具有潮酷性,就有很有可能成为高势能产品,迅速打造出一个自驱动的高势能品牌。如果这个产品再具有社交性和游戏性,则不但会让用户上瘾,还会极大地强化品牌的"势能效应"。因此,最深谙此道的都是游戏公司也就不令人意外。Slack 在 2009 年最初设立的时候就是一家网络游戏公司,它在网络游戏产品失败后,才将团队用来开发内部协作交流软件。另一个典型的高势能产品是拼多多,这家公司和 Slack 一样,前身都是游戏公司。此外,高势能产品微信也是遵循同一个逻辑。腾讯本质上是一个游戏公司,它能够开发出让十亿人都重度"上瘾"的微信是件顺理成章的事。

再看看另一个产品驱动型品牌建设的案例，就是C端市场的全球知名品牌优步。它也是由高势能产品快速打造出的成功品牌。按照这个五星模型，优步具有：精准性，即解决了一个真正的用户问题和痛点；显著性，即产品效能明显优于竞争对手；潮酷性，即极简、超方便，而且可以显示用户的前卫和新潮。但它的社交性和游戏性缺乏，所以它的"势能效应"似乎正在慢慢消失。近期成为知名品牌的Zoom也具有精准性、显著性和潮酷性，此外还具有社交性，所以它还有进一步由势能驱动的前冲趋势。

其他高势能硬件产品，如苹果公司的iPod、iPhone和戴森吸尘器等都满足了精准性、显著性和潮酷性的原则。尤其是苹果公司，多年来推出了一系列高势能产品，所以它成为当今全球市场上的第一品牌毫无悬念。但是由于硬件产品本身的特点，它们目前仍然无法把社交性和游戏性融入产品设计。随着数字化技术的进一步发展，今后的硬件产品完全可以通过"数字孪生"的路径实现社交和游戏属性。其实，对当今的高势能产品和高势能品牌而言，社交性和游戏性几乎是必须具备的特性。

【管理引申】

1. 品牌战略的起点是打造具备上述五个属性的高势能产品。
2. 打造超预期的高能产品大多需要品类创新。
3. 硬件产品必须尽快"软件化"并注入社交性和游戏性。

当然，高势能产品还需要试用和口碑。早期的Slack在毫无市场营销和广告投放，甚至一个市场经理都没有的情况下，就迅

速成功打造了一个家喻户晓的品牌。它的经验很简单，就是找到种子用户，给予他们试用产品的机会。Slack"超预期"的极致产品点燃了这些种子用户的热情，然后他们开始在"新创企业圈子"中扩散口碑。这个圈子不是严格意义上的Slack品牌社群，但这些成员的背景、遇到的问题和兴趣都有很强的相似性，相互的认同感也很高，几乎等同于一个品牌社群。因此，他们对Slack的热情通过"共振效应"更加放大，再通过熟人网络和社媒平台在更大范围内把品牌之火点燃。从Slack建设品牌的成功经验可以看出，除了打造高势能产品，价值驱动型的品牌建设还需要其他两个要素：试用和口碑。

数字化时代不是品牌的宣传和记忆时代，而是品牌的体验和接触时代。品牌最有效的宣传者就是产品本身。因此，价值驱动或产品驱动的企业不是去做广告和其他形式的传播，而是要想尽一切办法尽快让种子用户直接接触和试用产品，从而低成本、高速度地让他们建立对品牌的直观而强烈的感受。也就是说，产品驱动的品牌战略连宣传都直接依赖产品本身。

Slack的做法是：向潜在用户提供免费版本的软件试用。在软件行业，这是一个沿用已久的做法。绝大多数企业在免费版本和付费版本之间创造显著的功能差异。因此，除非使用付费版本，用户无法获取产品的核心功能。但Slack与众不同的地方是：它免费版本和付费版本的功能几乎一模一样，只是如果想要自由查询过去的交流信息则要付费。而且，它的付费版本价格低廉，以至于很多企业内部团队都懒得走审批流程，直接用私人的信用卡付费。这些措施都是为了让用户能够亲身体验产品而直接建立对产品的信任、赞赏和喜爱。

在数字化时代，这种免费版试用做法并不只适用于软件产品。在数字化工具的支撑下，其他类别的企业也可以考虑先向用户提供服务，甚至是免费服务，再引导他们购买产品。例如，耐克通过 Nike Plus 向锻炼者提供健身指导和健康检测等，非耐克用户也可以获取这些服务。通过向大众免费提供耐克体验，很容易让他们对耐克产生信任、赞赏甚至喜爱的情感，而这些积极的品牌情感也一定会最终引导他们购买耐克的产品。

随着数字化技术的发展，产品和服务试用完全可以在虚拟环境实现，例如，宝马已经可以通过虚拟现实技术向用户提供虚拟试驾体验。今后，这样的产品虚拟试用会更加普遍。如果触觉、嗅觉和味觉也可以通过数字化技术实现，虚拟产品试用将全面触达五感而成为各种品牌的标配。也就是说，在数字化时代，品牌试用和其他体验完全可以在数字化平台上虚拟实现，而无须依赖真实产品。因此，用户可以在购买产品之前和品牌建立深度的情感关联。甚至可以说，在数字化时代，品牌需要在购买行为发生前很久就要和潜在用户通过数字化服务和虚拟体验的输出建立起情感关联，之后的购买就完全是水到渠成、自然而然。品牌美誉度和口碑可以在没有购买发生和产品使用的情况下预先建立和发生。产品试用是最有效的品牌宣传手段。可以预见的是，在当今这个时代，企业"先试用，后购买"和"先服务，后营销"等做法都会更加普遍。

Slack 在引导种子用户成功试用产品后，激发了他们对 Slack 高势能产品的热情，品牌势能正式启动。种子用户开始对 Slack 的产品进行口碑传播。口碑传播不会提炼什么独特卖点和定位神句，而是传播信任和赞赏的情感，在潜在用户心中直接构建信任，不经过所谓构建认知的过程。因此,在数字化时代,品牌越来越不是关乎用户认知的游戏,而是实实在在的情感构建。除了产品试用,口碑成为构建用户情感的主要工具。

口碑营销由来已久,但大多数所谓的口碑营销都是利用事件和话题造势,尽量让更多的人听说某个品牌。本质上说,这仍然是打造"知名度"的手段,属于"虚假"口碑。但真正的口碑基于用户对于产品真心的认同,也是品牌忠诚度形成后的自然结果,代表品牌真正的美誉度。因此,能够打造高势能品牌的真实口碑必须以高势能产品为基础。只有真实的口碑才饱含真实的情感,也只有这种情感才能打动他人,从而让品牌热情和势能不断升级并大面积扩散,激活和点燃更多的用户,向品牌注入充沛而持久的能量,最终把它带向迅速增长的"快车道"。近年来的品牌新贵如 Slack、Peloton、优步和 Zoom 等完全是通过强大的产品力带动口碑而快速成为知名品牌的。因此,真实口碑才是打造产品驱动型品牌的关键手段。可以看出,Slack 的品牌成长过程几乎完全遵循品牌势能模型所表述的方式和路径。在现阶段,品牌势能模型描述的就是价值或产品驱动型品牌建设的方法和过程。

品牌全景体验才是数字化时代的"价值"

在工业化时代,价值基本就是产品,而价值驱动的品牌战略就是产品驱动。但在数字化时代，在产品和用户体验层面实现显著差异化越来越困难，价值的内涵需要更加丰富才能"超预期"而有效激活用户情感，从而形成强劲的品牌势能。也就是说，数字化时代的价值必须增益为"品牌全景体验"，能够满足用户身心灵的综合需求，这样才能形成显著的差异化。可以说，只有在数字化时代，埃隆·马斯克和彼得·蒂尔多年来一直宣扬的"十倍差异化"理念才真正可能在大范围内成为现实。

　　从用户端来看，随着商业的发展，价值的内涵也不断丰富。工业化时代的价值就是产品解决问题的能力。其后，企业通过努力讲"品牌故事"而具有定义用户身份或彰显用户个人品位和生活态度的内涵。因此，对用户而言，他们购买的不再是围绕功能的理性价值，而是品牌蕴含的意义和所代表的情绪等感性价值。进入数字化时代，品牌深度体验化、娱乐化、社交化和伙伴化成为新的发展方向，价值的定义又一次被重塑。当用户购买和消费一个品牌时，他们消费的是一种丰富的多维度总体价值。品牌提供的不只是一种具体的功能或效能，或个人价值和品位的表达，而是在用户生活的各个场景中通过和他们互动而生成崭新的生活体验。因此，价值不再是一个静态或固定的存在，而是在和用户互动中不断被创造和塑造，并无边界或总量，从而成为一个品牌和用户共创的活体。数字化时代的价值具有动态化、共创化和场景化的特征。

　　因此，在数字化时代，价值变成一种动态的用户全景体验，而数字化时代的价值驱动型品牌战略就演化成为品牌全景体验战略。毫无疑问，构建品牌全景体验将是数字化时代企业打造品牌的核心组织能力。对企业而言，把价值的内涵从静态的"产品"扩展到动态的"全景体验"则意味着多方面、多层次的深度变革。这些变革的基础就是企业的数字化转型。只有具有深度数字化的能力，企业才可能通过打造体验生态系统，让用户沉浸在共创品牌体验和价值的过程中，并让这种感受成为用户感知到的品牌独有体验。

　　数字化时代的品牌全景体验和传统的品牌综合体验有本质的区别。简而言之，对用户而言，工业化时代的品牌是割裂的单点体验，如产品、服务、渠道、促销和价格等。其实，就算在工业化时代，企业和用户的所有触点，虽然相互割裂而且数目有限，也都会影响品牌情感。但是由于工业化时代的产品同质化严重，品牌表达的差异化主要依赖大众传媒，如广告来实现。也就是说，工业化时代的品牌战略不但把直接影响用户情感的 5 个市场组合元素，即所谓的 5Ps（产品、价格、渠道、服务和促销），缩减为"促销"这个单一的 P，而且，它还只专注于促销这个 P 中的某些环节，即广告和公关。所以，在工业化时代，用户最直观感知的只是传播的"品牌单点体验"，而数字化时代则把用户体验"全景化"。

　　和传统的品牌综合体验相比，品牌全景体验具有以下 8 个特征（见图 5.2）。

图 5.2　品牌全景体验的 8 个特征

1. 通值化

企业是创造价值的组织，品牌作为企业的缩影自然也关乎价值。可以说，品牌的内核就是价值。因此，品牌战略的基础就是价值战略。在工业化时代，价值就是产品。但在数字化时代，价值的定义更加丰富多元，逐渐延伸成为品牌全景体验。

尽管如此，品牌全景体验的最重要组成部分仍然是"产品价值"，更准确地说，是品牌的"通值"或"全景价值"（brand panoramic value，BPV），即品牌解决用户总体问题的能力，而不仅仅是传统的品类功能定义。在工业化时代，将这种"通值"的理念演绎得比较好的是 7-11 便利店。在它的诞生地美国，7-11 便利店专注于品类功能，主要是出售轻食品；但在亚洲国家，它则提供"全景价值"。例如：在日本，7-11 不再是一个购物场所，而是一个"一站式服务中心"，能够满足普通民众所有的日常生活需求，如打印复印、冲洗照片、代缴水电费、购买演唱会门票、收发快递、送货上门、邮寄信件、提取现金和购买出门过夜的衣物等；在印度尼西亚，7-11 竟然还安排乐队表演，为年轻人提供社交休闲去处。

数字化时代的品牌必须要走出自己的"舒适区"，尽量从各个角度深度融入用户生活，为他们提供全景价值。到目前为止，真正具有提供全景价值能力和意愿的企业都是正在成为超级平台的高科技巨头，如亚马逊、腾讯、苹果、阿里和美团等。这些超级品牌都在努力打造一个涵盖用户所有需求和场景的生态系统，真正成为解决用户所有问题的万能"万货商店"。

但是，其他企业也在努力提供自身品类之外的"额外价值"。例如，IBM 曾推出具有实用功能的户外广告牌，这种广告牌可以充当用户休息的座椅和遮雨篷等。德国护肤品牌妮维雅也在巴西推出可以在户外给手机充电的杂志单页广告。广告页中内置一片超薄太阳能电池片和手机充电线,可以给享受海滩阳光的人们提供一个简便的移动电源。

宜家也运用同样的思路,不但推出了基于增强现实技术的应用程序 IKEA Place,帮助用户在家居环境中摆放虚拟家具而做出最佳选择,而且在 2020 年疫情期间向公众提供"宜家家居场景"的视频会议软件虚拟背景,受到用户欢迎。虽然目前这些尝试都比较微小,但尽量为用户提供超越自身品类的价值,以便介入用户更多的生活场景应该是数字化品牌发展的方向。

2. 多重化

传统品牌体验注重实用功能,而品牌全景体验必须要满足用户身心灵的多重需求,从而形成一个可以邀请用户进入的多维度品牌世界,如实用功能、娱乐功能、彰显功能、社交功能、创意功能和思想引领功能等,而非"销售卖场"。因此,全景品牌必须要具备基于产品,但又要超越产品的多重丰富表达。苹果、耐克、Peloton 和露露乐蒙等品牌在多重体验表达上都相当成功。这些品牌代表的不仅仅是优质的产品和效能,还是身份定义、社交资源、生活态度、人生梦想和愿景、理想人格、生活方式和生命哲学,从身、心、灵多个层次带给用户多元的丰富体验。

3. 具象化

大多数品牌的传统表达就是通过广告和其他平面宣传媒介,如音频、视频和文字等,进行的视听表达。所以,除了产品这个载体,品牌是一种摸不着的存在。就算有些品牌打造出一些成功的品牌 IP,它们的具象表达也不过是一些单薄的品牌纪念物。在工业化时代,拥有零售店的品牌,虽然有更为具象的表达媒介,但主要是把店铺作为销售渠道。

数字化时代的品牌对自身的表达一定要丰富，而且这种丰富的表达需要采用具体的表达形式，即让品牌以各种形态具象化，让用户看得见、摸得着、碰得到。也就是说，品牌必须要具有形体，可"触摸"。其实，较高层次的品牌人格化，如 Peloton 的健身教练、完美日记的"小完子"等都是品牌具象化的一种措施。可以说，打造"触摸型"多维度品牌是品牌全景体验的核心。只有让用户直接接触并体验，才能直接引发他们的感受并触动他们的内心，从而使其快速建立品牌情感。

耐克的数字化旗舰店就是品牌具象化的范例。但品牌具象化要超越零售店的范畴，让它具有更加丰富的形态。例如，美国室内香水和空气清洁剂品牌佳丽（Glade）就把品牌具象化提升到了新的高度。2015 年，它在纽约市中心设立了一个临时的数字化"感觉博物馆"（The Museum of Feelings），通过和到访者互动，把到访者对香气产生的感受变成光影展现出来，同时利用算法把曼哈顿的天气、交通状况和社交媒体上的言论整合起来去捕捉城市的心情并呈现出来。这个独特的数字互动博物馆推出后大受欢迎，大量访客不惜等待长达四小时入场，社交媒体上的分享更是铺天盖地。通过数字化科技手段让无形的味道在和用户的互动中可视化成佳丽独有的品牌体验。

当然，品牌具象化表达并非 C 端品牌的专利。英特尔就是 B 端市场打造多元丰富品牌体验非常出色的品牌。在所有 B 端品牌中，英特尔的表现可谓范例，它在 2020 年 Interbrand 全球品牌百强榜上排名第 12，超过脸书、耐克、宜家和星巴克等知名 C 端品牌。为了让品牌在用户心中变得更加具体鲜活，英特尔在

2011年推出线上博物馆"我的展馆"（Museum of Me）。它利用数字化技术，在一个虚拟展览馆的场景中，把用户脸书账号上的数据和图片极具创意地拼接成一段个人生活的有趣展示。英特尔的这个独有的品牌体验也被广为称颂。

4. 沉浸化

佳丽和英特尔打造的实体和线上博物馆都通过品牌具象化给用户带来了沉浸式体验。这是品牌全景体验又一个核心特点，即品牌体验不能是简单短暂地触摸和感知，而要让用户在高度投入（high involvement）的状态下沉浸其中，如同打电子游戏、观看电影、参观博物馆或畅游乐园。

美国智能健身品牌Peloton就是一个成功的案例。和其他家用健身器材品牌最大的不同是，Peloton给用户提供的是一个沉浸式健身体验。它在动感单车上设有大尺寸的屏幕，让用户可以观看不同教练的直播课，如同教练就在眼前。而且，用户还可以和健身社群的其他成员互动交流、相互鼓励甚至竞赛；用户健身表现的排名会实时出现在屏幕上，犹如竞技通关游戏。Peloton的内容化、社群化和游戏化让用户迷上家居健身，并成为品牌的忠实粉丝。

电子游戏也是向用户提供沉浸式品牌体验的一个常用方法。虽然大部分这类游戏并不成功，但也有例外。例如，在2020年疫情期间，西方国家非常流行的复活节寻彩蛋活动无法进行，美国食品巨头亿滋国际（Mondelez International）旗下的妙卡巧克力（Milka）就为保持这个节日传统开发了一款"寻彩蛋"游戏，推出后大受欢迎，从而把负面的疫情变成了品牌增长的良机。数字化时代的品牌需要具备开发这种沉浸式数字体验的能力。

还有的品牌直接打造线下沉浸式用户体验中心。例如，乐高早在 1968 年就在工厂旁边建造了"乐高乐园"（Legoland Billund Resort），并使之成为丹麦第三大景点，至今已吸引了超过 5000 万游客。进入 90 年代后，乐高乐园还扩张到美、德、英和日等国。

三只松鼠在安徽芜湖打造了主题乐园"松鼠小镇"。当然，环球影城和迪士尼乐园更是工业化时代沉浸式品牌体验的典范。在数字化时代，个人化互动式沉浸体验具有无限的发展前景和丰富程度。在不远的将来，企业利用虚拟现实、增强现实和人工智能技术一定可以打造出真正的沉浸式品牌体验，让用户生活在一个品牌构建出的理想世界中，无法自拔。

5. 共创化

品牌全景体验代表一种动态而且不断自生的品牌价值。因为它是和用户通过互动共创而产生的体验，这种"共创化"特征也就决定了品牌全景体验一定是个人化体验。同时，共创化也是打造参与感和归属感的重要手段。在工业化时代，品牌共创化的案例有很多。比较典型的就是宜家的"DIY"（do it yourself）模式。小米则把共创化提升到一个前所未有的高度，允许用户深度参与到小米的产品设计、内容创造和品牌建设中。在数字化时代，用户共创更为常见。例如，绝大多数成功品牌的线上内容都是用户自生自创的。但数字化全景体验的共创是一种个人化的创意体验，而且随着数字化品牌更加广泛地嵌入用户生活场景，这种互动性共创几乎会成为一种连贯性的用户体验。

6. 娱乐化

全景体验必须具有高度的娱乐性才能让用户情不自禁地沉

浸其中。在工业化时代，已经有很多品牌超越了单纯"讲故事"而向用户提供娱乐化体验。例如，宝马曾经拍摄了一系列非常高质量的微电影，这些微电影在网上传播甚广，宝马俨然成为一个微型的电影公司。源自瑞典的知名酒类品牌"绝对伏特加"（Absolut Vodka）多年来也通过极具创意和艺术性的平面广告成为一种非常流行的文化符号。进入数字化时代，很多传统品牌如可口可乐和妙卡巧克力等也通过数字化技术向用户提供娱乐性很强的内容，如网上电子游戏等。以三只松鼠为代表的新国货在品牌娱乐化方面就更有创意，它不但在线上推出丰富有趣的内容，还在安徽芜湖建造了主题娱乐公园。数字化时代的科技巨头在这方面的发展就更加激进。苹果、亚马逊和腾讯等科技巨头都大举进入文化和媒体产业，开始制作原生影视及文学产品，让文化产业和科技产业的边界不断模糊。随着技术的进一步发展，娱乐化将进入用户生活的各个场景，品牌全景体验将意味着从"消费即娱乐"演化为"时刻皆娱乐"。

7. 意义化

数字化时代是由"千禧一代"、"Z 世代"和"阿尔法世代"主导的时代。这些年轻人和工业化时代的祖辈父辈们有诸多不同。一个重要的差异是他们更加关注影响人类的全球性社会和伦理问题，如环境污染、社会正义、贫富不均、人权维护、包容性和多元性等。因此，他们对一个企业和品牌背后所代表的道德操守、生活态度和全球责任更加关注。可以说，这些年轻人在"意义"和"目的"等人生问题上具有比工业化时代的消费者更强烈的敏感性。品牌必须具备触动人心的人格和人生态度，也必须要在影响全人类的重大问题上具有鲜明的立场，并敢于发声，这样才能和用户产生深层共鸣，而得到他们的"追捧"。也就是说，品牌已经不能只代表一种商业符号，而且必须具有人格和思想的力量，能够引领用户变成更好的自己，让用户以一种全新的方式理解和体验人生，同时让世界更加美好。

苹果、耐克、露露乐蒙、Zappos、贝纳通（Benetton）和多芬等品牌都是知名的"意义型"品牌。耐克在2018年起用抗议种族歧视的橄榄球选手科林·卡佩尼克（Colin Kaepernick）作为广告代言人，表明了自身对这一重要全球议题的态度。这件事虽然引起轩然大波，也造成了耐克用户的对立，但最终使耐克获得了大多数用户的高度认同。在2016年，已有百年历史的美国莫顿盐业（Morton Salt）在YouTube上发布视频，宣布要对5个通过创新改变世界的创业者提供资金支持。在2020年，汉堡王发布"发霉汉堡"系列广告，向世界宣称汉堡王从此不再向食物中添加危害健康的防腐剂。这种宣言也造成不小的轰动，但给汉堡王品牌注入了积极健康的正面意义，这直接反映在它的销售增长上。

品牌"意义化"的关键是发自内心的真诚，即品牌表达的"意义"必须是一个企业真实的信仰和价值观。任何虚伪的意义表达都会很快被识别并拒绝。最好的案例就是多芬。为了增强女性自信自尊，它于2006年在脸书上推出《进化》（Evolution）广告，彰显"自然就是美"的理念，获得全球广大女性的赞许。但与此同时，用户指出，多芬的母公司联合利华就是一个大力鼓吹所谓完美女性形象并从中获取厚利的主要企业之一。这种表里不一的虚假品牌意义一度严重影响多芬的品牌形象。

所以，品牌必须真诚才能触动心灵。可以说，在数字化时代，真诚和透明应该成为品牌全景体验的设计原则。否则,它很难真正进入用户的生活,自然也无法实现"全景"。

8. 场景化

全景体验不但意味着同时满足用户身、心、灵的多重需求,还要尽量出现在用户生活的各个场景。要做到这点,品牌不能被动地被感知,而是要主动去全方位触达用户,并嵌入用户的生活。在工业化时代,可口可乐在全方位触达方面显著优于其他企业。例如,可口可乐通过它无处不在的售货机出现在用户的各种生活场景。不但如此,可口可乐还经常推出别出心裁的售货机,向用户提供沉浸式娱乐体验。例如,它在韩国购物中心设置了具有游戏功能的"跳舞售货机",用户如果可以成功模仿屏幕里的舞蹈,就能免费获得可乐。它也曾在新加坡推出"可拥抱式"售货机,用户通过拥抱机器就可以获得饮料。进入数字化时代,可口可乐在数字化平台上打造多款应用,力求触达更多用户场景。在2015年,可口可乐在体育赛事期间推出《可饮式》(Drinkable)广告,即用户通过下载相关App,把电视屏幕中的可乐倒入手机App上的杯子里,当杯子被"灌满"后,用户将获得一张电子优惠券,这张券可以在指定零售店换取可乐。今后,随着数字化和人工智能技术的发展,品牌将会实现对用户的全场景覆盖。届时,品牌全景体验将彻底实现。

品牌对于全景体验的打造是一个过程。随着企业数字化转型的深入和诸多相关技术如增强现实、虚拟现实、大数据和人工智能等进一步完善,多维度、多场景和多形态的品牌全景体验将是价值的主要表现形式而直接决定品牌势能和企业的最终成败。

> 【管理引申】
> 1. 品牌战略的最高境界就是构建优质的品牌全景体验。
> 2. 打造品牌全景体验需要企业具备多元组织能力。
> 3. 构建全面丰富的生态系统是打造品牌全景体验的前提条件。

在数字化时代，尤其是后数字化时代，打造品牌全景体验将是品牌建设的关键。企业可以参考品牌全景体验矩阵（brand panoramic experience matrix，BPE matrix）来思考如何有效构建这种全新的用户体验。

打造品牌全景体验矩阵

打造全景体验的目的是尽量让品牌和用户在全方位发生关联，最后使品牌彻底融入用户的生活，实现"人、品合一"。因此，设计全景体验就是要考虑如何把品牌一层层嵌入用户的生活场景，首先"进入"用户生活，然后"成为"用户生活。一旦品牌开始向用户提供全景体验，品牌和用户的关系就会发生根本的改变：用户不再是"买"品牌，而是"活"在品牌构建的多维世界中。品牌也变为一种用户沉浸的生活方式。在这种状态下，品牌和用户成为共生的一体，相互定义和成就对方。

在这种理念的指导下，打造品牌全景体验首先是让品牌层层编织到用户多维度立体的生活中。因此，设计品牌全景体验可以先从两个核心维度入手：需求层次和场景广度。需求层次对应用户"身心灵"的多重需求，如理性需求、感性需求和精神需求等。这个维度反映的是品牌介入用户生活的深度。品牌满足的用户需求层次越多，就可以越深地融入用户的生活。一个真正的品牌全景体验必须能够向用户同时提供满足身、心、灵需求的总体解决方案。

用户"身"层面的需求可以概括为对产品功能和效用的理性需求。这种理性需求的全方位满足就对应全景体验的"通值化"。用户"心"层面的需求是感性需求，对应这个层面的全景体验需要"娱乐化"，包括文娱和社交。用户"灵"层面的需求是精神需求，对应这个层面的全景体验需要"意义化"，即向用户提供超越商业范畴的人生目标和追求。品牌全景体验能够满足用户需求的层次越多，品牌就越能够在"纵向维度"上深入用户生活。

当今科技巨头都在尝试覆盖用户的多个需求层次，以满足用户的总体需求。例如，苹果、谷歌、脸书、亚马逊、腾讯等都从各自的核心业务延伸到媒体、文娱、社交、教育和健康等领域，力求为用户提供一个包括硬件、软件、内容和服务的总体解决方案。可以预见的是，企业和品牌将逐渐超越单纯的商业属性，而成为用户生活中"智慧"和"意义"的提供者。在这个过程中，这些企业必将演化成支配全球市场的超级平台和超级品牌。

场景广度是指品牌出现在用户生活场景的范围，反映的是品牌介入用户生活的广度。"窄"场景和品牌原生品类对应。例如，7-11便利店的"窄"场景就是"购买轻食品的线下零售"。"宽"场景对应品牌大品类，对7-11而言，就是"线下零售"，这个场景涵盖的品类就远远超出"轻食品",还包括日用百货。"广"场景就是涵盖用户生活全方位的多元场景。"一站式生活服务场所"就是 7-11 的"广"场景延伸。它远远超出 7-11 作为"线下便利零售店"的品类定义,而成为包罗万象的用户生活服务中心。品牌能够出现的场景越多,就越能够在"横向维度"上嵌入用户生活。

高科技企业巨头在覆盖用户场景广度上取得了长足的发展。腾讯和阿里各自的生态系统对用户几乎形成了 360 度全方位覆盖,紧密嵌入用户衣食住行的全场景,如出行、饮食、文娱、影视、媒体、支付、搜索和内容、O2O 电商、房地产、旅游、物流,甚至体育等。苹果也力求从一个立足窄场景的硬件企业延伸到涵盖娱乐、新闻、媒体、支付和健康等宽场景的服务型企业。亚马逊作为"线上万货商店",也在快速拓宽用户的消费场景。它不但进入影视和健康领域,还在线下布局,除收购全食超市,设立 Amazon Go 无人店、线下生鲜店、线下快闪店、线下 4 星店(Amazon 4-Star)和线下书店之外,还在伦敦开设了智能理发店,并在洛杉矶推出了线下服装店。很显然,实现对用户的全场景覆盖是科技企业都在努力实现的目标。

品牌全景体验的设计理念可以通过图 5.3 表达出来。

对企业而言,构建品牌全景体验的三大支柱就是价值、文化和关系,对应于企业的价值战略、文化战略和关系战略。所谓的"全景体验"也就是把价值、文化和关系贯穿"身、心、灵"三个层次的多重需求,同时从窄场景延伸到宽场景和广场景,从而横纵交织地融入用户生活,并成为用户的生活。

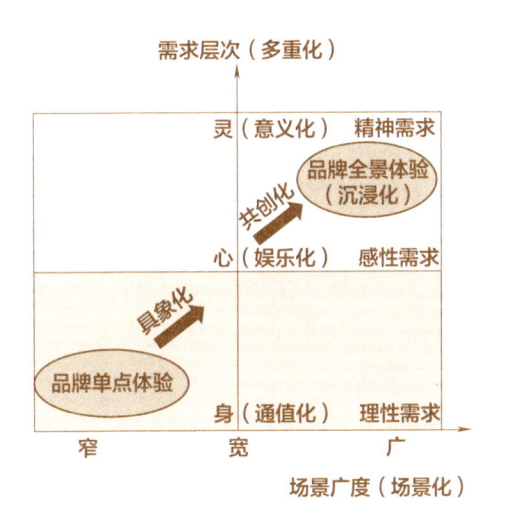

```
        需求层次（多重化）
              ↑
              |
         灵（意义化）  精神需求
              |    品牌全景体验
              | 共创化 （沉浸化）
              |
         心（娱乐化）  感性需求
              |
         具象化→
    品牌单点体验
              |
         身（通值化）  理性需求
              |_____→
     窄     宽        广
                    场景广度（场景化）
```

图5.3 品牌全景体验矩阵

交付品牌全景体验就要靠体验生态系统。这个生态系统是建立在数字化技术和平台上的企业自身、用户群体和合作伙伴企业的聚合。也就是说，为了应对数字化时代的用户体验需求，企业需要跳出传统的垂直行业边界，横向延伸成为生态系统型企业或平台。因此，全景体验的设计和交付需要企业以数字化转型为基础而进行全方位重构，如打造新的企业文化和管理复杂生态系统的新型组织能力。不具备构建全景体验能力的品牌将很难在后数字化时代继续生存和发展。可以说，设计和交付优质的品牌全景体验是后数字化时代品牌战略的最高境界。品牌在这个基础上会成为用户的顾问和导师，从而优化并提升用户的生活和生命体验，最终造成用户对品牌的完全依赖。商业时代也从此进入由超级平台掌控的智能时代。

品牌全景体验的最终实现要依赖大数据、人工智能、虚拟现实和万物互联技术。目前正在兴起的元宇宙将是品牌全景体验的最终形态。全球社交巨头脸书已将自己的企业名称改为"元"（Meta），反映出它志在构建元宇宙世界的格局和雄心。其他高科技巨头也都在逐步布局元宇宙。在元宇宙的世界里，因为万物数字化和虚拟化，对用户的需求层次和场景广度可以做到完全无缝的饱和覆盖。而且，随着元宇宙世界的不断完善，它将通过和现实世界的逐步贯通，重新定义现实世界，并重塑它的规则和秩序。在元宇宙各大参与者的技术和内容趋于同质化的过程中，思想和意义的生成能力将是企业或品牌之间最大的差异。构建一个世界需要技术和利益，但维系和强化一个世界则靠意义。可以说，在元宇宙中，品牌全景体验的最高境界就是意义的输出，谁能在这个虚拟世界中最先建设出一个完整的精神殿堂，谁就会在元宇宙的时代掌控话语权、思想权，拥有影响全球市场及亿万用户的终极能力。在后数字化时代开启之际，无比精彩的品牌元宇宙时代正在拉开大幕。

本章金句

- 用户情感和品牌势能的背后永远都是用户价值。在现阶段，用户价值的核心载体就是产品。持续的产品创新是注入和维护品牌势能的最关键手段。高科技尤其是数字化技术是这个时代创造价值的前提。所有品牌都应该向数字化技术型品牌过渡，而所有企业都要尽快转型为科技型数字化企业。

- 高势能产品就是能够显著提升用户情感及品牌势能的产品，即极致产品。它们大多是技术型品类创新，并包含社交属性和游戏属性，这样才最有可能提供"超预期"的用户价值。高势能产品的背后一定是高科技，缺乏科技支撑的高势能产品和品牌一定无法长久。

- 品牌建设的最高境界是构建优质的品牌全景体验。需求层次和场景广度是构建品牌全景体验的两大维度。企业必须构建新的组织能力，尤其是在元宇宙的时代。超级平台型企业最具有构建品牌全景体验的实力，也将最终成为全球市场的主宰者。

核心一句话：价值驱动型品牌的建设需要高势能产品和后数字化时代的品牌全景体验。

第六堂课

如何打造文化驱动型品牌？

品牌文化很重要，因为它可以帮助品牌从能量最低的物理世界跃升到能量最高的精神世界。但是很多企业对品牌文化的理解尚待深入。品牌文化的构建有三个层次，即故事驱动、思想驱动和信仰驱动。真正的品牌文化战略必须立足企业信仰，全力打造品牌的精神内涵及思想权。这关乎企业的顶层设计，是企业的最高战略。

品牌文化的不同解读

一提到品牌文化，大家一般会想到哈雷摩托、苹果和耐克。这些品牌的文化建设堪称典范。哈雷摩托——桀骜不驯、崇尚自由的叛逆文化，苹果"非同凡想"的创新文化和耐克"行动起来"去追求卓越的竞技文化，这些都是广告和品牌专家们津津乐道的话题，也是很多企业学习的榜样。

在快速成长的国内市场，竞争非常激烈，产品同质化严重。对很多企业而言，产品创新难度高、投入大、见效慢，所以希望通过品牌文化来形成和竞争对手的差异化。和埋头创新相比，打造品牌文化似乎容易很多，雇用广告或品牌咨询公司就可以实施。而且，品牌文化建设的认知门槛也比较低，大家更容易理解。因此，打造品牌文化在高度竞争的快消品市场尤为流行。

例如，当年风靡一时的凡客诚品就别出心裁地打造出"我是凡客"的自我表达，用"80后"的口吻调侃社会、戏谑主流文化，在网络上引发轰动，带来了各种用户自创"凡客体"的广泛传播，几乎创造了一种互联网文风。在这个传播过程中，凡客迅速定义了自己"人民时尚"的品牌形象。江小白是另一个靠文化营销迅速打开局面的品牌。它围绕年轻人群体，推出深具文艺气息的各种表达瓶，并深耕小众亚文化，如嘻哈类潮流，从而形成了自己独有的"青春小酒"的文化标签。

虽然很多企业都很热衷建设品牌文化，好像也认为这是打造品牌的关键举措，但到底什么是品牌文化，似乎也没有共识，而且各自的做法差异很大。

有些企业认为找到一个像戴比尔斯（De Beers）的"钻石恒久远，一颗永留传"那种很有文化内涵的定位语，再在产品包装和广告里嵌入一些文化元素，最好再赞助或参与一些大众文化活动，就是品牌文化的建设。

新一代的品牌会打造一些可以在社交媒体上疯传的品牌口号或标语，像是"凡客体"或是江小白的一系列经典广告语等。还有的企业觉得品牌文化建设就是要讲品牌故事，或是靠拢当地的风土人情和历史文化，如水井坊的六百年传承、王老吉的林则徐渊源，或是挖掘企业的传奇经历，如李宁在赛场领奖台的创业灵感激发和海尔的"砸冰箱"等。

更前卫的品牌谈及品牌文化建设，就认为是聚焦品牌IP，几乎把建设品牌文化等同于做品牌IP。在这方面，比较知名的是"三只松鼠"。它直接从事文化产品的生产和传播，例如邀请全球顶级动漫制作团队开发原创文化内容，甚至还打造文化主题公园。近年来一直很流行的所谓品牌IP，反映出的也是大量企业试图打造品牌文化的一种强烈意愿。总之，打造品牌文化是很多国内企业非常得心应手的品牌建设路径。很显然，各个企业对品牌文化的理解和打造品牌文化的方式都有很大差异。但是透彻地理解品牌文化对于品牌建设非常重要。在系统地讨论品牌文化的本质和建设方法之前，需要先阐述一下品牌的四个世界。

品牌的四个世界

这个世界上的品牌虽然数不胜数，但一般而言，它们都大致存在于四个不同的世界，即物理世界、认知世界、思想世界和精神世界。（见图 6.1）存在于物理世界的品牌只能算是商标，进入认知世界的品牌才开始真正形成。认知世界涵盖一个品牌的视觉标识及其关联概念。这些概念多和产品或企业直接相关，大都是显意识层面的具体概念，如产品性能、独特卖点、品牌口号和其他品牌联想等，如沃尔沃的"安全"、华为的"高清成像"和OPPO 的"快充"等。处于这个世界的品牌，在自我表达方面还局限于产品和品类本身，更多的是在理性价值上进行多元化表述，还谈不上是品牌文化。它对应的用户最高情感就是"信任"。因此，品牌势能可以认为是低级水平。

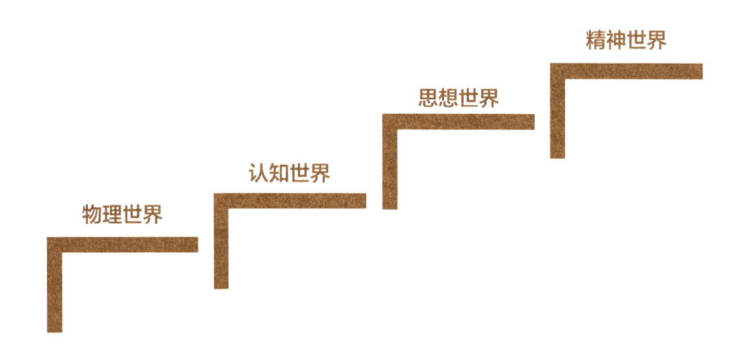

图 6.1 品牌的四个世界

思想世界涵盖存在于显意识及潜意识中的抽象化概念或理

念。此层面的概念可与具体产品或行业脱离。品牌在此世界的存在主要靠思想塑造。进入浅层思想世界的品牌专注于积极正面的性格特质、价值取向，以及和身份地位相关的理念，如可口可乐早期的"团结一致"、吉尼斯黑啤酒的"不弃不离真友情"和安德玛的"坚韧必胜"（I will what I want）等。这个层次的品牌理念从一定程度上满足或彰显用户的浅层心理需求，如安全感、归属感、被爱和尊重等。

进入深层思想世界的品牌专注触达用户心灵深处的概念，大多和用户的深层隐性需求相关，如个人定义的诉求、心灵压力的释放及深层欲望的彰显等。如索尼 PlayStation 在 1999 年推出的核心概念"双面人生"（Double Life），捕捉的是人性深处对"我想真正活过"（I have lived）的一种放飞自我的诉求。喜力啤酒早年的品牌概念"焕然一新"（refreshing），看似描述清新口味，其实触及匆忙无聊人生里对生命"重复刷新"的渴望。星巴克的成功也不是所谓的"第三个空间"，而是承载了普通大众对其最早消费群体"波波族"（bobos）[①]酷身份的向往。品牌一旦进入深层思想世界，就和用户建立起一种愉悦的默契。这个层次的品牌通过呈现一种思想和理念满足用户的深层心理需求。

无论是浅层还是深层思想世界，品牌对它的构建主要是靠"讲故事"，即通过各种故事的叙述给品牌注入超越产品的思想内涵。思想是文化的主要组成部分，打造品牌思想就已经进入品牌

[①] 指拥有高学历、收入丰厚、追求生活享受、崇尚自由解放、积极进取的具有较强独立意识的一群人。——编者注

文化的范畴。思想世界的品牌对应的用户情感是"赞赏",品牌势能也已上升到中级水平。

精神世界涵盖精神层面的概念,如信仰、价值观、愿景、使命、理想或梦想等。在这个层次的品牌代表一种不但超越产品本身,而且超越商业的精神境界,从而引发大众对更深刻问题的思考。例如,耐克通过选用美国橄榄球明星科林·卡佩尼克作为品牌代言人,鲜明地表达了自身对种族歧视问题的立场。科林·卡佩尼克单腿下跪的抗议方式已经成为全球反对种族歧视运动的象征,被众人模仿。当年意大利时尚品牌贝纳通也是通过聚焦重大全球问题而引发大众的思考甚至争论,并在这个过程中激发参与者的自我升华。

精神世界的品牌能够给用户提供人生坐标,引领他们去塑造超越小我的理想人格。此时的品牌更像一个微型的造梦工具,在隐约中帮助用户完成某种层面的"自我实现"。这样的品牌不再是满足一种心理需求,而是引领一种潮流来激发更高层次的心灵诉求。例如,这两年在全球范围内成长迅速的露露乐蒙,就通过重新定义瑜伽运动,传达了如和平、专注、慷慨、谦虚、慈悲和自律等理念,引领每个参与者追求更高境界的人生体验。

一个品牌要想进入用户的精神世界,必须要在信仰、价值观和理想层面与用户产生深度的共鸣。而信仰、价值观和理想正是构成任何文化,包括品牌文化的核心。这也是品牌文化建设的最高层次。表6.1即品牌的四个世界的具体内容。

表 6.1　品牌四个世界的具体内容

品牌层次	物理世界	认知世界	思想世界	精神世界
构建工具	产品	传播/体验	传播/文化	传播/文化偶像
构成基础	性能和技术	理性/感性效能	理念/生活方式	信仰/价值观
成功要素	价格/效率	独特卖点	身份定义	理想人格
创新类别	制造创新	产品创新	思想创新	意义创新
标准类别	技术标准	认知标准	思想标准	精神标准
品牌类型	代工品牌	主流品牌	强势品牌	殿堂级品牌
典型代表	众多国内代工厂	沃尔沃、微软	华为、三星	苹果、耐克
用户情感	无	信任	赞赏	喜爱/敬仰
品牌势能	无	低层次	中层次	高层次

【管理引申】

1. 品牌战略的目的就是让品牌从物理世界最终升入精神世界。

2. 文化战略本质上是思想和精神战略,也是品牌升级的关键战略。

3. 品牌战略始于务实,止于务虚,最高境界是精神和意义创新。

品牌存在于物理、认知、思想和精神四个世界。品牌的四个世界也代表品牌的四种境界。从物理世界到精神世界,品牌境界次第升级。品牌最初是物理世界的存在,然后进入认知世界。随着内涵丰富,其又进入思想世界。发展至最后,它能够彰显一种信念,超越小我和商业迈入精神世界,而成为大众文化的代表，即殿堂级品牌。品牌的物理世界靠生产和产品塑造。核心在于加工制造的技术和流程创新。认知世界则靠用户价值和传播塑造，核心是产品理性或感性效能的创新。思想世界需要思想和理念来构建，其核心在于"理念创新"。精神世界则要靠超越小我的理念和信仰来塑造，其构建的核心是"精神创新"或者"意义创新"。

品牌存在的境界越高，它能激发的用户情感层次越高，品牌势能自然也越充沛。打造品牌就是让品牌从物理世界逐渐跃升到思想世界和精神世界，从而同时完成用户情感从"信任"到"赞赏"，再到"喜爱"，以及品牌势能从弱到强的跃升。品牌实现能级跃升的前提和基础自然是优质的用户价值和体验，但驱动跃升的关键则是品牌的文化战略。所以，品牌的文化战略涉及企业和品牌的思想和精神层面。

品牌文化战略是思想和精神战略

人有身、心、灵三个层次的多重需求。"身"层面对应的是理性需求，而"心"和"灵"层面则是感性或心理及心灵需求。满足需求层面越多、越好的品牌就越能够激发用户情感，也就能够获取越高的品牌势能，从而使品牌从"认知世界"迈向"思想世界"和"精神世界"。处在"精神世界"的品牌具有最高的品牌势能，也最可能进入自驱动的高速增长模式。这也是品牌建设的最终目标。

简而言之,品牌对用户需求的满足,就是满足"身"进入认知世界,满足"心"进入思想世界,满足"灵"进入精神世界。

因此,一个品牌通过价值战略或产品效能良好地满足了用户的理性需求就可以让用户对品牌产生信任,使品牌进入"认知世界"。而且,如果产品效能"超预期",还能让某些用户产生"赞赏"。但如果想和众多用户广泛建立更为深层的情感关联,从而让品牌从"认知世界"跃升到"思想世界"和"精神世界",单靠产品性能往往不够。用户的"赞赏"和"喜爱"情感源自品牌在心理和心灵层面和他们产生的共鸣。因此,品牌必要要满足用户"心"和"灵"层面的思想和精神需求才能实现这种跃升。理性需求依赖产品消费,思想需求和精神需求的满足则需要通过品牌文化消费来实现。

也就是说,文化战略向用户提供"思想"和"精神"价值,满足他们"心"和"灵"层面的心理需求和心灵需求。因此,文化战略不是简单的品牌 IP 打造、娱乐性内容生成和"讲故事",而是通过与用户在思想和精神层面的碰撞产生心灵共鸣。只有这样,用户对品牌才会由信任上升到赞赏和喜爱,甚至敬仰的情感层次,而品牌也能从"认知世界"跃升到"思想世界"和"精神世界"。因此,品牌文化战略可以算是品牌思想战略和精神战略,就是满足用户"心"和"灵"的战略。

具体而言,思想战略就是为品牌构建一个理念,反映出一种特定的人生态度和生活方式。例如,华为在 2013 年推出的品牌理念"以行践言"(Make it Possible),彰显的就是一种努力奋斗、积极进取、敢于立志并最终实现梦想的人生态度。这种有梦想、有追求并坚信梦想能够通过努力而实现的理念，正是华为多年来自身的实践。无印良品也是一个具有独立"思想"的品牌。它多年来秉承的理念就是简洁、自然、不加修饰，如大自然般纯净、清新。这种理念贯彻于无印良品的方方面面。

精神战略是思想战略的一个升华。它就是为品牌注入一个真实的"意义"，这种意义彰显出一种独特的人格和精神境界。这种境界超越商业和自身小我的利益，表达出对全社会和人类共有福祉的思考和追求。这个境界的品牌往往需要鲜明地表达并勇敢地捍卫自身的意义，成为一个有信心、有勇气和"有态度"的品牌。例如：耐克的"敢于叛逆"而让世界不同；苹果的"敢于颠覆"而引领人类向前；露露乐蒙的就是通过瑜伽让"生命不断成长"，从而构建一个更美好的世界。这些品牌都有特立独行而令人敬仰的精神。

优质的产品可以让用户产生信任，精彩的品牌故事可以让用户赞赏，但只有充满内涵的理念和强有力的精神境界才能触动用户的心理和心灵。这样的品牌才会获得用户的喜爱和敬仰，也就能够跃升到品牌的思想世界和精神世界，具有更高、更强的势能。也就是说，信任和赞赏只需要产品性能和品牌故事，但喜爱和敬仰则需要品牌思想和精神。只有构建真正高质量的品牌文化，在意义和价值观层面和用户产生深层共鸣，才可以实现这个目标。

所以，品牌文化建设的核心目的就是给品牌注入思想和精神，也就是注入"品牌之魂"。打造品牌文化就是打造产品的思想价值和精神价值去满足用户更高层次的思想需求和精神需求，以实现品牌境界和能量的跃升。可以说，品牌的文化战略就是帮助实现品牌能级跃升的战略。也就是说，品牌的文化战略能够让企业实现构建一个从产品到文化的真正总体解决方案,满足用户身、心、灵的多重整体需求,从而为交付品牌全景体验奠定基础。因此,构建品牌的思想世界和精神世界是品牌文化建设的真正含义。能够让用户对品牌产生喜爱和敬仰情感的文化才是真正意义上的品牌文化。

虽然对新创企业、中小企业和很多B端企业而言,在较长的发展阶段里,以打造极致产品为核心的价值战略仍然是品牌战略的核心,但构建品牌文化、给用户提供思想价值仍然很有必要,尤其是在产品同质化严重的行业,品牌的思想价值可以形成一定程度的差异化。更重要的是,打造品牌文化能够让企业逐渐构建自身的思想能力。这是对企业组织能力的提升。在数字化时代,新一代用户越来越在意一个企业和品牌所代表的意义、格局和对社会的责任感。这种"软实力"在数字化时代变得越来越重要。而且,随着企业的发展,品牌必然要实现从认知世界的低能状态向思想世界和精神世界的高能状态跃升。因此,任何类型的企业都要思考如何逐步打造一个强大的品牌文化。在当今时代,这种"文化型"组织能力是一个强大品牌必须具备的战略能力。

品牌文化战略的三个层次

品牌文化战略金字塔指出,品牌文化战略有五个组成部分:

◆ 企业文化:信仰、价值观、使命和理想等;

- 品牌思想：浅层心理需求和深层心灵需求的触及、彰显和释放等；
- 企业故事：历史、传承、事迹、成就和员工故事等；
- 品牌故事：品牌历史、品牌IP、品牌人格化和品牌内涵等；
- 产品表达：独特卖点、产品定位、价值陈述、用户形象等。

品牌文化战略就围绕这五个方面展开。这五个方面可归纳为三个层次，即故事驱动、思想驱动和信仰驱动。

故事驱动是最低层次的品牌文化战略，但这也是绝大部分品牌最常用的手段。现在流行的内容营销和品牌IP建设都是以讲故事为主，力求有趣或酷炫，也常用煽情的技法。但这个层次的品牌文化以娱乐性为主，属于品牌的大众文化建设，很难让用户在心灵深处产生共鸣而激发他们的喜爱和敬仰情感，从而无法让一个品牌从认知世界跃升到思想世界，自然也无法把品牌势能升级到更高的层次。因此，这属于最浅层的品牌文化战略，不是品牌文化建设的实质。

思想驱动的文化战略才具有升级品牌世界和品牌能量层级的能力。其实，只有这个层面的文化建设才称得上真正的品牌文化建设。这个层次的文化战略要触达人的心理需求和心灵需求。在浅层心理层面，品牌文化要满足用户对安全感、归属感、被爱和尊重等诉求。欧莱雅从1971年就开始推出的"你值得拥有"（You're worth it）[①]的品牌理念，表达的就是女性的自身价

[①] 1971年，欧莱雅推出广告语"我值得拥有"（I'm worth it），2003年改为"你值得拥有"。——编者注

值。这在男权主义盛行的20世纪70年代无疑是一声清亮的号角，为当时兴起的女权运动推波助澜。2014年，宝洁为了提升年轻女性的自信和勇气，推出的"像女孩一样非凡"(Like A Girl)的品牌理念更是触动了广大女性的心，从而使它在竞争中脱颖而出。

深层思想层面的需求往往是隐形的，与潜意识或下意识相关，源自自然人和社会人之间内在冲突导致的心理焦虑和压抑。构建品牌思想世界就需要专注于能够化解这种深层焦虑的核心概念，给用户带来心灵的自由和解放，让品牌成为用户心灵的赋能器。以耐克为例。表面上，它的成功源自高质和创新，尤其是"飞人乔丹"系列，大牌体育明星代言及众多励志的概念如勇气、荣耀和胜利。其实，耐克创始人菲尔·奈特（Phil Knight）很早就洞察到，无论男女，尤其是年轻人，都有一种对非凡的叛逆型人物发自内心的喜爱和仰慕。耐克的品牌内涵"运动场上的刺头"（bad boys in sports）就横空出世，呈现为世人皆知的品牌标语"行动起来"（Just do it）。耐克签下乔丹后，有意让他违反当年NBA定下的比赛必穿白球鞋的规矩，次次穿红鞋上场，不惜被罚重金，就是要彰显这种叛逆的气质。其后耐克也一再选用极具争议的运动员做代言，如2018年的美国橄榄球明星柯林·卡佩尼克等。这才是耐克的思想世界——"酷""叛逆"。其他品牌如迪赛（Diesel）和贝纳通等也是思想驱动品牌文化建设的案例。迪赛的品牌思想就是一种对待人生的态度，贝纳通也是这样。

信仰驱动的品牌文化战略代表文化战略的最高境界。它专注于企业和品牌所体现出的信仰和价值观。达到这个境界的企业很少，而苹果是一个优秀的案例。它的信仰就是要通过技术颠覆而改变世界，所以喊出了"非同凡想"的口号。这几乎是苹果安身立命的纲领和宣言，也是乔布斯标新立异的人格反映。

至少在乔布斯的时代，苹果对内对外的一切都充分贯彻了这个精神。其实，如果一个企业和品牌真正到了这个境界，反而不需要说什么，只要通过具体行动把这种信仰体现出来。特斯拉的马斯克从不用广告和媒体对品牌进行宣传，也从来没有挖空心思提炼什么独特卖点、品牌精神和品牌人格这些空洞无用的概念。但他带领特斯拉、SpaceX、太阳城公司（Solar City）和 Neuralink 等企业所做的诸多让人惊叹不已的前沿项目，无一不大声宣讲着这些企业的信仰和价值观。

品牌具有鲜明、强大的信仰很重要。品牌信仰不但能激发用户和员工的深层情感，而且往往成为品牌体验差异化的一个重要支点。也就是说，在产品价值无法形成显著差异化时，思想和精神的差异化就成为关键。例如，在产品同质化非常严重的智能手机市场，苹果、三星和华为三大品牌之间的价值差异非常有限，传播上也各有优势。但为什么苹果仍然具有不可撼动的市场地位，尤其是无法超越的用户情感呢？这就是因为苹果不再是一个产品，而代表一种人生态度和信仰。从这个意义上说，苹果比三星和华为高出一个维度，虽然市场份额减小，但仍然掌控整个行业近 70% 的利润。

当然，目前处在精神世界的品牌都是美国品牌。毫无疑问，它们都很大程度上借助了美国的"原产国效应"，是美国的国家精神充实了它们各自的品牌精神。设想一下，如果苹果来自波兰，耐克来自土耳其，星巴克来自墨西哥，那么无论它们如何努力，都很难进入用户的思想世界和精神世界。这种"原产国效应"在打造全球品牌时尤其重要。

可以看到，故事驱动的品牌文化建设相对容易，也是绝大多数国内品牌的文化战略所处的层次，但它无法显著地激发用户的深层情感。更重要的是，如果品牌文化没有思想和精神内涵，它也很难让员工产生情感，不但无法充分激活员工，也很难留存和吸引优秀人才。因此，品牌的思想和精神内涵对与内部用户、外部用户建立深厚的情感关联都至关重要。

思想驱动和信仰驱动的文化战略才具有打动人心的真正感染力。但实施这个层面的文化战略需要企业具有强大的思想和精神内涵，并能够以一种鲜明、生动的方式表达出来，从而在用户心中构建出品牌的思想世界和精神世界。这项工作其实是在打造品牌的思想权和精神领导力，统称为"品牌软实力"。也就是说，设计出品牌的思想和精神内核，使它们能够触及用户的心灵深处和精神高远处，从而成为用户喜爱乃至敬仰的品牌。这才是品牌文化建设的最高境界，也是志向高远的品牌必须要面对的课题。

可以看出，文化战略不是简单的品牌IP打造、娱乐性内容生成和"讲故事"，而是给品牌注入思想和精神的灵魂，通过和用户产生深层心灵共鸣，将用户情感从"信任"提升至"喜爱"和"敬仰"，从而实现品牌从低能级认知世界向高能级思想世界和精神世界的跃升。因此，思想驱动和信仰驱动才是文化战略的重点，也为今后顺利交付覆盖用户身、心、灵多重需求的品牌全景体验奠定坚实基础。

实施这个层次的文化战略虽然极具挑战性，但在数字化时代却显得越发重要。这个时代的年轻人愈发关注品牌的意义和格局，缺乏思想和精神价值的品牌会让他们逐渐丧失兴趣。可以说，在当今时代，这种"文化型"组织能力是一个强大品牌必须具备的战略能力。

【管理引申】

1. 品牌最核心的升级不是技术能力升级，而是思想能力升级。

2. 后数字化时代是一个"意义时代"，品牌的文化战略越来越重要。

3. 品牌文化建设要求具备崇高信仰和思想能力的企业领导人。

信仰驱动的品牌文化战略

按照社会学的定义，文化本质上是一个群体的信仰、价值观、行为规范和生活方式。它是一个组织的顶层设计，如同电脑的操作系统，以集体性格的表现方式指引并驱动群体行为。可见，信仰是文化的核心和基础。只有具备信仰和价值观的群体共识才能称得上是文化。

企业文化也是这样。对于任何一个企业，其文化或顶层设计的核心都是它的信仰。企业使命、愿景和价值观等都从信仰衍生出来，一起构成指导企业前行的顶层设计。可以说，信仰是企业顶层设计的最顶层。企业信仰就是一个企业最笃定、最执着的理念，是高于一切的终极指导原则，可以使企业充满激情并百折不挠地奋斗。

信仰之所以是企业顶层设计的核心，是因为它是任何企业赖以安身立命的基石，代表一个企业的本质，即企业为什么存在和组织的终极意义。因此，信仰是驱动组织和品牌建设的"源力量"和"第一因"。它如同指引整个组织思想和行为的北极星，决定了企业的宏观发展方向、最高战略目标、决策方式和最终的长期表现。例如，特斯拉和亚马逊的信仰就是引领人类向前，它们存在的意义和理想就是不断探索全新的领域，努力去做真正的开拓者，所以它们才会不断扩张到全新的甚至和主业务毫不相干的领域，如星际探索。

企业的信仰也直接决定了它的组织能力。因为不同的发展方向和战略目标要求不同的组织能力。足球运动员和游泳运动员对个人所需的肌肉、骨骼和爆发力类型截然不同，即需要的"组织能力"差异极大。企业也是一样，做"创新领袖"和做"销售冠军"要求的组织能力也几乎是天壤之别，可以说，什么样的信仰和理想就产生什么样的组织能力。

例如，华为的信仰就是"客户至上"。因此，它在20世纪90年代初期几乎一穷二白的时候就定下了研发驱动的最高战略和"世界通信行业三分天下，华为占其一"的宏大愿景。在这个信仰和愿景牵引下，华为聚焦高端研发，立足服务全球最顶尖的运营商，"龙衔海珠，游鱼不顾"。在2002年小灵通如日中天之时，华为不为所动，不惜流失大批高管及百亿级的收入也拒绝开发这种落后技术，从而扎扎实实地构建了高效高质的研发能力。这成为华为组织能力中最核心的一环。没有高端研发能力，就没有今天的华为。因为其他大多数国内企业缺乏高端研发能力，今天的全球品牌百强榜上来自中国的品牌也只有一个华为。

华为和小米的比较也很能说明这点。两个企业虽然都做手机，但因为顶层设计，即信仰和理想，完全不同，组织能力的差异也就非常显著。小米的组织能力主要聚焦于营销和造势，创造"参与感"；而华为是研发及创新，打造"黑科技"。信仰不同导致两个企业走上了完全不同的发展路径，获得了完全不同的市场结果。

高层次的品牌文化战略就是给品牌注入思想内涵和精神内涵的战略。它也是品牌"自我表达"的主要组成部分，直接回答品牌战略三大问题中的两个，即"我信仰什么"和"我为什么存在"。很显然，真正的品牌文化关乎组织信仰，它远远超越品牌本身，而是代表着企业顶层设计的内核。也可以说，品牌文化是企业顶层设计最精辟的提炼。

很显然，品牌文化建设就是构建品牌的思想权和软实力。可以说，品牌文化本质上是企业的顶层设计，而品牌文化战略的最高层次就是树立和践行企业的信仰和价值观，即信仰驱动。因此，品牌文化的最高层次就是企业战略中的最核心战略，即顶层设计战略，是其他一切战略的源头和纲领。简而言之，在最高层面上，品牌文化是企业的顶层设计，也是企业的最高战略。

因此，品牌文化的内核是品牌信仰和价值观，而品牌文化战略就是构建品牌信仰和价值观的战略。只有这个层面的文化战略才能给用户提供真正具有内涵的思想价值和精神价值，从而激发他们对品牌的热爱，实现品牌势能的升级。真正有效的品牌文化战略一定基于信仰。

品牌是企业的产物。品牌信仰自然不能无中生有，而是源自企业信仰,更准确地说,品牌信仰是企业信仰在品牌层面的一种具体呈现。因此,品牌文化战略的实质是围绕企业信仰进行的各种表达。具体而言,品牌文化战略就是找到企业的信仰和价值观,加以提炼而成为鲜明的品牌之魂,然后再选择最合适的表达方式,如内容、产品、服务、关系和体验等,让用户全面、真实、具体地感受到这个信仰。

可以说,品牌文化建设就是将企业的顶层设计构建在品牌之上,从而给品牌注入触动人心的品牌灵魂。真正有信仰的品牌就具有灵魂,这样的品牌就算不做什么品牌 IP、不生产任何文化产品,甚至不刻意搞什么品牌文化建设,也会成为广大用户喜爱和敬仰的文化偶像和殿堂级品牌。

因此,信仰驱动的品牌战略是将企业顶层设计具体落实在品牌层面的战略,驱动品牌战略的其他方面,如价值战略、关系战略以及全景体验战略。可以说,文化战略是信仰和价值观在品牌层面落地的方案设计以及传播中的"视听表达",而价值、关系和品牌全景体验战略是信仰和价值观在用户端的"实体表达"。在这个过程中,信仰驱动的品牌文化战略延伸成为信仰驱动的总体品牌战略。(如图 6.2 所示)

这样的品牌战略:对内,像北极星一样引导企业的决策和运营,从而构建深厚的员工情感而形成强大的雇主品牌或公司品牌;对外,作为品牌内核指导产品品牌、用户价值和总体体验的设计和交付,从而激发强烈的用户情感而打造出用户品牌或产品品牌。也就是说,企业信仰通过驱动品牌战略贯通企业内外的运营,实现了企业和产品内外品牌的融合。

例如,苹果的信仰就是要"非同凡想",敢于特立独行地去

图 6.2 信仰驱动型品牌战略的基本逻辑

颠覆。这个信仰支持着苹果的使命和愿景——颠覆落后产业，用人文科技引领人类向前。这种使命和愿景又引导苹果公司在全体员工的积极参与下构建一个以颠覆性创新为核心的组织能力和企业战略。这种组织能力和企业战略又把"非同凡想"的信仰体现在一系列改变世界的品类创新上，如 iPod、iPhone、iPad、iTunes、Apple Store 和苹果零售店等，并把这种信仰以具体产品和服务的形式表现成用户价值，让用户真实地体验到。

可以看出，苹果的信仰，即苹果的公司品牌首先是激活员工，并塑造出与此相匹配的企业组织能力和战略，而且使这种能力和战略成为企业对内一切运营和行为的指南。然后，它通过战略引导产品和服务的设计和交付，把这个信仰传递到用户端，让他们切实地感受到，从而达到一以贯之、内外拉通的状态。这就是品牌战略的最高境界。

这样看来，品牌就是企业的灵魂。品牌战略的最高层次就是找到企业的信仰或灵魂，然后让它内外拉通，贯穿整个企业，呈现为企业的组织能力、战略选择和最终的用户总体体验。信仰驱动的品牌战略具有很多显著的优点：其一，只有信仰才能真正打动用户，打造出高势能品牌；其二，用信仰激活员工，用员工能量点燃用户能量，实现内外用户的同时激活；其三，通过内外拉通，将企业打造成一个目标一致、具有普遍认同的高效组织；其四，确保企业保持正确的发展方向及长远的眼光和格局；其五，成功复制建设品牌的组织能力，同时具有不断纠错和优化的能力；其六，更关键的是，形成企业的思想内涵和精神内涵，打造数字时代和全球市场必需的软实力。

打造信仰驱动型的高势能品牌应该是所有志向高远企业的最终目标，但实现它并不容易，也无法一蹴而就。对于中小企业和B端企业，完全可以采取产品或价值驱动的品牌战略。但在企业发展到一定阶段后，仍然需要回归内心，找到自己内心深处最真实的信仰和激情来构建企业和品牌的思想世界和精神世界，开启信仰驱动的品牌战略。

【管理引申】

1. 品牌文化战略的最高境界是讲清楚"我信仰什么"，即我的信仰、理想和价值观。

2. 信仰驱动的品牌战略就是以企业信仰为核心进行多种内容和实体表达。

3. 在后数字化时代，信仰驱动的品牌战略会逐渐成为主流。

品牌文化建设的"完美公式"：三轮驱动和内外贯通

品牌文化虽然很重要，但永远只能锦上添花，无法雪中送炭。也就是说，建设和维护一个强大的品牌，最终还是要靠它所代表的产品、服务及解决方案的总体价值，也就是一个品牌的产品能力。淘宝的数据显示，仅在 2020 年，天猫上就有 357 个新品牌隆重登场。但其中真正能够存活下来的少之又少。成为网红品牌很容易，但成为常青品牌却难上加难。在阿里平台，新品牌的生命周期很短。创立一年后，品牌的存活率已经不到 50%，三年后，能够生存下来的品牌还不到 20%。在这其中，真正兴旺发达的品牌更是凤毛麟角。这里面真正的原因就是这些品牌"重文化，轻产品"，但因为文化建设的能力也不足，最后造成"浅文化，弱产品"，其结果就只有快速衰亡。

品牌成功的真正驱动力是产品能力和文化能力的结合，也就是产品和文化的"双轮驱动"。只有"真文化，强产品"才能打造出真正强大的品牌。文化弱可以通过产品补，但产品弱则无法靠文化撑起门面。仅靠外表光鲜亮丽的"浅"品牌文化更是无法让一个并不具有真正优势的产品去打动用户。所有全球知名品牌都是产品力和文化力的结合，如苹果、耐克、宝马、英特尔和欧莱雅等。为了紧跟潮流，耐克曾在20世纪80年代大搞时尚，放松了自身的技术升级和产品创新，很快就被阿迪达斯反超。耐克痛定思痛，又全力回归创新，踏踏实实地搞研发去提升产品能力，然后就毫无悬念地实现了品牌的重生和业务的腾飞。现在的耐克再接再厉，已经转型成真正的高科技企业。在数字化时代，关系能力也变得更加重要。因此，在这个时代，品牌成功不能仅靠双轮，而需要三轮驱动。

品牌成功的另一个重要因素就是"内外贯通"，即公司品牌文化和产品品牌文化的拉通融合。所以，"三轮驱动"和"内外贯通"几乎是数字化时代品牌建设的"完美公式"。在现阶段，在全球范围内，还没有一个品牌完全达到这两个要求。苹果是最接近的一个，所以它连续八年位居全球第一品牌。对苹果品牌成功的解读可以给志向高远的企业提供有益的思路。

苹果强大的产品能力无人质疑。多年来，苹果一直在产品设计、性能和用户体验上追求极致。为了让用户体验尽善尽美，连产品的"开盒体验"也成为其全力优化的一个方面。据说乔布斯曾亲自参与手机包装盒的设计，确保开盒时的手感不紧不松、舒适而自然。更重要的是，苹果作为一个颠覆者，多年来不断推出新品类，如iMac、iPod、iPad和iPhone等，一遍遍地刷新用户对这类产品的预期，从而激起全球用户对苹果产品极大的热情。

在文化上，苹果从创立之时就完全贯彻了乔布斯的个人信仰和价值观，就是勇于颠覆，敢为人先，引领人类向前。这是一种强大的信仰和精神。这种理念不但触动了每个人心灵深处渴望叛逆和追求心无挂碍的原始冲动，也让每个苹果用户获取了"酷"的身份标签。更重要的是，苹果这种勇于挑战、无畏开拓的人生信仰给人带来精神上的力量，让全球广大用户对它心生仰慕。可以看出，能够在思想和精神上激发用户激情和梦想的才是真正的品牌文化。

苹果的这种信仰不但是其企业文化的精髓，指导企业运营的方方面面，而且充分在用户端的产品品牌上体现出来。例如：在产品层面，苹果专注于颠覆性很强的品类创新；在产品品牌上，苹果喊出特立独行的"非同凡想"的口号；在广告上，苹果是第一个将简短的电视广告拍摄成电影效果的企业，为此它不惜花费巨资聘请好莱坞顶级导演雷德利·斯科特（Ridley Scott）拍出广告经典之作《1984》。

在渠道上，苹果也是一个真正的颠覆者。早在2001年，苹果就推出了成为行业标杆的"苹果零售店"，真正成为一个直接和用户联通互动的体验型品牌。在用户和苹果的每个触点，苹果都彰显出一种"非同凡想"的精神内涵和思想内涵，真正做到了表里一致、内外贯通。有了强大的产品力为基础，深厚的文化力才能真正让品牌登上用户情感的顶峰。苹果的成功就是对这个品牌理念的最好诠释。

再如，华为的信仰是"客户至上"，并解码为"高端创新"、"以奋斗者为本"、"长期坚持艰苦奋斗"和"自我批评"等对内管理原则。这些原则进一步解码成华为员工的薪酬和升职政策、研发战略、供应链战略、财务战略和市场营销战略等。在这些公司政策的引导下,华为首先贯彻了"以奋斗者为本"的原则,让薪酬、荣耀和晋升机会完全向全心全意服务用户的员工和团队倾斜;又在"客户至上"的信仰下建立了公平和透明的人力资源政策,从而给予积极进取的员工迅速成长的机会和平台,使员工对组织产生了深厚的情感,也彻底激活了十几万员工。

同时,华为也依据这些原则构建了独特而强大的组织能力,如快速交付、个性化产品和服务、联合研发能力,以及强大的组织学习能力等。也就是说,贯彻企业信仰就是用这个信仰来指导企业运营的方方面面,向所有员工提供基于企业信仰而构建的员工体验,让他们直观真实地感受到组织最真实的信仰。

在用户端,华为也把"客户至上"的信仰贯彻在用户价值和体验的设计和交付上。例如,为了更好地满足客户需求,华为在全球范围内和客户联手设立了28个联合创新中心。另外,与主要友商爱立信和诺基亚不同的是,华为多年来为客户提供个性化而非标准化的通信设备,甚至把客户利益放在自身利益之上。同时,华为对客户的服务速度无人能及,显著地"超预期"。2005年,沃达丰西班牙需要解决高铁线路饱受投诉的信号质量问题,但爱立信和诺基亚都要两年时间才能拿出解决方案。于是,沃达丰西班牙只好找到华为。华为只用了三个月就完美地解决了这个问题,彻底折服了沃达丰西班牙的高管团队,从而打开了壁垒森严的欧洲市场。通过这些彰显自身坚定信仰的行动,华为给品牌注入强大的思想内涵,也成为品牌文化战略的另一个典范。

很多品牌之所以不能持续成功,是因为它们的所作所为和这个"完美品牌公式"背道而驰。首先,这些品牌没有以创新能力为支撑的强大产品能力,偶尔借势推出一个爆品,但很难持续发力。其次，它们缺乏真正的文化能力，只专注于浅层的文化战略。很显然，"浅"文化无法生成"深"情感，"假"文化更无法打造"真"感情。最后，在关系运营上，这些品牌虽然可能有高明的手段，但缺乏对用户的真心关怀，属于"嘴上都是主义，心里都是生意"。可以说，这两年涌现出的很多"新国货"品牌就属于这一类。它们远离"产品主义"和"价值经营"，信仰"流量思维"和"造势爆红"，不好好提升产品力，只想通过经营大众文化来实现快速突破，但又没有打造深层文化的底蕴和能力。同时，它们对待用户仍然沿用工业化时代的"收割"思维，造成了产品弱、文化浅、关系假的新三轮驱动模式，当然无法获得持久的成功。只有"产品"、"文化"和"关系"都发生了质变，中国才能在这个时代出现如同苹果、耐克和露露乐蒙一样引领世界的全球品牌。

本章金句

- 品牌存在于物理、认知、思想和精神四个世界。文化战略是帮助品牌跃升到更高层次品牌世界的关键，但只有承载思想和意义的文化战略能够实现这个目标。进入后数字化时代，品牌的文化战略越来越重要。

- 品牌文化战略的三个层次是：故事驱动、思想驱动和信仰驱动。真正的品牌文化战略是信仰驱动，旨在构建品牌的思想权和软实力。它关乎企业的顶层设计，也是企业的最高战略。

- 数字化时代的品牌文化建设需要依托企业信仰而实现内外贯通，即对内指引企业决策和言行，对外定义和交付用户价值和体验，将公司品牌和产品品牌合二为一。

核心一句话：品牌文化关乎企业的信仰和价值观，是企业的顶层设计和最高战略。

第七堂课
如何打造品牌社群？

品牌社群由来已久，但是很多企业在经营社群时错误地把它当作一个销售渠道。社群其实是品牌势能的放大器。构建品牌社群是为了成就用户，为他们赋能。因此，共同的信仰和价值观才是构建社群的基础。同时，社群也要给用户提供真正的价值，并逐渐从弱关联的利益共同体演化成为超强关联的使命共同体。商业社群化是数字化时代发展的大方向，企业必须构建这种新的组织能力，尽快转型为"社群型"企业。

品牌社群的本质

品牌社群并不是一个新现象。早在 19 世纪后期，化妆品企业雅芳就通过它著名的"雅芳女士"直销团队在美国建立了庞大的用户社群，并利用社群成员的社会关系来销售产品。当然，最有代表性的用户社群当属名闻天下的哈雷摩托。在 20 世纪 80 年代初，哈雷摩托就创立了"哈雷车主会"（Harley Owners' Group，HOG）。直到今天，这个品牌社群仍然是世界范围内最成功的社群之一。

其实，在很多企业意识到品牌社群的重要性之前，市场上就已经存在大量用户自发组织的品牌社群，如苹果用户社群。后来，市场竞争越来越激烈，企业开始意识到用户社群的作用。它不但可以加强用户和品牌的联系、提升用户忠诚度，而且还是品牌迷们大力宣传品牌从而带动销量的平台。同时，社群可以用来测试新产品的接受度，获取用户反馈，从而帮助企业改进产品，降低服务成本等。

近年来，大批企业积极投身于品牌社群的建设，如乐高、Peloton、耐克、SAP、星巴克、GoPro、索尼、宝洁、迪士尼和露露乐蒙等。它们或直接支持或间接参与，都想打造出一个活跃的品牌社群，为自己的品牌建设助力。知名品牌露露乐蒙和Peloton，以及近年来的一些新创企业，如英国成长最快的健身服装品牌 Gymshark、美国的育儿用品品牌 Itzy Ritzy、加拿大自消刺青品牌 Inkbox 等，更是直接从建立用户社群入手来打造品牌。对它们而言，用户社群就是品牌战略。其实，它们的整体企业运营都围绕用户社群展开，可谓是"用户社群型"企业。

很多国内企业也积极建立品牌社群，进入移动互联网时代后更有"得社群者得天下"之说。作为早期的社群建设者，小米在这方面就做得非常出色。可以说，小米的成功就是它运营用户社群的成功。在社交媒体巅峰时期出现的一批品牌，如三只松鼠、小红书和美妆品牌完美日记、花西子等，更是运营品牌社群的高手。这些品牌充分利用了社交媒体天生的社群基因，把品牌运营植入社交媒体，利用社群的放大效应很快就打造出全国知名的品牌。这些品牌的成功说明了一个简单的事实：品牌社群在数字化时代越来越重要。

从品牌战略的角度来看，品牌社群的建立和运营就对应品牌三大战略之一的关系战略。关系战略涵盖的领域很广，品牌社群只是其中一个议题。在数字化时代，社群对品牌势能的增强和扩大发挥着非常重要的作用，这个议题也变得愈发重要。但是很多企业对品牌社群的理解尚有偏差。

这些企业做品牌社群的目的就是用社群去卖货，并美其名曰"社群商务"。对这些企业而言，社群就是另一个直销渠道和流量池。它们把进入社群的用户当作一个个待收割的目标，先用一些内容和折扣吸引他们，然后就开始收网"捕鱼"。国内一些美妆品牌基本也是这种做法，导致它们的社群看起来热热闹闹，但为了维持这种局面，企业不得不注入大量折扣，同时还要不断推出"假"新品来维持热度，吸引成员的眼球。以这种方式构建的用户空间基本上是一个"折扣大卖场",根本谈不上品牌社群。这种错误的社群理念导致很多品牌社群如昙花一现,很快就销声匿迹。

品牌社群不是一个基于社交的直销渠道,不能把社群当流量池。成员不是流量,而是一个个充满情感的人。其实做社群就是要让加入的成员成为企业、品牌的朋友和同路人,甚至是家人。小米社群做得好,就是因为它很早就理解了社群的本质。从这个意义上讲,小米率先开创了一种面向将来的商业模式,即一种以社群为导向的企业运营。例如,小米开始做社群时,花大力气招募了100个种子成员。它建立这个社群的目的是测试它的MIUI操作系统,获取用户反馈,同时让种子成员作为火把点燃广大用户对小米的兴趣,根本不是为了卖手机。小米经营品牌社群的核心理念就是"用户就是朋友"。社群最核心的经营原则就是"利他"和"信任"。把用户当作"流量"当然无法获得他们的信任和尊重。以自私利己的心做社群违背了社群的基本逻辑,根本不可能获得持久的成功。所以,做品牌社群的企业必须清楚:没有为用户真诚服务之心、和用户积极交友之心、全力成就用户之心,做不好品牌社群。

品牌社群首先是一种社群。按照社会学的定义,社群是"因为某种共性而形成的社会群体"。这种共性可以是兴趣爱好、核心目标、身份定义、信仰、价值观和行为规范等。所以,社群的第一个要素就是"共性",即社群成员具有某种共同属性。作为一个社会群体,它的第二要素就是社交联结,也就意味着社群是社交群体。因此,所谓品牌社群,就是基于对某个品牌的共同认可和兴趣而形成具有社交联结的用户群体。

共性和社交联结都有强弱之分,就导致社群也有强弱的区别。强社群具有强共性，如信仰和价值观，同时也有强社交联结，如成员之间的交流互动广泛而频繁；弱社群则正好相反，大多是基于弱共性（如兴趣爱好）和弱社交联结（如互动很少）。

强品牌社群因为强共性，很容易形成群体意识和归属感，从而进一步产生社群情感和社群精神。这样的社群凝聚力强，机构比较稳定，行为规范统一，成员分工较为清晰，协作相对顺畅，具有一致行动的能力。在这种社群，成员往往是志同道合的同路人，容易形成主人翁精神，自私自利的小我问题能得到最大程度的抑制，成员愿意为社群的发展壮大而贡献力量。在商业世界，哈雷摩托、露露乐蒙、SAP和乐高等的品牌社群就是强社群，而为了获取折扣而形成的品牌社群就是弱社群，如星巴克、完美日记和三只松鼠等。目前来看，绝大部分品牌社群都属于弱社群。

品牌社群的强弱和品类有直接关系。一般而言，和个人核心利益、个人定义及成长、生活方式、价值观和信仰有关的品类比较容易形成强社群，如体育、网游、软件、育儿、美妆、健康、时尚、理财和教育等。尤其在品类消费时，用户需要很多额外的信息支持，如育儿、美妆和理财等，社群效应会更强。

在B端市场，很多产品的有效使用都需要大量的意见分享，天生具有建立强社群的条件，如SAP的用户社群就非常活跃。与之相反的是普通快消品品牌，尤其是那些使用方便的简单产品难以形成真正的强社群，如食物、饮料和家居用品等。但并不是说这些品类就无法建立强品牌社群。要想实现这个目标，这些品牌需要超越产品而赋予自身更高层的含义，如代表一种生活方式和人生态度等。当年红极一时的健康饮料斯纳普（Snapple）、班杰瑞冰激凌（Ben & Jerry's）和贝纳通的休闲装等都在这方面做出过成功的尝试。

很多品牌社群由用户自建，在企业关注之前可能已经形成。在社交媒体时代，这样的自发品牌社群很多，遍布于各个社交媒体平台。企业完全可以找到这些社群而直接和它们建立联结并提供支持，如乐高和它自发的用户社群 Lugnet，苹果和它的用户社群等。还有的品牌社群是企业主导建设，如哈雷摩托的 HOG。企业也可以收购现有社群，如乐高在 2019 年收购了全球最大线上成人粉丝社群 BrickLink。大多数中小品牌就需要依托社交媒体平台或网上论坛等空间自建社群。例如，Gymshark 的品牌社群就是由它自建的博客空间发展而来的。但无论是自发还是自建，也无论在哪个平台上，品牌社群都必须有一个清晰的成员共性和较为活跃的成员互动，否则就是一个难以维系的松散群体，对企业实现自身的战略目标毫无助益。因此，品牌社群必须要有"成员共性"和"社交联结"。

品牌社群建设的四项基本原则

人需要群体。群体能够满足参与者很多的感性需求，如归属感、个人定义的塑造和强化、被尊敬和自我价值等。社群的构成基础是"共同属性"，它在人类历史上一直存在，而现代类型的品牌社群是在二战后随着现代商业的发展和品牌的大量涌现而逐步形成的。用一个商业概念作为"共同属性"，这与社群的天然基因并不契合。因此，品牌社群作为一个商业社会群体，需要具有"反商业"但同时又要顺应人性的特征才能够成功。基于这个理念，品牌在构建社群时要遵循以下四个基本原则。

第一原则：建设社群的目的是"利他"

品牌建设社群自然是想"利己"而获得更多收益，但要想建立一个真正有生命力的活跃社群，品牌必须抱有反商业的"利他"服务心态，给成员赋能，真心帮助他们实现自己的目标。正所谓"己欲立而立人，己欲达而达人"，成就了用户自然会成就自己。

第二原则：社群必须给用户提供真正的价值

在工业化时代，企业和品牌的自然属性就是把用户当作获利媒介，然后使用各种手段攫取用户价值。这是企业的最终目的，而向用户提供产品和服务只是达到目的的手段。但建立社群必须要遵循数字化时代的商业逻辑，即努力打造和用户共生共荣的共同体。所以，企业在建立社群时，必须要把用户放在第一位，并把向用户提供真正的价值去解决他们的问题作为最重要的工作。只有从社群中真正有所收获的成员才会无私贡献，推动社群成长。

第三原则：社群属于用户

企业和品牌都有控制和拥有的本性，但社群是用户而非企业和品牌所有。也就是说，社群必须要"民有、民治、民享"。社群的内容和互动等都应该由成员主导，品牌、企业只是组织者和运营者。社群不是品牌的"宣讲堂"，而是"用户之家"。用户拥有的社群才能给成员提供必要的"社群三感"：归属感、参与感和成就感。

第四原则：社群要创造"有效"的社交联结

企业和品牌基于获利的心态自然希望社群越大越好，但是真正高质量的社群不需要"多多益善"和"老少咸宜"。社群发展的关键就是通过社交关联和积极互动建立并强化成员之间的关系。一般而言，只有背景相似、能力互补的成员才能够在互动中相互受益而形成良性关联。同时，按照英国人类学家罗宾·邓巴（Robin Dunbar）教授著名的"邓巴数"原则，150人左右是社群的最优规模。超出这个范围，成员之间的关系就趋于浅薄。因此，社群不能"大而杂"，而要"小而精"。对于成员数目较多的品牌大社群，需要进行成员分层而设立"亚社群"。

基于社群的这些特点，可以看出，品牌社群的第一原则是"利他"，不是为了"利己"的卖货。但是很多企业建立品牌社群的目的就是卖货变现。品牌社群的建立和维护需要企业投入相当多的精力和资源，强调直接的回报似乎也无可厚非，但这种性质的社群建立后，很难长期健康发展。

一些当红的美妆品牌就建立了这样的一个卖货社群。它们在社群中所有的运作，最终都是为了让社群成员掏钱买单。这种社群就是典型的"唯我社群"。也就是说，社群是为企业和品牌服务的，不是真心为用户赋能。例如，这类社群给用户提供的内容和服务都是针对自身产品的使用方法，很显然，这只是一个看似服务用户实则服务自己的手段。卖货社群的特点就是不断爆炸式地给用户千变万化的各种折扣。这种社群对用户最大的牵引就是销售折扣，如果这个利益消失，用户就会很快流失。除了利益，这种社群缺乏维系用户联系更深层的力量。星巴克的松散社群本质上也是这种社群。

企业如果只是把品牌社群当作一个直销渠道，就没有真正发挥社群应有的独特作用，是对这种宝贵资源的一种浪费。当然，品牌社群最终一定需要承载商务职能，但让它成为折扣卖场却是社群运用的最低境界。其实品牌社群的独特职能和建设目标是点燃成员热情，从而让他们去点燃更多的用户。最理想的状态是品牌的每个用户都成为社群成员，被社群服务，也为社群服务。这种社群就具有发动广大用户的能力，即让用户来服务用户。具有这种社群的品牌就很可能进入自驱动的高速增长模式。可以看出，品牌社群是品牌势能的放大器。

品牌是一种用户情感记忆，代表一种可以传播并放大的能量。成功的品牌就是承载众多用户充沛情感的平台，也就是高势能品牌。品牌的高势能的形成要靠产品力和文化力的牵引，从而获得一个具有相当规模，而且单个用户情感能量都比较高的活跃群体。当这些用户聚在一处，通过互动和共享，就会进一步强化品牌情感和品牌势能，从而产生强大的"共振效应"。这个共振效应就能够在很短的时间内把品牌势能放到最大，并能迅速点燃其他用户，从而在主流市场燃起品牌的熊熊大火，让品牌快速进入自驱动的高速增长模式。这就是势能效应背后的真正机制，如图 7.1 所示。

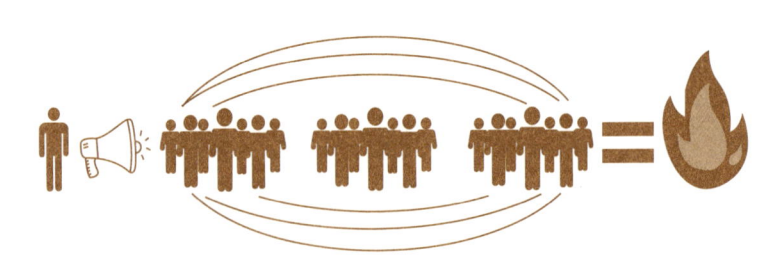

图 7.1 品牌社群的势能效应

在移动互联网之前的工业化时代和数字化时代早期，品牌社群不容易很快形成，而且也不容易快速形成共振，所以品牌势能的放大程度有限。就是名闻天下的苹果在 2007 年推出 iPhone 后，也用了三年半时间才超越行业领袖诺基亚。但进入数字化时代的鼎盛期后，因为移动互联网的出现，社交媒体平台和其他数字化工具得以全面普及，构建品牌社群更加快速便捷。这种品牌势能的放大和扩散效应也变得更加显著。例如，Slack 作为一个 B 端市场的企业，一经推出就获得了高速增长。它在 2014 年年初只有 1.2 万用户，一年之后就激增至 170 万用户，在短短 5 年之内从一无所有到拥有 800 万用户。这种品牌能量的扩散范围和速度令人惊叹。露露乐蒙已经成立了 20 年，但还在高速增长，依靠的也是品牌社群的强大力量。

品牌社群能够放大品牌势能的核心原因是共振效应。这个效应是物理世界常见的现象，即当一个系统的频率和外界输入的频率接近时，系统会从外界不断吸收能量，使得自身的能量急剧增加，对外的表现就是系统振幅会在很短时间内达到一个很高的数值。这个效应也适用于人体。研究表明，人的大脑进行思维活动时产生的脑电波也会发生共振现象。如果外界输入的信息频率和大脑中的频率一致，人们就会产生所谓的"心灵共鸣"。对一个品牌的认同也是这样。当用户听到其他人对自己喜欢的品牌加以赞赏时，这些同频信号就会极大地强化他们心中对这个品牌的原有认同，形成一种心灵共鸣，从而使他们心中蕴含的品牌能量急剧增强。这种充沛的能量又会激起其他用户对这个品牌的同频共振，让品牌势能进入一个不断扩大的正反馈过程。

通过共振对品牌势能进行快速而显著的放大首先需要一个群体，而且这个群体必须要同频。同时，这个群体的成员之间需要频繁互动，这样才能互相激活，产生振动，从而放大品牌的总体势能。所以，群体首先要达到一定的数目，否则就算形成共振，力度也会过于微弱。更重要的是，群体成员必须要高度同频，这样才能产生强烈的共振或心灵共鸣，品牌势能也才能大幅升级。

同频的基础就是构成这个群体的"共性"。共性越强，同频度就越高，产生共振或心灵共鸣的强烈程度也就越高。如果社群的"共性"就是对某类折扣产品的共同兴趣，成员之间的同频度和心灵共鸣度会非常低。但如果群体共性是对一个品牌的信仰和价值观的认同，成员之间就可以产生深层而强烈的同频共振和心灵共鸣。

也就是说，要想构建强大的品牌社群，就必须以信仰和价值观作为成员的核心共性。品牌社群的强弱差异就是成员心灵共鸣的程度差异。只有被信仰和价值观牵引到一起的社群成员才是真正志同道合的同路人。这样的社群才会形成高度认同感，从而引发强烈的同频共振和真正的心灵共鸣。

这种深层的心灵共鸣才会引领品牌进行能量升级。也就是说，建设品牌社群应该围绕共同的信仰和价值观。如果价值观和信仰缺失或不清晰，就很难打造一个真正能够放大品牌势能的强社群。哈雷摩托、露露乐蒙和苹果等都拥有这种基于强共性而形成的强社群。

如果企业具有信仰和价值观，但在自我表达时只专注于产品，也很难打造强品牌社群，实现对自身品牌势能的点燃和放大。所以，企业不但要树立强大的信仰和价值观，也需要超越产品本身来定义和表达自己，同时创造和传播超越产品本身的广义用户价值。例如，美国护肤品新创企业 Glow Recipe 在创立之初就在立足优质产品的同时超越产品。它建立了一个清晰的企业和品牌信仰,就是通过自己的产品让女性获得"更强大的自我",即"赋权女性"(woman empowerment)。因此,为了充分彰显它的品牌信仰,它除了向社群成员提供和美容相关的内容,还进行女性总裁系列采访(Boss Babes interview series)活动,专门访谈女性企业家和创业者,这些积极正面的励志内容让它的女性用户群体受到很大的激励和鼓舞,从而感到更加自信和强大。

可以说,信仰和价值观不但是企业文化之魂,是品牌之魂,也是品牌社群之魂。从这个意义上讲,每个企业都应该成为一个能够生产思想内涵和意义的文化型企业。这也就是企业文化战略的本质和意义所在。

【管理引申】

1. 品牌社群的成功依赖正确的观念,要用"反商业"的心态去做社群。

2. 社群的内核是共同的信仰、价值观和人生态度,不是共同感兴趣的折扣。

3. 社群是品牌势能放大器。要想成员给品牌赋能,企业必须先给成员赋能。

品牌社群提供的三种价值

当然,要维持一个社群的不断成长,单纯靠信仰和价值观还远远不够。品牌社群还需要给每个成员提供真正的价值。在信仰的牵引下，再给成员提供能够打动他们的价值，才能点燃他们的热情，引发共振，从而实现品牌势能的叠加、放大效应。一般来讲，为了充分点燃成员，品牌社群至少应该为成员提供以下价值。

1. 增值服务

点燃用户热情的可以是信仰，但吸引用户参与品牌社群的一定是真实的价值。最直接的价值就是优质的产品。除此之外，还需要向社群成员提供围绕产品的增值服务，帮助他们更好地使用产品，以便最佳地实现他们的目标。例如，Gymshark 在它的品牌社群空间里提供了极其丰富的健身和健康相关的高质量内容，而成为用户甚至非用户获取这类信息的首选之地。美国护肤品牌 Glow Recipe 也是这样，它甚至设立了如同维基百科的"养颜百科"（Glowipedia），详细指导用户如何打造她们心中最满意的自我形象。

SAP 的品牌社群更是如此。这个社群有 250 万积极的用户。这些成员积极分享心得和建议，相互提供帮助，解决了彼此工作中遇到的大量问题。这个社群中还聚集了大批专业水平高超的成员，他们通过答疑和建议帮助其他成员克服难题，给予其他成员丰厚的增值服务，极大地提升了用户的总体体验。如果品牌社群向用户持续地提供真正的价值，自然会赢得用户的信任和追随。

2. 社会和社交价值

品牌社群需要给成员提供社会和社交功能，如相互沟通、联系和交往，同时赋予成员一种特定的身份定义，以及由此而带来的归属感。另外，成功的社群还能给成员提供被尊重感和自我价值感，以及引发的自豪感和荣誉感。所以，品牌社群应该设有成员相互联系及分享的平台，以此进一步拉近各个用户，并给他们足够的线上、线下机会和场合相互碰撞和共振。通过向他们提供社交价值，增强他们对群体身份的认同感。更重要的是，社群还要给成员提供彰显自身价值的机制，如给予成员展示自己能力的机会和平台，增强他们的参与感，同时向对社群贡献较多的成员提供物质或精神奖励等，这样就会激发成员的自豪感，让他们最大程度地获取品牌社群提供的社会价值。

例如，Gymshark 的品牌社群允许用户分享自己的健身体验、心得和运动照，给予他们充分的机会发声和展示自己。加拿大易消刺青品牌 Inkbox 则允许每个用户把自己的刺青照片上传到它的社群平台上，不但让用户向别人展示自己的品位，也提升他们的参与感。在创造用户参与感上，乐高则更进一步。它鼓励社群用户在"乐高创意"（LEGO Ideas）平台上对自己最喜欢的设计投票和留言，并可以上传自己的设计，然后通过用户集体评选的方式来决定要投入生产的设计。如果某个设计被选中，乐高不但会把它投入生产，而且还会把设计者的姓名在社群内广而告之。乐高还经常发起设计竞赛，如"乐高七天挑战"（The Lego 7 Days Challenge）等，不断激起用户参与的热情。SAP 品牌社群也是这样。它对成员贡献的认可更为正式，专门设立了奖项来表彰高质量的用户创新。例如，在 2006 年，SAP 社群中两个就职于高露洁的成员就因为开发出一个软件工具 SAPLink 而获奖。

小米在这方面也做得相当成功。为了鼓励和感谢对小米的发展做出了显著贡献的 100 位种子成员，小米不但把他们冠名为"100 个梦想的赞助商"，而且把他们的论坛 ID 写在开机页面上，还为他们拍了部微电影，广为宣传。如果品牌社群持续向用户提供优质的社交价值,他们会自然而然地建立对社群的真实感情。

3. 学习和成长价值

品牌社群还应该成为一个用户赋能平台,帮助他们学习、成长,成为更好的自我。这种成长可以是具体技能的增强,如 SAP 社群提供的用户联合创新平台,乐高社群通过"乐高创意"和 Lugnet 协助用户进行乐高的设计和评选;也可以是思想和精神的提升。例如,Glow Receip 通过对成功女性的宣传帮助它的用户群体增强自信,露露乐蒙则是通过强调社会公正、包容和多元性,让社群具有积极正面的社会影响力。

在加州设立的手链企业 Pura Vida 则致力于把慈善捐献作为自己品牌社群的精神之一。它创立十多年来,已经累计向 200 多个慈善机构捐款 350 万美元。这样的赋能社群会让每个成员通过社群平台实现自己的梦想而完成自我成长。品牌社群也因此成为一个自我实现平台。品牌社群如果持续成为用户的赋能平台,用户对它的喜爱和热情就会日益增加。

总之,品牌社群要想成为一个品牌势能放大器,就必须先点燃社群成员对品牌的热情。要做到这点,社群一定要向成员提供真正的价值,而不是把自己定义为另一个市场营销工具。也就是说,品牌社群要成为内容和服务中心、交往中心和赋能中心,也就是一个多元化高质量的用户体验中心。如果品牌社群的立意不是利己,而是利他,同时全心全意地帮助用户,满足他们的多层需求,那么用户一定会给企业带来更丰厚的长期回报。

哈雷摩托和露露乐蒙在建设品牌社群方面都卓有成效。它们的成功经验可以为其他企业提供一些有益的思路。哈雷摩托是一个传统企业建立传统社群的案例,而露露乐蒙则是新型企业建立新型社群的案例。虽然近年来，随着市场大趋势的变化，如年轻一代对环境污染的关注，哈雷摩托的业绩明显下滑，这个殿堂级的品牌很可能在若干年后彻底消失，但它曾经有辉煌的历史，直到今天仍然是全球最成功的品牌之一。而且就打造品牌社群来说，哈雷摩托有很多的成功经验值得学习。

哈雷品牌社群是一个传统线下社群，创立于1983年，至今已近40年时间，目前在全球一共有超过100万成员，遍布25个国家和地区。哈雷社群活跃度很高，有超过一半的成员经常参加社群活动。在20世纪80年代早期，因为产品质量下滑和日系摩托的崛起，哈雷摩托的经营陷入困境。它一方面学习日企，大力提升产品质量，同时努力在预算严重不足的情况下让品牌重生，因此创立了品牌社群，旨在和广大用户直接产生关联。哈雷社群创立初期表现平平，直到依托经销商在全美建立了当地社群，它才真正起步。多年来，哈雷社群繁荣发展，被视为品牌社群管理的典范。

哈雷社群的成功经验可以总结为以下几点。

其一，一个清晰鲜明的信仰和价值观，代表一种独特的生活方式和人生态度，并形成了一股文化潮流。

哈雷摩托作为二战中为美军提供军用摩托的企业，兴起于战后的美国。当时有一批返乡的美国退伍士兵对保守而又平淡的主流社会生活方式感到厌烦，就想起战时曾经让他们风驰电掣、勇往直前的哈雷摩托。这些最初的用户用购买哈雷摩托的方式去冲破他们无聊生活的束缚，通过哈雷摩托的阳刚和野性来彰显他们心无挂碍、特立独行和狂野叛逆的人生态度。从这个时候开始，哈雷就不再是一辆摩托车，而是一种独特鲜明的个人宣言和生活方式。它代表的是一种理念、信仰和价值观。这种阳刚、反叛的精神引发了一种逆主流文化，受到美国几代人的追捧，而哈雷摩托就是这种文化的精神图腾。所以，哈雷摩托很早就演化成为一种代表信仰和价值观的品牌。这种强烈的品牌精神很容易让用户产生心灵深处的共鸣，从而把他们牵引到哈雷的品牌社群中。可以说，哈雷品牌的信仰属性让它的社群天生具有强烈身份认同感、归属感和荣誉感。毫不奇怪的是，哈雷摩托也是在全球范围内被用于刺青数目最多的品牌。

其二，给用户提供鲜明而强大的真正价值。

除了给成员提供内容、互动和活动，哈雷摩托还给用户提供了强大的社会价值，就是众人仰慕的身份标签——"酷"。这也是几乎每一个哈雷拥有者都自发成为哈雷品牌社群成员的主要原因。哈雷摩托当年的"酷"和今天苹果代表的"酷"完全不同，哈雷的酷更加鲜明而强烈。作为逆主流文化的开创者，哈雷自带"酷"基因。更重要的是，哈雷是一款昂贵的摩托车，可以称得上是一个奢侈品牌。这种大众难以企及的高价位和反叛的酷基因让哈雷成为所有年轻男人的梦想。而拥有哈雷的霸气"坏"男人更是异性心中的偶像。

好莱坞超级明星马龙·白兰度（Marlon Brando）出演的《飞车党》（*The Wild One*, 1953），彼得·方达（Peter Fonda）和杰克·尼科尔森（Jack Nicholson）主演的《逍遥骑士》（*Easy Rider*，1969）采用的摩托车都是哈雷。这种明星效应及电影中所彰显的人生态度更是把哈雷的"酷"扩大到极致。尤其是《逍遥骑士》上映后，大批用户按照电影中的车型把自己的哈雷摩托车进行改装。这也启发哈雷迅速推出同款摩托"美国队长"（Captain America）。可以说，哈雷在很长时间内就是"酷"的唯一代言。这就是哈雷给众多用户提供的最大价值,也是这些用户对哈雷产生超高品牌激情的真正原因。

其三,高质量的成员互动和群体身份的塑造打造出强大的社群凝聚力。

为了加强成员的互动和共享,从而形成强大的群体身份共识,哈雷采取了若干举措。首先,哈雷多年来一直精心为会员制作高质量的内容。应该说哈雷才是内容营销和品牌文化营销的鼻祖。哈雷出版了高质量的纸质会员刊物。刊物的内容除了关于摩托使用和修理方面的知识和心得分享,主要是记载真实的哈雷骑手在全球各地逍遥骑行的体验和心路历程。在很长时间里,哈雷都有两本会员杂志,《哈雷传说》(*Hog Tales*)和《哈雷铁粉》(*The Enthusiasts*),直到2009年才合二为一。因为内容质量高,故事引人入胜,哈雷会员杂志成为用户的收藏品。在2009年,哈雷杂志仅在美国的发行量就超过50万份。它也一直被成员认为是他们最重要的身份象征。

其次,哈雷定期组织的线下活动更是点燃会员激情的巨大火把。除了当地车主俱乐部组织的飙车、慈善骑行和各种聚会等,哈雷每年都举办若干次全球活动。最有名的是每年在南达科他州举办的斯特吉斯摩托车集会(Sturgis Motorcycle Rally)。在这个大聚会上,任何参加的人都可以试骑、购买哈雷纪念品和参加各种娱乐活动。哈雷车主也可以骄傲地展示自己的摩托,和同道人开心畅谈。在哈雷的刊物和哈雷组织的所有活动中,哈雷都时刻让用户感受到他们是哈雷品牌的共同拥有者,也是哈雷大家庭中的平等一员,有权力也有责任和企业共同打造、维护这个共有的品牌。这些线下活动极大地促进了哈雷社群群体身份的塑造和强化，也显著地提升了社群凝聚力。为了进一步强化群体身份，哈雷还有服装业务，生产自己的夹克衫和T恤等。虽然这项业务的收入很少，但对于哈雷身份的塑造和认同极其重要。

哈雷社群成功还有一个重要原因：哈雷很早就意识到社群战略必须要上升到企业战略的层次，它不仅是市场营销部或品牌部的事，而且需要最高层的支持和全组织的参与。因此，哈雷一直有一个很清晰的社群战略，而且和企业其他战略进行协同，共同实现企业的战略目标。但是哈雷对于社群战略并没有设立KPI。它强调的是用社群点燃会员，把他们变成品牌的"笃信者"和"宣传队"。然后再靠他们向外扩散品牌能量去点燃更多的人。很多哈雷车主都是自愿无偿拉新，使这个群体不断壮大。通过这些品牌火种的激情传播和扩散，哈雷每年只花费不到100万美元的广告传播费，就成功打造出这样一个殿堂级品牌。可以说，哈雷社群成功的关键字就是"信仰"、"酷"和"大家庭"。

作为近年来成长非常迅速的品牌，露露乐蒙的品牌社群对它的成功也起到了重要作用。这家瑜伽服装品牌在1998年创立于加拿大的温哥华，经过20多年的发展，已经成为瑜伽服装的殿堂级品牌，甚至被认为是下一个耐克。露露乐蒙创立的时候可谓举步维艰，连一间像样的店铺都租不起，而只好寄身于一个小房间里，甚至每天只能营业半天。在竞争激烈的运动服饰市场上，露露乐蒙能够异军突起，它的品牌社群战略发挥了关键作用。

和哈雷摩托一样，露露乐蒙通过创立一种理念和信仰，引领社会文化潮流。它非常有创意地重新定义了瑜伽的内涵，把瑜伽练习中的要点提炼成为瑜伽精神，如深呼吸、专注、放下、自我发现、非暴力和信任等，然后引导每个成员把这些理念带入生活的每个时刻和场景，使瑜伽从一种运动演绎成一种特定的理念和信仰。露露乐蒙想通过这种健康的生活方式，带动用户的个人成长，从而成为更为完美的自己。这种思想创新不但让露露乐蒙成为一个真正的生活方式品牌，也奠定了它作为新文化潮流引领者的地位。而这种潮流也在露露乐蒙的推动下成为一种日益强劲的社会文化现象，正是这种信仰和理念把用户聚到露露乐蒙的社群中。

其次，露露乐蒙社群也给成员带来真正的价值。一方面，它制作了大量高质量的瑜伽、冥想和其他运动的"一起流汗"（Sweat With Us）视频和音频教程，并上传至各个平台供用户免费观看和收听。另一方面，露露乐蒙在全球有超过450家店铺。这些店铺不仅是产品销售场所，还是用户体验中心，提供瑜伽、冥想和其他健身课程。露露乐蒙在芝加哥和巴黎的旗舰店更是如此，每个店铺里面都设有两个健身房、瑜伽室、冥想中心和一个健康饮品吧。这些店铺实际上是露露乐蒙的社群枢纽，让成员相聚互动，增强他们的归属感，同时也能让新手免费尝试瑜伽和冥想课程、试用产品和体验品牌等。也因为此，露露乐蒙成为很多人开启一个健康生活方式的媒介。

和哈雷摩托类似，露露乐蒙也推动了一种立场鲜明的文化和社会潮流。因为以瑜伽和冥想为主，它吸引的核心用户大都是时尚健美、积极向上、事业有成、具有全球视野和积极心态的年轻女性，而且露露乐蒙的产品质量优异，设计精致，这使它成为一个很"酷"的品牌。这种"酷"身份的标签应该是露露乐蒙给用户提供的最显著价值。

另外，露露乐蒙也定期组织线下活动，强化群体意识和归属感。其中最著名的是每年在温哥华举行的"涛声半程马拉松"（SeaWheeze Half Marathon）。这个聚会每年有10000多人参加。在两天活动中，参与者可以得到丰富的露露乐蒙品牌体验，除了半马，这个聚会还有瑜伽、集体冥想、各种晚会和露天音乐会等。另一个线下活动是选择在不同城市举办"超级热汗生活节"（The Sweatlife Festival）。这是一个为期两天的聚会，其中包括各种和露露乐蒙生活理念契合的活动。这也是一个非常受成员欢迎的聚会，经常有超过6000人参加。

当然，作为一个年轻的企业，露露乐蒙也善用社交媒体和其他网上平台。首先，它在社交媒体上持续推出优质内容来获得用户的持续关注。其次，它鼓励用户的自我表达——上传分享他们每天的瑜伽和健身时刻。最后，也是更重要的，露露乐蒙对用户反馈的反应非常快，显示出了服务用户的真诚和用心，而且它还会把用户意见带入产品开发，让用户真正感受到参与感和认同感。

通过哈雷摩托和露露乐蒙的经验，我们可以总结出，一个成功的品牌社群必须要具备以下六个要素。

品牌社群的六大要素和三个层次

构建品牌社群的第一个要素就是优质产品。构建一个社群，用户信任最重要，而用户信任的基础就是好产品。所以，如果一个企业的产品不强就很难建成活跃紧密的社群。露露乐蒙和早期的哈雷摩托能够成功建立社群都是因为它们各自的优质产品。例如，露露乐蒙一直大力投入研发，不断推出具有高科技面料的产品，如用 Nulu 面料制成的舒适贴身紧身裤等。因此，社群建设，产品是关键。有了好产品，人们才愿意参与社群。

第二个要素是社群战略。

社群建设一定要有战略。更重要的是，社群战略必须是企业的核心战略，而非归于市场营销或用户运营部门的战术运作。拥有成功社群的哈雷摩托、露露乐蒙和 SAP 等都是这样。而且，社群战略的成功需要企业的跨部门协作。SAP 在这方面表现出色。它首先利用社群获取用户洞察，发动联合创新，然后拉通产品开发、销售、服务、市场营销等各个部门，共同将社群的价值发挥到最大。

另外，社群战略的目的不是销售，而是培养品牌提倡者或超级用户来激活和传递品牌能量，更重要的是，品牌社群可以帮助企业转型成为真正由用户驱动的组织。因此，社群成长不但推动了品牌的增长，也推动了企业的提升。露露乐蒙、乐高的品牌大使项目和小米的超级用户群都发挥了这个作用。可以说，社群底层的战略目标就是通过给用户赋能和赋权打造出一批对品牌充满激情的"铁粉"，让他们再去点燃更多用户，从而形成品牌的燎原之火，而最高层的战略目标则是帮助企业实现关键的战略转型。

第三个要素是用户驱动的企业文化。

品牌社群的目的是向用户提供真正的价值去成就用户，而不是通过捕捞用户流量而成就企业。这就要求企业真正具有以用户为中心的文化和利他的格局。这样的企业会把用户当成企业总体生态系统的一部分，真心关注他们的需求，并和用户建立一种共生共荣的命运共同体关系，甚至像对待朋友和家人一样地对待用户。企业具有这样的文化，就会既透明又开放，允许用户对品牌具有拥有权，放手让用户来参与共创品牌。这样的社群才真正可以给成员提供归属感和自我认同感。对惯于控制一切的工业化时代的企业而言，这种转变将是一个巨大的心理和能力挑战。

第四个要素是用户驱动的商业模式。

社群能否成功，最终取决于它是不是一个企业商业模式的中心环节。真正成功打造出品牌社群的企业都是以社群为中心来构建自己的商业和运营模式，从而成为社群驱动型企业，如哈雷摩托、露露乐蒙和SAP等。这种商业模式代表将来企业的主流模式，是每个企业都或迟或早必须完成的战略转型。把社群外挂在一个以企业和产品为中心的传统商业模式之上很难真正成功。

第五个要素是社群信仰。

没有信仰和价值观的企业就没有灵魂。同样，没有信仰和价值观的社群也没有真正的生命力，单靠利益很难长期维系品牌社群。这种情况会在后数字化时代更加明显。新一代用户越来越关注企业和品牌的价值观，并在选择产品和品牌时偏向和他们自身价值观一致的品牌。也就是说，品牌不但是用户自我价值的表达，而且日益成为用户自我价值观的表达。清晰鲜明而且能够打动人心的信仰和价值观是产生社群凝聚力的基础。

只有这样，社群成员才能和品牌以及其他成员形成深层的心灵共鸣，而这种心灵共鸣正是把品牌势能放大和升级的推动力。可以说，信仰和价值观就是"共振之源"。哈雷摩托和露露乐蒙的案例都充分说明了这点。社群的信仰和价值观就是企业信仰和价值观的延伸。信仰和价值观不清晰或者不健康的企业很难建立一个强大的品牌社群。从这个意义上说，要像经营一个家庭一样经营社群。

第六个要素是真正的社群价值。

当然，社群一定要给成员提供真正的价值。这种价值以理性价值为基础，延展为社会价值，满足成员对归属感、自我尊重和自我价值，甚至自我实现的需求，同时通过对成员赋能而帮助他们成就更好的自己。有了归属感，就会有参与感，而参与感是社群蓬勃发展的关键推动力。组织需要定期组织内容丰富的线下活动。这是用户体验参与感最直接的方法，所有强大的品牌社群都在这方面表现出色。除了安排活动，社群价值还可以通过强化群体身份来提升，例如建立表明社群身份的符号体系，如仪式、传统、行为规范、着装、杂志，甚至自己的语言系统等。从这些成功的社群案例可以看出，品牌社群建设的核心三要素是价值、信仰和联结。

这样看来，按照社群的属性，品牌社群大致可以归为三类。这三类社群层层升级进而形成一个"品牌社群金字塔"（如图7.2所示）。

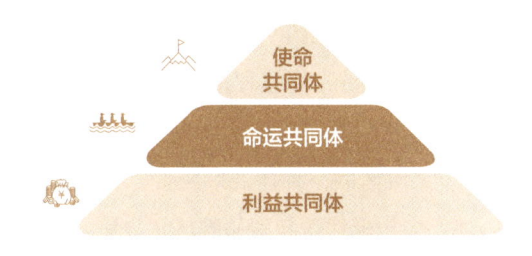

图 7.2　品牌社群金字塔

第一类，销售社群。

这种社群把用户当作流量，把自身作为销售平台。整个社群围绕产品而建设，维系成员的方法就是折扣和与产品促销内容。这种社群是纯粹利己而非利他，社群成员和品牌信任感比较低。但为了利益，社群可能也相当活跃，参与者都是"同行人"。社群成员对品牌的认同仍然基于折扣。这种社群可以称为"利益共同体"，如完美日记、拼多多和三只松鼠等。目前来看，这类社群是国内品牌社群的主流。

第二类，情感社群。

这种社群以某种共同的强烈兴趣为基础。因为产品属性，用户需要更多的相互支持，知识和技能共享就成为社群的主要价值。社群的总体成就取决于每个参与者的成就和贡献。在这种社群，成员之间相互关系比较紧密，因为共同的兴趣，相互视为"同路人"，因此有较强的群体意识、社群情感和归属感。一旦某个社群成员需要帮助，其他人都会积极参与。互助成为社群的共识和行为规范，有一种"胜则举杯相庆，败则拼死相救"的团队精神。社群对品牌的认同仍然基于产品。这种社群可以称为"命运共同体"，如乐高、SAP 社群和各种网游社群等。

第三类，信仰社群。

这种社群建立在共同的信仰和价值观之上。社群成员有深层的心灵共鸣，为了一个共同的理念而参与其中，更像是"同道人"。品牌成为个人价值的一种体现和延伸，因此成员对品牌的认可度很高。他们会积极地参与到品牌的建设中，并且往往把品牌视为他们所有，具有强烈的拥有感。同时，因为和品牌建立了一种深层联结，成员会对品牌产生深厚的情感关联。而且，他们对品牌的认同往往超越产品本身。这种社群可以称为"使命共同体"，如哈雷摩托、露露乐蒙和早期的小米等。

当然，品牌社群的最佳状态就是达到"使命共同体"的境界，但能否达到这种层次，不但与企业的格局和管理水平有关，也和品类有直接关系。例如，咖啡不是一个很容易形成用户黏性的品类，而软件、手机、摩托车和运动服就相对容易。品类也直接决定了社群成员的特征。喜欢瑜伽、锻炼和摩托飙车的人大都性格比较外向、开朗和自信，具有这种心理和性格特征的用户群比较容易形成较为强大的社群。所以，为了突破这种品类设置的自然上限，志在建设一个成功社群的企业，必须要超越产品和品类本身，把自己演化成为一种理念、生活方式、人生态度和信仰的代言人。更重要的是，企业和品牌如同生命体，都在持续地变化和演进，品牌社群也是如此。企业要用产品思维来做社群，需要对它的设计和管理进行不断的迭代和创新，让它逐步从低层社群向高层社群演进。

【管理引申】

1. 做不好社群，不仅是管理问题，更是态度和理念问题。
2. 社群内核是共同的信仰、价值观和人生态度。
3. 以客户为中心的企业文化是社群建设的前提。

品牌社群代表一种新商业逻辑

虽然建立品牌社群是为了成就用户，但一个成功的社群给企业带来的回报也极为丰厚，例如获取新用户、提升用户忠诚度、测试和推广新产品，以及降低服务和宣传成本等。事实上，帮助企业传播品牌、提升销售只是表层的益处。更重要的是，品牌社群可以帮助企业转型成真正的用户驱动型企业。在即将到来的用户驱动（customer to business，C2B）时代，这将是企业唯一可行的商业模式。因此，品牌社群不只是一种用户或品牌管理战略，而且代表一种全新的商业文明。这个新商业文明的核心特征就是融合、信任、开放、共享、协作、共创和赋能。

在工业化时代，企业之间、用户之间和企业及用户之间都处于"各自为政"的割裂状态，相互之间边界清晰、信任缺乏，共享和协作比较有限。商业的本质是交易，每个参与方都力求自身利益的最大化，甚至不惜损害对方利益。由此可见，工业化时代商业文明的基本逻辑是割裂、效率、管控、封闭、独营和销售。因此，在具有工业化时代基因的企业里，品牌社群也是建立在自私利己的基础之上的，它的销售特性不可避免。

但在数字化时代，因为用户需求和价值创造的复杂性，企业的价值创造和交付必须要用户参与才能顺利实现，用户和企业的边界逐渐模糊。企业和用户之间也必须相互信任才能共同创造出最佳的用户价值和体验。因为对归属感和参与感的诉求，用户之间也需要更强烈的社会关联。

与此同时，企业之间依托生态系统进行深度协作，不断融合，更加开放和透明，相互的边界也会更加模糊，逐渐演化成休戚与共的命运共同体。因此，品牌社群的群体共生逻辑将主导后数字化时代的组织形态及企业进行价值创造和交付的方式。也就是说，数字化时代的商业将正式进入社群化的"关系"时代，所有参与者相互依存、深度协作，成为目标趋同的紧密群体。因此，数字化时代商业文明的基本逻辑也是融合、信任、开放、共享、协作、共创和赋能，和品牌社群的基本精神完全重合。可以说，数字化时代的商业必须是社群商业。这种商业逻辑将主导企业价值创造的能力和效率，自然也决定企业的兴衰。这就是用户驱动时代的最大特点。

　　用户驱动的后数字化时代更是一个"信任"和"关系"的时代。在这个时代里，用户需要的不再仅是孤立的产品价值或服务，而且是和场景精准匹配的端到端总体体验。此时的品牌会更加广泛而深入地嵌入用户生活的各个场景，为他们提供全方位的即时服务。用户的"商业生活"和"非商业生活"的边界会更加模糊，或者完全消失，形成生活的"泛商化"。在这种情况下，因为品牌承担了用户更多的需求，用户对品牌也有更多的期待，品牌不但要成为价值提供者、娱乐提供者，还要成为社交关系和意义的提供者，同时成为用户无时不在、无所不知的伙伴。物理世界的深度数字化和虚拟化也会让用户更加渴望社交关系和归属感。所以，品牌在这个时代必须深度社群化，同时打造与用户构建一对一亲密关系的能力。这种关系能力是品牌获得用户真正认可的关键。

　　由此可见，在数字化时代，社群化是企业和品牌发展的必然趋势。所有企业都会成为"社群型企业"。近年来的一些新创企业，如英国的 Gymshark、美国的 Itzy Ritzy 和加拿大的 Inkbox 等都具有这种特征。小米作为一个源自工业化时代的硬件企业，在这方面也探索出了一种新模式。小米先从用户社群入手，构建了成功的用户驱动式互联网营销模式。其后，小米开始依托强大的用户社群，创建了线上电商和线下"小米之家"，同时跨界构建平台型商业生态系统，通过联盟形成了包括华米、紫米、青米、润米和智米等涵盖400多家企业的小米生态圈。小米已经逐步形成了由企业社群和用户社群共同组成的商业共同体。在这个宏观商业社群内，各成员频繁互动，协同创新，相互赋能，共同成长。从这个意义上讲，小米开创了一种新商业模式，而且代表商业发展的未来方向。

社群化商业是数字化商业文明的核心特征。目前的社群化企业只代表这个新商业形态发展的初期。真正的社群型企业不是立足产品和单个企业，而是立足于用户社群的生活方式和企业集群，在用户驱动的模式下为他们构建覆盖全场景和全生命周期的解决方案，从而深度嵌入用户生活，成为他们不可或缺的生活伴侣和赋能者，形成和用户的深度关系连接。为实现这个目标，企业必须构建用户驱动的弹性供应链和生产制造能力，并能够即时感知用户需求并快速做出反应。可以说，社群化商业生态系统是在后数字化时代打造品牌全景体验的前提和基础。

因此，创建品牌社群将是企业迈入后数字化时代的重要举措。通过用户社群化，企业可以以逐步转型为"社群型"企业，即从"产品经营"转化为用户参与的"社群生活方式经营"。为了覆盖用户社群生活中涌现出来的多种需求，企业从品牌社群发展到商业生态是一个自然演进过程。数字化时代的企业不能遵循工业化时代的管控和封闭逻辑来管理商业生态系统，而要积极参与到商业生态社群化的过程中，最后通过用户社群和企业社群的融合，形成共生、共享、共创、共荣的一体化宏观商业生态系统，即商业命运共同体。商业文明也由此跃升到一种更高的层次。

品牌社群的成功建设要求企业构建新型组织能力。在用户驱动的社群型商业时代，企业必须能够按照用户的即时需求随时进行个人化的价值创造、交付和变现。企业现有的组织文化、决策方式、管理战略、组织能力、组织架构、运营流程和技术设施都必须进行颠覆性的转变才能够应对新时代的挑战。企业也必须围绕用户社群和生态系统中的企业社群来构建新的企业文化、商业模式、组织能力和运营流程，真正成为协作共享的"社群型"企业。可以说，在数字化时代，建立用户社群和企业社群，从而和各参与方形成水乳交融的共生关系对企业和品牌来说并非锦上添花，而是其发展的必经之路。可以预见，在后数字化时代，所有的企业都将成为用户驱动的"社群型"企业。

本章金句

- 社群的目的是成就用户，不是"利己"，而是要"利他"。能做好社群的企业一定具有真正以客户为中心的企业文化。它的基本特征是融合、信任、开放、共享、协作、共创和赋能。要像经营一个家庭一样经营社群。企业只有用"反商业"的心态和做法才能把社群做好。

- 品牌社群不是销售渠道，而是品牌势能的放大器。企业要想社群成员给品牌赋能，必须先给成员赋能。建立社群就是要和用户建立"命运共同体"，社群的内核是共同的信仰、价值观和人生态度，不是共同感兴趣的折扣。

- 社群运营代表一种新的商业逻辑，而不是新的获客手段。社群型企业是商业发展的未来方向，建立社群是后数字化时代企业的必经之路，也是使企业进行深度变革的契机。社群建设需要企业建立新的组织能力，企业必须在文化和商业模式上进行深度变革。

核心一句话：品牌社群代表新的商业逻辑。

第八堂课
如何打造公司品牌？

很多企业不重视公司品牌的建设，只聚焦于产品品牌。其实，公司品牌是产品品牌的内核。没有公司品牌的承载，产品品牌也很难激发用户长远而深厚的情感。随着新世代用户的成长，公司品牌将越来越重要。本质上，公司品牌就是对企业信仰和价值观做出的最精炼和最直观的表达，让员工、用户和其他利益相关者真实地感知和体验到，从而激发他们的品牌情感。公司品牌是贯通企业文化、品牌文化和产品品牌的内核，也是企业和品牌在市场上形成显著差异化的基石。品牌价值链理论就是对上述核心观点的系统化表述。

公司品牌的定义

一般企业不太重视公司品牌。它们认为打造品牌就是为了促进销售和提升利润，而打造一个成功的产品品牌就可以实现这个目标。相比之下，公司品牌似乎有些空洞和抽象，和业绩也很难直接挂钩。而且，这些企业还认为，只要把产品品牌做好就能提升公司品牌，而刻意专注公司品牌并无必要。

全球知名大企业宝洁、联合利华和帝亚吉欧就是"轻公司品牌，重产品品牌"的代表案例。这些企业并没有刻意打造公司品牌，完全靠旗下众多的产品品牌如海飞丝、潘婷、帮宝适、吉列、多芬、凡士林、立顿、尊尼获加和百利甜酒等造就企业的声誉。所以有人认为企业并不需要做什么品牌，只要有强势的产品品牌就可以实现增长和营利的战略目标。

事实上，这种带有明显工业化时代烙印的观念已经落伍。在数字化时代，公司品牌正变得越来越重要。从企业角度来讲，打造可以涵盖不同品类和市场的公司品牌具有明显的成本优势和规模效应。强大的公司品牌也能让员工产生归属感、自豪感和荣誉感，显著地提高凝聚力和战斗力。同时，这样的品牌也能在雇主品牌中脱颖而出，更容易吸引优秀的人才加盟。另外，拥有良好声誉的公司品牌也更容易获得政府和社会的广泛支持。

从用户角度来看，公司品牌也很重要。首先，公司品牌在产品品牌同质化严重的情况下可以成为一个新的差异化点。其次，在建立用户关系上，公司品牌比产品品牌更具优势。更重要的是，新一代的消费者不但关注产品品牌本身，还越来越在意这些产品品牌背后的企业是否具有鲜明的个性、态度和价值观。他们更喜欢透明度高，而且更加真实的企业。

国外多项研究显示，有相当比例的年轻用户在选择产品时，会在意这个企业到底代表什么，具有何种内涵，是否和自己认同的信仰、价值观和人生态度相契合。因此，企业在环境、社会责任和公司治理方面的态度正在成为投资者和广大消费者关注的重点。这些方面正是公司品牌所涵盖的内容。

随着后数字化时代的开启，品牌会越来越深入地嵌入用户生活的方方面面，用户对品牌承担的角色也会有更多的期待和要求。仅仅代表某种效能或价值远远不够，品牌需要满足用户的总体需求，不但解决他们的问题，还要深入他们的内心，成为他们的伙伴，甚至是导师。在这个过程中，品牌的内涵会更加丰富，也会更为人格化和意义化。局限于特定品类的产品品牌会显得过于单薄，而逐渐被用户放弃。可以预见的是，将来的主流品牌应该都是内涵丰富而深刻的公司品牌。事实上，今后的所有品牌都会向公司品牌过渡。

虽然公司品牌越来越重要，但市面上对"什么是公司品牌"有各种表述。这里先陈述公司品牌不是什么。首先，公司品牌不是企业标识或企业口号。企业标识和口号只是打造公司品牌的一个环节，不是公司品牌本身。而且绝大多数企业的口号无非"求是"、"创新"、"奋进"和"奉献"等一套空话，在用户心中根本留不下什么印象，更不要说建立用户情感。所以，专注于企业标识和口号设计根本不是公司品牌建设。

其次，公司品牌不是社会责任感，也不是企业在环境、社会和公司治理方面的立场。很多企业在考虑建设公司品牌的时候，就自然而然地想到参与或发起一些有关社会责任感的活动，如慈善捐款等，以求在公众心里加分。但绝大多数情况下，因为这些活动对业务并无推动，企业参与社会项目时都并非发自真心，而是迫于压力。没有情感的公司品牌建设自然无法激发用户、员工和其他利益相关者的情感，公司品牌也很难有效地建立。

再次，公司品牌不是企业形象或用户对企业的认知。用户可能知晓一个企业，甚至对这个企业的总体印象也不差，但对它毫无感觉，更不要说有情感关联。这样的企业也不算是有公司品牌。最后，公司品牌也不是搞企业文化。虽然公司品牌和企业文化关系密切，每个企业也都有文化，但只有很少的企业有一个强大的公司品牌。

想理解什么是公司品牌，就要回到品牌的本质。

首先，品牌是情感，是用户的情感记忆，公司品牌也是用户的一种情感记忆。和产品品牌不同的是，公司品牌的用户更加广义，包括各类利益相关者，如员工、购买者、用户、合作伙伴、社区、非政府机构和政府等。因此，公司品牌至少有两类核心用户，即员工和用户。简单地说，从用户端来看，公司品牌就是一个企业在员工和用户心中的一种情感记忆或感受。和产品品牌相同的是，这种情感记忆也是信任、赞赏、喜爱或敬仰。可以说，公司品牌是用户和员工的情感总和。

从企业端来看，品牌由品牌形体（如品牌名称、标志、颜色、符号、标语和口号等）和品牌含义构成。可以说，品牌是企业或产品的一种自我表述。产品是一种解决用户问题的工具，它的自我表达大多专注于理性或感性效能，而企业是由一个群体组成的商业组织。对用户而言，企业虽然比产品更抽象，但它却更具有人格化特征。因此，企业的自我表达就要更为丰富。最重要的是，这种自我表达一定要清楚地体现企业的人格特征。人格最基本的构成要素就是信仰和价值观。也就是说，从企业端来看，公司品牌是围绕企业信仰和价值观做出的自我表达。这种表达包括"视听表达"和"实体表达"两个方面。从用户端来看，公司品牌就是由企业的信仰和价值观引发的用户情感。

企业的信仰和价值观以及由此而衍生出的使命、愿景和企业性格等反映的是它的思想和精神境界。所以，从企业角度来看，如果说产品品牌体现的是企业产品的品质，而公司品牌代表的就是企业的思想和精神品质。

品牌通过向用户输出价值来获取他们的信任、赞赏或喜爱。从这个角度来讲，公司品牌和产品品牌的另一个主要不同是：输送价值的内容和丰富程度不同。建立产品品牌只需要向用户输送基于产品品类的理性或感性效能，而建立公司品牌不但要确保企业所有的产品品类都向用户输送优质的价值，而且要在各个价值层面提供更加丰富的品牌全景体验，这样才能让一个抽象的企业概念在用户心中变得更加具体而真实，从而更具有"可视化"。

更重要的是，品牌关乎差异化。要想公司品牌以一种显著差异化的方式形成于用户心中，作为公司品牌的内核，企业的信仰和价值观必须在总体产品和服务或品牌全景体验中具体而鲜明地体现出来，成为用户的直观而强烈的体验和感受。也就是说，企业的信仰和价值观要以用户体验这种具体真实的方式进行自我"实体表达"，才能让用户真正感知而理解，从而形成围绕企业的鲜明情感记忆。所以，更准确地说，公司品牌是企业信仰和价值观展现出来的最直观用户体验。

例如,苹果公司的信仰和价值观最精炼的表达就是"非同凡想"。这种信仰贯穿整个苹果公司,体现在它的方方面面,能让用户在和苹果公司的每个接触点都真实直观地体会到,从而形成对苹果具体而特殊的感受。这种感受就会激发用户情感,最终成为苹果品牌的情感记忆。这就是苹果公司的公司品牌。其实,这也是苹果公司的产品品牌。用户通过产品和服务直接体会到的就是产品品牌的内涵,而这个产品品牌的内涵和精神就是公司品牌。苹果公司完全做到公司品牌和产品品牌的完全拉通。设备端的华为也是这样。它的信仰就是"以客户为中心",而且在对内和对外的方方面面把这一信仰转化为员工和用户具体而真实的体验,从而鲜明地表达出来。用户直观地感知到这种独特的"华为体验",逐步在心中建立起华为品牌情感。这就是华为的公司品牌。从苹果和华为的例子可以看出,把以信仰为核心的公司品牌贯通到产品品牌就是品牌战略的最高境界。

企业信仰的三大作用

这些年来,很多企业都会谈论使命、愿景和价值观,但是很少有企业谈论企业信仰。其实,企业信仰才是使命、愿景和价值观的源头。信仰是企业文化的底层,有什么样的信仰就有什么样的使命、愿景和价值观。没有信仰的企业就如同一个没有信仰的人,不可能有清晰而稳定的使命和愿景。可以说,没有以信仰为基础的使命、愿景和价值观就是"无根之木,无源之水",大多成为空洞的口号,无法在企业真正落地。

什么是企业信仰?"信"就是信服和坚信,而"仰"代表仰慕和敬仰。因此,信仰的四个特征是:

其一,最正确—坚信不疑的理念;

其二,最重要—不惜代价去实践;

其三,最真实—发自灵魂深处的感悟;

其四,最触动—激荡人心的体验。

所以,能称得上信仰的就是能够驱动一个组织和个人百折不挠、坚韧不拔、前仆后继、义无反顾,甚至不惜生命去实践并捍卫的理念。信仰高于一切并指导一切。

在企业背景下,信仰就是全面激活企业并使它长期奋斗的一个强烈信念,也是企业运营和发展的最高准则。

能够持久成功的企业大多具有深层的信仰,以指引它们前进的方向并规范所有言行。例如,华为最真诚的信仰就是"客户至上",这如同一杆高高飘扬的旗帜指导了十几万华为人的言行。在这个强大信仰的驱动下,华为不计成本地投入研发产品,以更好地满足客户需求,同时对具有奋斗精神的员工给予最优厚的回报,而且坚持战略聚焦,即"28年只对准一个城墙口冲锋",终于成为全球通信市场的领军企业和第一品牌。

企业信仰如此重要,因为它发挥三个重要的作用。

其一,打造强大品牌的必需。

显而易见,因为公司品牌是围绕企业信仰和价值观做出的自我表达,没有信仰,公司品牌就没有内核和灵魂,根本无法做出有深度的自我表达以形成和用户及员工的深层共鸣，也无法有效地打造一个强大的公司品牌。

其二，打造强大企业文化的必需。

企业信仰是企业使命、愿景和价值观的源头。没有信仰，企业的使命、愿景和价值观也会丧失赖以存在的基础，只能是若干空洞口号的拼凑，不但无法帮助企业进行丰富的自我表达以有效地建立公司品牌，而且也无法围绕使命、愿景和价值观来构建出一个强大的企业文化。在这种情况下，打造公司品牌自然也无从谈起。

其三，打造强大企业的必需。

对于任何组织，信仰就是它的精神支柱。有强烈信仰的组织，自然会有一个清晰的发展方向和明确的目标。这样的组织有利于统一共识，形成各部门的有效协同，更好地完成共同的目标。信仰也是信任的基础。在一个有信仰的组织里，成员之间会有很强的相互认同感和信任感，这样的企业就会有强大的凝聚力。同时，组织信仰能够让工作充满意义和希望，从而激活员工，让组织充满活力。

另外，组织信仰会让员工更有责任感和对工作的敬畏感，引导他们自律严谨、扎扎实实地做好每一件事，从而提升组织的执行力。更重要的是，有信仰的组织具有更强的韧性，在困难境遇下抗打击能力更强。简而言之，一个具有强大信仰的组织一般都具有强大的组织能力，从而能够创造出优质的用户价值。无论在产品层面还是企业层面，品牌都关乎价值。因此，具有信仰的组织自然更具备打造强大品牌的能力。

可以说，信仰更重要的作用不仅是引导公司品牌进行自我表达，而且是确保企业具有不断生成优质用户价值的能力，以维系和强化用户对品牌的长期持久情感，从而确保公司品牌的长盛不衰。

打造强大的公司品牌和企业文化都需要信仰作为根基和起点，并在其上衍生出企业使命、愿景、价值观和企业文化。这样，信仰与使命、愿景、价值观和企业文化就可以做到完全贯通，表里一致。建立在这个基础上的公司品牌才真正具有强大的生命力和能量。

当然，作为信仰，它必须要真正发自内心，只有这样才能具有强大的感染力去触动员工和用户，从而生成宏大充沛的品牌热情和能量。但是要求一个以谋利为宗旨的商业组织在当今全球金融资本支配的大环境下去持续做到这点，其实非常困难。无论在国外还是国内，言行不一的企业不在少数。一家全球知名的药企一贯以企业信仰著称，早在1943年就确立了四条企业信仰，并把它们镌刻在总部大厅的石墙上。尽管如此，仍有报道显示，该公司多年来一直隐瞒其产品带有致癌物质的事实，而且被揭露后仍然拒不认错。当然，这种表里不一的做法并不仅限于这一家公司。

数字化时代就是信任时代，也是责任时代。工业化时代的企业天生具有"自私自利"的基因，在企业和用户利益割裂的工业化场景下，它们很难具有真实感人的信仰。这就是为什么极少企业会谈到自己的信仰。因为这些企业知道，它们最真实的信仰就是"为己谋利"。但是进入信任时代之后，所有企业和品牌不但在产品的质量和体验上，更会在道德操守上被大众评判和取舍。企业信仰必须成为每个企业必须拥有并恪守的最高准则。

【管理引申】

1. 企业信仰是企业文化的源头和公司品牌的内核。

2. 找到企业最真实的信仰是构建公司品牌的第一步。

3. 企业信仰必须发自真心，无须也无法设计。

公司品牌是由"虚"到"实"的关键节点

企业一般有公司品牌和产品品牌，也有企业文化和品牌文化。表面上看，公司品牌和企业文化相关，而产品品牌和品牌文化相关，但事实上，公司品牌、产品品牌、企业文化和品牌文化之间有着深层的必然联系（如图 8.1 所示）。

图 8.1 企业文化和公司品牌关系图

企业文化是指导企业思维和行为的操作系统，驱动员工的言行。它包括企业的信仰、使命、愿景、价值观、思维模式和行为规范等。它如同一个人的人格和精神，是企业的灵魂。没有良好文化的企业仍能盈利的时代逐渐远去。因此，企业文化对一个企业和品牌的成功至关重要。引用管理巨匠彼得·德鲁克的名言加以佐证："文化不对，任何战略都毫无用处！"（Culture eats strategy for breakfast!）华为创始人任正非也曾说"资源是会枯竭的，唯有文化才能生生不息"，足见他对企业文化的看重，而华为也的确是最重视企业文化建设的企业之一。

企业文化的内核是企业信仰。信仰驱动使命，使命塑造愿景。信仰也定义价值观。因此，企业信仰决定了一个企业的整体格局，即"想做一个什么样的企业"、"想实现的最高目标"、"什么是对和错"和"什么该做什么不该做"等一系列价值判断。信仰反映的就是企业存在的原因，回答的是"为什么"这个最基本的问题。例如，苹果公司的信仰"非同凡想"，即以一种与众不同的方式改变世界。这种信仰自然让苹果公司的"以技术颠覆去引领人类向前"作为自己的使命。所以，企业文化的根基就是信仰，信仰衍生出企业文化的其他一切内容。可以说，企业文化的内核就是企业信仰。

品牌文化就是围绕品牌构建的文化，它包含公司品牌和产品品牌两个层面。公司品牌文化是企业文化的子集，而产品品牌文化则按照企业的品牌管理水平呈现非常多元的状态。在很多企业里，公司品牌文化和产品品牌文化呈现割裂分离的状况。但最佳状态的产品品牌文化应该和公司品牌文化贯通一体，不再有清晰的边界。在这种情况下，产品品牌文化不再依附于特定的产品和品类，而是具有更加丰富的内涵。

可以说，在理想状态下，品牌文化就是企业文化在"员工

/客户"两类用户端的体现,也是企业文化最精炼的表述。更准确地说,品牌文化就是围绕企业信仰和价值观的表达、传播和交付。品牌文化定义企业向用户提供的理性和感性价值以及更高层次的思想和精神价值。如果说企业文化是企业的顶层设计,那么品牌文化就是企业文化的顶层设计。它是企业文化操作系统中的核心原则,设定了企业存在的理由、意义和前进的方向,以及企业的决策依据和行为规范,从而指导企业及每个员工,依托他们的言行把组织的信仰和价值观通过品牌这个界面,在众多用户接触点以价值和体验的形式传递给用户,让他们感受一种这个品牌独有的优质体验,从而在心中产生一种与众不同的心理感受。

更具体地说,公司品牌是品牌文化在企业层面的具体呈现,也就是企业的信仰和价值观给予员工最直观的体验和感受。可以说,公司品牌是品牌文化最核心、最精炼的表述,是信仰和价值观的进一步提炼。公司品牌表述的是企业文化和品牌文化的内核和灵魂,是指导企业所有决策和行为的最核心指令,是引领企业前行的北极星。这个文化内核通过具体的体验使员工形成对企业的某种强烈情感关联和记忆,公司品牌就形成了。可以说,公司品牌战略是企业的最高战略。

至于产品品牌,它是品牌文化在产品层面的呈现。品牌文化的内核最终以具体产品、服务及体验的形式带给用户一种具体直观的感受。这种感受会激发特定的情感关联,从而在用户心中形成产品品牌。可以看出,在理想状态下的产品品牌和公司品牌实现了内外贯通。因为只有这两个层面的品牌真正融合,企业的精神内核和灵魂才能以品牌为媒介一直传递到最终的用户端,并以具体产品价值和用户体验的方式让他们真切地感知到，从而有效地激发用户情感和品牌势能。这种状态下的产品品牌也就超越了独特卖点和定位这些狭义的内涵，具有了深层的灵魂和真正触动人心的力量。

这种内外品牌的贯通才是品牌形成显著差异化的基础，即以企业信仰驱动的用户价值、体验和感受的差异化。也就是说，公司品牌比产品品牌具有更广阔的差异化空间。其实，最成功的产品品牌如苹果、耐克、可口可乐、露露乐蒙和哈雷摩托等本质上都是公司品牌。缺乏公司品牌承载的产品品牌难以形成真正的深层文化，也难以在企业内部获取强大持久的支持，更缺乏激发品牌势能的品牌灵魂。

从这个意义上讲，公司品牌就是务虚的企业文化传递务实的用户体验的关键节点，在整个品牌战略中具有举足轻重的地位，也是品牌能够真正形成持久显著差异化的关键。衡量公司品牌战略管理水平的一个主要方法就是审查它是否成功建立了公司品牌，并且通过这个界面把企业灵魂贯通整个组织和用户体验。

可以说，品牌文化是企业文化的提炼，公司品牌是品牌文化的浓缩，而产品品牌是公司品牌在用户端的表达和呈现。这种表达以公司品牌指引企业各职能部门员工共同创造的具体用户价值和体验来实现。企业文化、品牌文化、公司品牌和产品品牌一以贯之的内核都是企业信仰。因此，品牌是承载和传递企业信仰和价值观的界面，而产品品牌是公司品牌在用户端的体现。公司品牌则是联结内部企业文化与品牌文化以及外部产品品牌和用户体验的桥梁。这就是公司品牌的本质。（见图8.2）

图 8.2 公司品牌—产品品牌逻辑图

图 8.2 只是简单表述了从企业文化贯通到产品品牌，最终形成品牌情感的基本逻辑。但公司品牌的产生过程和驱动因素远比这个逻辑图复杂。因此，需要引入品牌价值链理论来做更详细的解读。

品牌价值链理论

价值链的概念最初由哈佛商学院的迈克尔·波特（Michael Porter）教授提出，描述由企业内部创造价值的步骤或流程，如材料供应、生产运营、成品储运、市场营销和售后服务等，组成的线性链条。准确地讲，这应该称为产品价值链（product value chain，PVC）。为了打造一个强大的品牌，单单理解产品价值链远远不够。因为这个具有鲜明工业化时代特征的价值链，只是描述企业价值创造过程中不同步骤的先后次序，并没有阐明价值创造的深层逻辑。而且，产品价值链偏重于理性价值的创造过程，而用户总体价值则远远超越理性价值的范畴。尤其是进入数字化时代，用户已经把理性价值当成理所当然的存在，而更加看重品牌的感性价值、更高层次的思想和精神价值，乃至完整的品牌全景体验。可以说，产品价值链专注的是产品生成的过程，关于品牌的生成过程则需要引入品牌价值链的概念。

简单来讲，品牌价值链描述品牌的打造过程和背后的逻辑。它从企业文化出发，因为这是驱动用户价值和总体体验的原动力，也就是商业运营和品牌建设的"第一因"。企业文化的核心组成部分是信仰、使命、愿景、价值观和行为规范。对于一个具有较强品牌意识的企业，下一步就应该把企业文化提炼成以企业信仰为核心的品牌文化，并围绕品牌文化构建品牌管理体系，包括品牌组织、管理流程、品牌属权和品牌章程等。这些都是为了在企业运营的方方面面体现和落实企业信仰。

在品牌文化的基础上，企业再提炼出公司品牌。这是对品牌文化的高度概括而形成的品牌精髓或内核。这个品牌精髓也围绕企业信仰确立，而且它必须能够指导企业和员工的决策及行为。在这个阶段，公司品牌只是企业进行的一种自我表达，它只有最终把企业信仰以具体用户体验的形式传递到最终用户而激发他们的情感反应，才可能以长期的情感记忆的形式在用户心中真正形成。在这个表达阶段，公司品牌还需要建立自己的品牌形体，如名称、颜色、符号、口号和标志等，并形成独特的品牌调性。

企业信仰、使命和愿景直接决定企业组织能力的建设。例如，一个笃信"非同凡想"的企业，或以科技颠覆来驱动行业变革的企业一定会构建强大的创新能力，而不会去关注模仿和快速跟进的能力。以"快"为组织信仰的企业就会在供应链能力上做到极致，而不会在乎原创能力，如 ZARA、小米、OPPO 和 vivo 等。信仰"客户至上"并渴望"全球称雄"的华为就在扎扎实实地构建以高端研发为核心的组织能力。

企业的组织能力就是它创造和交付用户价值的能力，直接定义并塑造了它能给用户提供的价值主张。企业的组织能力越强大，它就越有可能打造出显著差异化的用户价值，从而激发更强烈的用户情感和品牌势能。

企业组织能力的源头是企业信仰和价值观，用户价值主张自然也由企业信仰来牵引。例如：苹果的信仰是"非同凡想"，它给用户提供的核心价值一直都是品类创新带来的颠覆式用户体验；华为的信仰是"客户至上"，它在 B 端市场的用户价值主张则是"高质平价、个性化产品和快捷服务"。因此，虽然苹果和华为都是创新型企业，但带给用户的价值主张有显著不同，也造成两个品牌的内核和调性差异很大。这都是因为它们具有不同的企业信仰和由此而不同的组织能力。

品牌精髓和它衍生出来的用户价值都是务虚的概念。企业需要用具体形式把它们表达和创造出来，如产品、服务、价格、渠道和促销等市场营销组合。而且，这些用户价值的具体表现方式要嵌入用户总体旅程，以用户总体体验或品牌全景体验的方式呈现给用户。这就形成了产品品牌的"实体表达"。这种由综合体验给用户带来直观感受而产生的情感关联的品牌就是真正具备能量的品牌。这种品牌在用户心中应该是公司品牌和产品品牌不分彼此地融合。可以说，产品品牌通过具体直观的用户价值和体验来表达，而抽象的公司品牌则依赖具体的产品品牌而显现。它们两者的源头都是企业信仰。企业信仰贯穿并指引着企业价值和品牌创造的整个过程。这就是品牌建设的基本逻辑，也是品牌价值链理论的主旨。

从图 8.3 品牌价值链理论框架可以看出，公司品牌的表达是企业"由虚到实"的关键步骤，即把企业文化通过公司品牌的建设变成员工和用户看得见、摸得着的具体体验和感受。公司品牌表达的企业信仰和价值观必须首先从"员工总体体验"中体现，包括员工绩效考核、激励机制、奖惩措施、人力资源政策和办公环境等，以及向员工提供明确的言行准则，指引他们在进行面向用户的价值创造时做出正确的决策。

企业文化	品牌文化	公司品牌	组织能力	价值主张	产品品牌	用户感受	品牌情感
·企业信仰 ·企业使命 ·企业愿景 ·企业价值观	·企业信仰 ·品牌章程 ·品牌体系 ·品牌属权	·企业信仰 ·品牌调性 ·品牌元素 ·呈现媒介	·组织架构 ·组织流程 ·人力资源 ·技术支撑 ·激励机制	·相关度 ·吸引度 ·优质度 ·独特度	·产品 ·价格 ·渠道 ·服务 ·促销	·品质 ·品位 ·体验 ·伙伴 ·顾问	·信任 ·赞赏 ·喜爱 ·敬仰

图 8.3 品牌价值链理论的框架

同时，公司品牌也是企业实现"由内向外"延伸的核心节点，即通过把企业信仰和价值观对员工的输出，依托他们的行为注入他们从事的用户价值创造和交付过程，以用户真实的体验和感受充分表达和体现出来，最终以产品品牌情感的形式存在于用户心中。这样看来，公司品牌才是品牌战略的重中之重，承载着核心职责。没有公司品牌的支撑，很难有持久兴旺的产品品牌。可以说，产品品牌的能量之源就是公司品牌所承载的企业信仰和价值观,而公司品牌是品牌战略中"由虚到实"和"从内向外"的最关键一环。

品牌价值链理论也表明,品牌建设必须"从一而终,内外贯通"。也就是说,企业文化是品牌建设的源头。它的内核通过品牌文化和公司品牌的建设传递到企业组织能力层面。这个内核再通过组织能力的构建和运作传导至用户价值主张和产品品牌层面,最后显现成用户直观的体验,从而激发用户情感而完成品牌的塑造。企业文化在这个链条的传导过程中从一个抽象的理念,如信仰和价值观,逐步变成具体化的企业能力和用户价值及体验,最终触达用户而在他们心中建立一个强大的品牌形象。这个"从一而终"端到端的贯穿过程就是品牌建设和品牌价值链的根本逻辑。

这个理论同时也说明,品牌建设还必须"内外贯通",即公司品牌和产品品牌的高度重合。也就是说,通过这个品牌价值链的传导机制,企业文化塑造的主要是对内的公司品牌。这个公司品牌承载着企业文化的内核,通过和组织能力的贯通、组织能力和价值主张的贯通、价值主张和产品品牌的贯通,环环传递,把企业信仰从品牌价值链的最上端推至最下端,从而实现内外品牌的贯通一致。这就是品牌建设的最高境界。这样看来,公司品牌是产品品牌的内核。

一个真正强大的企业一定是公司品牌驱动产品品牌的企业,如苹果、耐克、华为和露露乐蒙等。这些企业的广告和推广中很少提及产品和性能,专注的都是企业的使命、信仰和精神,如苹果的"非同凡想"、耐克的"行动起来"和露露乐蒙的"这就是瑜伽"(This is yoga)。

总结一下，品牌价值链理论的核心观点是：

其一，企业文化是品牌价值生生不息的源泉；

其二，企业信仰是企业文化的起点，也是品牌的灵魂和精髓；

其三，品牌是企业信仰在用户端呈现的最直观体验和感受；

其四，公司品牌是整体品牌战略承上启下的关键；

其五，公司品牌和产品品牌必须内外贯通。

毫无疑问，公司品牌是品牌价值链理论中最核心的概念。而品牌价值链理论陈述的就是"信仰驱动型"品牌战略的基本逻辑。

众所周知，品牌战略，甚至企业战略的核心就是差异化，而且是价值上的显著差异化。从企业战略的角度，迈克尔·波特教授认为，企业的竞争优势可以通过在价值链五个环节中的任何一个来实现，如上端材料管控、物流管理、生产运营、市场营销和销售及售后服务。在工业化时代，因为大多数企业都有能力短板，无法面面俱到，所以，在一个行业内，企业一般都可以在这五个领域找到竞争对手的弱点，从而形成自身的显著差异化，这样也就能够确保自己在市场上的竞争优势，打造出强势的品牌。

但是在当下，各行各业都趋于成熟，行业的标准化工具越来越普遍。因此，企业能力也逐渐完备而趋同，找到能够形成显著差异化的价值点越来越难。而且，就算在某个领域形成了差异化，竞争对手也可以或迟或早地实现赶超，把企业已经形成的品牌优势消磨掉。所以，如何形成真正的差异化成为诸多企业面对的难题。

品牌价值链框架可以帮助企业更好地找到这个问题的答案。首先，差异化的入手点不应该是产品、物流、渠道、生产制造或是营销，而是企业文化，具体而言，就是企业的信仰和价值观。

如果一个企业在文化上形成了显著差异化，就会传递到企业组织能力层面，进而延伸到用户价值主张，然后贯通用户体验和感受，最终在用户心中形成差异化的情感。用户情感的差异化就会造成品牌能量的差异化。这才是从根本上形成了显著差异化。

例如，华为最独特的其实不是它的研发能力或者某个产品的技术水平，而是它的文化。这个文化以"客户至上"的信仰为基点，延伸到"以奋斗者为本"、"长期坚持艰苦奋斗"和"自我批判"。在这个独特文化的基础上，华为才形成了以研发和创新为核心、以高效执行为特色的独特组织能力。这种显著差异化的独特组织能力确保华为向用户提供的价值在"高质、平价、个性化、服务快"等关键维度远远领先于爱立信和诺基亚等竞争对手。这才激发用户对华为差异化的情感，从而造就了能量充沛的华为全球品牌。这样看来，打造品牌就是打造品牌的价值链，即打造企业文化、品牌文化、公司品牌、组织能力、价值主张、产品品牌和用户总体体验或品牌全景体验。品牌强弱反映的是品牌价值链的强弱。强大品牌的价值链应该在每个环节都很强。所以，打造品牌要从构建品牌价值链开始，品牌管理的核心就是品牌价值链的管理。因此，企业形成用户价值显著差异化的根源就是品牌价值链的差异化。可以说，品牌差异化就是品牌价值链的差异化，而品牌价值链的差异化才是企业最根本的差异化。

苹果、耐克、华为和露露乐蒙都是践行品牌价值链理论的典范。以苹果为例，它以iPod为先导连续推出的一系列惊艳的产品，依靠卓越的质量和简约美观的设计将品质和品位相结合，其后又率先在科技行业构建良好的用户体验而转型成"体验型"品牌。不仅如此，苹果完整的产品体系和活跃的生态系统还让它的用户体验最接近理想中的品牌全景体验。直至今日，苹果的主要竞争对手三星和华为等在"体验化"方面依然相对落后。因此，苹果的用户情感程度和品牌势能都显著高于其竞争品牌。苹果的高情感和高势能直接带来的结果是：虽然苹果品牌采取高价策略，它在 2020 年的全球市场份额仍然高达 23%，继续领先三星和华为；在利润率上，苹果的表现更为惊人，它占有近 80% 的全球智能手机行业利润，更是远超三星和华为。

在品牌战略上，苹果的公司品牌和产品品牌高度重合，实现了内外贯通。例如，"苹果"既是企业名称，也是产品名称。更重要的是，苹果在它特立独行，甚至有些离经叛道的创始人乔布斯的带领下，一直秉承"非同凡想"的企业信仰，把"利用科技颠覆世界，引领人类向前"作为自己的使命。在这种信仰的牵引下，苹果自然形成了"敢为人先，勇于挑战和颠覆"的价值观。这些就构成了苹果品牌的内核，也成为贯通苹果的企业文化、品牌文化、内部运营、员工及用户体验的最高指导原则。

对内，苹果通过这种企业文化和品牌精神吸引大批心怀梦想、勇于创新的优秀人才加盟。这种企业信仰成为指导苹果各职能部门决策和行动的北极星，引导整个组织向着一个明确的方向前进。清晰的信仰和愿景同时又充分激活了团队，让他们不断挑战自己和现有规范，从而带来颠覆性的创新突破而彻底改变一个行业。在这个过程中，苹果逐步构建了一个以颠覆性创新为核心的组织能力。这种组织能力带给用户的就是令人耳目一新的颠覆式体验。

对外，苹果的企业信仰直接贯通到产品品牌层面，引导产品的研发、营销的实践和零售的运营。例如，苹果"特立独行、与众不同、勇于挑战和颠覆去改变世界"的信仰和精神内涵就浓缩在它的广告口号"非同凡想"之中。可以说，苹果的这个经典广告和它早期的《1984》广告一样，完全就是苹果品牌信仰的宣言。苹果在其所有的市场宣传和推广中，很少传达产品的功能信息，都是对"非同凡想，特立独行"这种企业信仰的不同诠释。

在产品层面，苹果特立独行、勇于颠覆的精神就注定会引导它进行开拓蓝海的品类创新。这是苹果产品研发最显著的特征，即苹果从创建伊始就是一个品类创新者，至今已成功推出六个新品类，如iPod、iPhone和苹果店等，无一不是改变行业规则的新品类，引领行业和社会向前。"颠覆性"才是苹果与三星、华为的最大区别。虽然后乔布斯时代的苹果已经没有当年的雄风，很久没有推出任何具有开创性的创新，但它多年来塑造的这种"信仰型"品牌内核仍然维持着全球众多用户对苹果的情感和它充沛的品牌势能，使它依然能够稳坐全球第一品牌的宝座。

【管理引申】

1. 品牌战略的最高境界就是信仰驱动。
2. 企业品牌建设才是品牌战略的重中之重。
3. 品牌文化和企业文化必须融合贯通。

打造公司品牌的"三板斧"

既然公司品牌如此重要，打造公司品牌就应该成为企业品牌建设的起点和核心。

如前文所述，品牌战略就是要进行下面三个核心表达：

其一，我是谁？（企业的定位、身份定义、用户价值定义）

其二，我信仰什么？（信仰、价值观）

其三，我为什么存在？（使命、愿景和理想）

因此，打造公司品牌也有三项核心工作：

其一，树立信仰：确立和强化企业信仰；

其二，贯彻信仰：将企业信仰解码成一系列清晰的企业践行原则并付诸实施；

其三，传播信仰：将企业信仰转变成为丰富的内容并加以传播。

基于这三项核心工作，具体而言，打造公司品牌有以下三个步骤。

第一步，企业必须要清晰地定义自己的信仰。信仰就是点燃品牌之火的火种，也是品牌势能的起点。无论是否明确地陈述，每个企业都有信仰。信仰源自企业创立者内心最深层的需求和渴望，存在于企业的先天原始基因中。在很多企业，信仰只是约定俗成的一种默契，并没有清晰地表达。这样模糊的信仰无法成为指引企业前行的北极星，更不能提炼成品牌的精髓。所以，企业必须把自己的信仰挖掘出来，同时把它清晰地加以表达。这个工作并不容易，但关乎企业的生存和发展，更直接决定企业能否成功打造出一个强大而持久的品牌。

企业信仰不但要鲜明，还要有打动人心的力量。也就是说，企业信仰必须能够点燃员工的激情。只有这样他们才能去点燃用户的激情，从而让品牌能量升级，最后形成势不可当的熊熊大火。

信仰的类型和层次与企业创立者的性格和思想境界直接相关。思想深刻、格局高远的企业家更容易产生激励人心的信仰,如谷歌创始人的信仰就是信息民主化,即全世界每个人都有获取信息的自由。当然,并非只有思想家型的企业家才有强大的企业信仰。只要创始人真诚、率真也可以做到这点。例如耐克和哈雷摩托的信仰就是彰显叛逆,也一样触动亿万用户。所以,信仰不需要伟大,也不需要具有道德色彩,只需要出自真心。

第二步,信仰必须能够被解码成一系列可以操作的具体实践,涵盖企业运营的方方面面,并且加以实施。

当然,只是陈述信仰还远远不够,还需要切实地践行。也就是说,信仰要能够成为具体的体验,让员工和用户真实地感知到。要做到这点,企业就必须把信仰解码成一系列企业的决策依据、行为规范及政策,用来指导企业的一切行为。例如,华为的信仰就是"客户至上"。这个信仰就演化成华为围绕"以客户为中心""以奋斗者为本"而设计出来的整体管理体系和政策,牵引华为的各职能部门如研发、营销、服务、零售、人力、运营和财务等的战略和行为。同时,它也鲜明地显现在客户价值和体验上,如个性化产品、联合创新和快捷服务等,成为独特的"华为体验"。

另外,基于企业信仰的公司品牌必须要把自身的战略目标和企业的业务目标相结合。这样的品牌战略才不会是空中楼阁、流于空谈。可以说,品牌战略的核心思考就是:公司品牌的内核如何传递到企业战略层面,并和具体业务目标相结合,再通过产品品牌把品牌价值最终传递给用户,从而形成他们最直观的独特体验和感受,同时达成企业的业务目标。也就是说,企业信仰必须要踏踏实实地在业务践行中真正落地,否则只会是一句空洞的口号。而只有在业务层面落地,用户才能真切地感受到公司品牌的内核,并对它产生情感而形成品牌能量。这样,公司品牌才真正得以建立。

第三步,将企业信仰转变成丰富的内容并加以传播。

除了要将企业信仰在企业内部运营和业务层面落地,还要把它用各种方式表达出来并进行宣传。在表达方式上,企业需要选择最直观的品牌元素设计,如名称、颜色、符号和标语等,形成和公司品牌内核相契合的品牌调性,同时要选择合适的媒介或媒体平台进行传播。更重要的是,企业需要把品牌内核用与目标用户最能产生共鸣的方式,通过故事、报道、视频和音乐等各种形式进行丰富而多元的具体化表达。

华为、字节跳动和阿里等大型企业中都有专门团队负责这项工作。它们都建有进行公司品牌宣传的平台,如华为的"心声社区"、字节跳动的"字节范儿"和阿里的"阿里味儿",它们都很有特色,尤其是华为的"心声社区"在构建华为的企业文化和公司品牌上发挥了重要作用。在运用新媒体上表现出色的则当属字节跳动的公众号"字节范儿"和抖音号"字节君"。它们的成功之处就是善用各类丰富有趣的内容,如员工展示、工作文化、学习分享、用户风采、热点策划等来吸引受众,而且这些内容都围绕字节跳动的企业信仰和核心价值观如"极致"和"开放"展开,达到了"形散而神不散"的理想境界。

可以看出,公司品牌建设的关键是树立信仰、实践信仰和传播信仰。公司品牌其实就是企业之魂,也是品牌战略的主体。它应该是员工和用户心灵深处最深厚的情感记忆,品牌能量的主要承载平台和企业能够实现健康持续增长的发动机。可以说，建设公司品牌是最重要的企业战略。它绝不能仅是企业宣传部和公关部的事，而应该由企业最高层领导指挥、发动全体员工参与。公司品牌建设的核心就是找到企业的信仰和价值观，然后不断践行，从而点燃员工的激情，再让他们去点燃用户，从而提升品牌势能，驱动它进入自驱动的快速增长模式。

无论是公司品牌还是产品品牌，最终都以情感的方式建立在用户心中。建立用户情感的方法仍然是给他们提供优质的价值和体验。所以，公司品牌的建立虽然以企业信仰的树立为起点，但还是要以用户价值和体验为终点。也就是说，公司品牌的核心表达如信仰和价值观等不能只是停留在视听陈述的层面，而且要深植于用户价值和体验设计与交付的全过程。具体而言，就是用企业信仰和价值观来指导"价值战略"、"文化战略"和"关系战略"的实施，让它们成为企业信仰的具体呈现而带给用户一种特有的品牌体验。这样，公司品牌才能真正激发用户情感，在他们心中牢固地建立，并开始生成源源不断的品牌能量。这就是"实践信仰"的真正含义。

本章金句

- 公司品牌的核心是企业的信仰和价值观,并在员工体验和用户体验中最直观和最真实地呈现,从而激发员工和用户的情感。可以说,公司品牌是用户和员工的情感总和。

- 企业信仰是企业文化的源头和公司品牌的内核。企业信仰必须天然生成并发自内心。找到企业真实的信仰是构建公司品牌的第一步。公司品牌建设的关键是树立信仰、实践信仰和传播信仰。公司品牌和产品品牌必须内外贯通。

- 品牌价值链的差异化是企业和品牌最根本的差异化。数字化时代的品牌建设更需要遵循品牌价值链理论的基本逻辑,并力求实践品牌战略的最高境界,即信仰驱动。

核心一句话:公司品牌是企业信仰和价值观的具体表达。

第九堂课

中小企业如何打造品牌？

中小企业打造品牌尤其重要，但成功的前提是高度聚焦，即将有限的资源投放在单客群、单场景和单品类上，从而向用户提供具有显著差异化的价值。具体的方法就是品类创新，从用户角度、产品角度和技术角度打造一个融合市场趋势、技术趋势和商业模式的新品类。因为资源的限制，中小企业在品类创新的基础上还要进行营销创新。数字化时代涌现的各种用户触达技术和新型渠道为中小企业打造品牌提供了突破的机会。

中小企业品牌建设的"五维度模型"

中小企业资源有限，无法像大企业一样通过在媒体上密集投放来打造品牌。

如果不在搞定位和媒体传播上投钱，中小企业好像并没有更为有效的品牌建设方法。其实不然。品牌是一个企业在用户心中的感受和情感记忆，企业所说、所做的一切都可能会影响这种感觉。因此，在广义上讲，企业的一切言行，如产品、服务、员工政策，甚至包括工装和办公环境等，无论有意或无意，都是直接或间接地在打造自己的品牌。

所以，任何企业想要打造品牌，第一步就是要确保企业和用户以及企业和员工之间的所有接触点都不能成为对方痛点，尤其是在产品和服务这样的关键节点。要做到这点，就需要确保产品和服务品质达到让用户满意的程度，同时让品牌意识成为企业文化的核心组成部分，形成全员参与的意识，即每个员工都能明确地感受到自己作为品牌建设者的参与感和责任感。也就是说，品牌意识必须要成为企业文化的组成部分。

当然，仅仅做到这一步还远远不够。这只能保证用户对一个品牌没有负面的印象，还无法让他们形成对品牌的正面情感，也自然无法建成强大的品牌。要想让用户产生信任、赞赏或喜爱，企业和品牌还需要在用户关注的某个主要价值维度有"超预期"

的出色表现，让自己从竞争中脱颖而出。这对于天生具备劣势的中小企业尤其重要。简而言之，中小企业在诸强环伺的环境里能够成功破局而打造出品牌的关键只有一个：在用户核心价值上形成显著的差异化，远超用户预期。

让势单力薄的中小企业在实力雄厚的大企业面前异军突起当然很难，但并非无法做到。今天所有成功的大企业都是曾经被大企业压制的小企业，如微软、腾讯、谷歌和华为等，很显然它们都成功反超而成为各自行业的领袖。近年来，由于新技术平台的不断涌现，小企业破局成功而跃升为大企业的案例并不鲜见，如国外的奈飞、Slack、优步、爱彼迎和Revolut等和国内的拼多多、宝尊电商、一加和完美日记等。这些曾经的中小企业在成为大品牌的过程中采取的战略各有不同，但都有一个共同特点，就是战略聚焦。它们都找到了一个突破口并做到极致。可以说，战略聚焦是中小企业成功打造品牌的唯一之路。

中小企业资源和能力都很有限，不聚焦一处去实现单点突破，根本没有成功的机会。

"战略聚焦"用华为的话说，就是"力出一孔"。在这个战略精神的指导下，华为把战略聚焦做到了极致。创立不久，华为就聚焦通信设备的研发。而且在其后30年，把企业的所有力量集中起来，坚持只做一件事，就是坚定不移地对准这个城墙口冲锋，用密集炮火实行饱和攻击。华为在几十个人时是这样，到了几百、几万甚至十几万人的时候仍然这样。就因为这种极其高度的战略聚焦，华为从小到大，从弱到强，最终在通信设备领域成为行业领袖和全球知名品牌。

战略聚焦是典型的"知易行难"，说起来容易，做起来很难。

首先，聚焦需要战略定力。也就是说，一旦企业认清了方向就要坚守。这对一个中小企业而言非常不容易，尤其是在国内这样飞速变化的市场，各种机会很多。为了生存和暂时的利益，很少有企业能够抵御外部的各种诱惑。这种战略定力只能来自企业坚定的信仰和高远的使命。没有信仰的企业往往趋于浮躁，容易成为利益驱动的机会主义者，很难力出一孔，集中精力踏踏实实地做好一件事。

同时，战略聚焦源于企业对自身发展方向的信心。没有这种信心，市场环境的各种变化很容易让企业对当初的选择产生怀疑而放弃。信心基于企业领袖对自身行业发展的深刻洞察和判断。所以，如图 9.1 所示，品牌战略的第一步是行业分析，以便准确把握行业发展的宏观方向。第二步就是用户分析，旨在了解用户消费习惯和行为的变化趋势。企业通过这两类分析就可以选定大致的赛道，然后通过更多的分析，如企业自身分析、竞争对手分析和战略伙伴分析等，进一步把握自身需要聚焦的战略方向和企业定位。当然，选定了聚焦方向，还需要企业领袖有能力激活并引导团队朝着这个方向全力前进。这样看来，战略聚焦并不容易，企业需要有对行业深刻的洞察和卓越的领导力。

图 9.1 战略聚焦的分析框架

对中小企业而言，确定了战略方向和企业定位仍然不够，还需要进一步聚焦。只有这样才可能在某个领域形成对大企业的相对优势，以弱胜强，从而形成突破。

如图 9.2 所示，中小企业可以从五个方面入手，即聚焦一个品类、一个客群、一个场景、一个问题和一个身份。

图 9.2 中小企业五维度品牌聚焦模型

品类

具体而言，中小企业首先需要聚焦单品类，而且在这个品类中，它必须要具有显著优势，至少在早期能够具有近乎垄断的地位。例如，英国微型电脑公司树莓派（Raspberry Pi）就专注于设计和生产全球最便宜、最迷你的电脑。这款基于 Linux 系统的单板电脑售价只有 35 美元，而且大小和信用卡相仿。虽然很小，但它却具有普通电脑的所有基本功能，被电脑爱好者和学生视为学习编程的法宝，并广泛用于家用电子产品及电气自动化的诸多场景。树莓派只是聚焦这种微型电脑，并把它的功能做到极致，从而成功地把自己打造成全球第三畅销的计算机品牌。突围成功的中小企业都是聚焦在单品类，集中优势兵力打歼灭战。

客群

聚焦单客群就是中小企业必须精准聚焦最容易接受新产品的客群，又称最小可行化市场细分（minimum viable segment，MVS）。聚焦单客群才有可能透彻地解决他们的问题，用有限的资源给他们提供最佳的服务，从而和他们建立起深度的关系。这些客户将会成为企业的种子用户，帮助企业实现从小众市场向主流市场的成功跨越。

美国著名传播和社会学家埃弗雷特·罗杰斯（Everett Rogers）在他广为流传的创新扩散理论中提出，用户市场由五个群体构成：创新者（innovators）、早期追随者（early adopters）、早期主流用户（early majority）、晚期主流用户（late majority）和落伍者（laggards）。如图9.3所示，"创新者"人数最少，大概占到总市场的2.5%，但他们是新产品的最先购买者和试用者，对主流市场具有显著的引领作用。无论在C端还是B端市场，中小企业都必须要找到并聚焦这些创新者，通过彻底满足他们的需求尤其是刚需而激活他们拉动主流市场的热情。

在B端市场，刚需就是企业的痛点，而在C端市场，刚需往往和情感有关，可以称为"痒点"或"爽点"。引领者就是具有强烈痒点和痛点而急需某个解决方案来获得解脱的个体。他们就是中小企业有望实现突破的滩头阵地。例如，小米早期就完全聚焦手机"发烧友"。小米的聚焦客群做得如此之好，以至于在2011年发布它的第一款手机时，就已经通过MIUI系统聚集了50万用户。这些种子用户就是小米用来点燃大众市场最珍贵的火种。

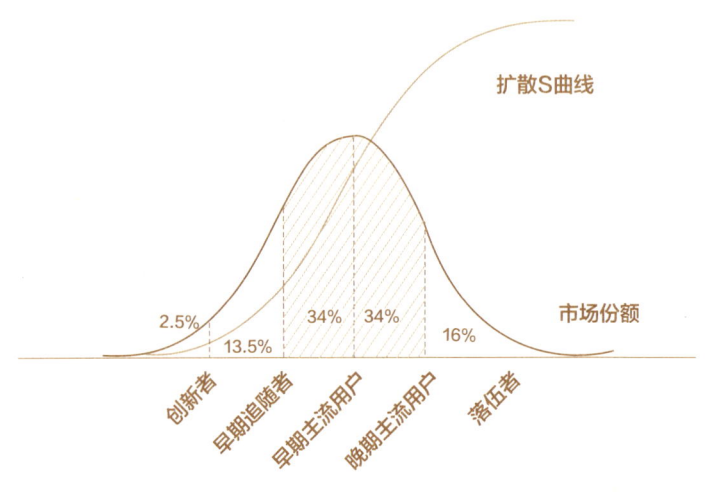

图9.3　创新扩散理论图示

如果无法聚焦这些市场创新者，中小企业就要从"边缘用户"和"非用户"入手，避实击虚。所谓"边缘用户"，就是一个市场的低端和轻度用户，他们游离于主流市场，往往被一线品牌忽略。一线品牌并非不了解他们的存在，而是服务这些用户无法给自身带来预期的回报。这些被忽略甚至被遗忘的用户就是中小企业最好的突破口。例如，小米在创立初期就聚焦年轻用户。他们对主流手机品牌苹果、三星和摩托罗拉等来说就是低端市场。这些大品牌的主要精力都投入中高端用户群体，这就给了小米突破的机会。更早创立的 OPPO 和 vivo 则专攻二、三线城市以及更下沉的市场，占领低端用户群后再慢慢向主流市场延伸。因此，中小企业要避实击虚，聚焦"弱势群体"用户。

所谓"非用户"，就是目前还没有进入某个市场的用户。例如，在 20 世纪 70 年代，对计算机品类而言，个人用户就是典型的"非用户"。曾经的 IBM 总裁和董事会主席托马斯·沃森（Thomas Watson）就说："全世界只需要 5 台电脑。"后来，苹果推出个人电脑，把数目巨大的"非用户"变成了一个需求旺盛的新市场。在 20 世纪 80 年代的手表市场，年轻用户也是"非用户"。曾经风靡全球的 Swatch 就是聚焦这些"非用户"而获得成功的典范。由"非用户"和"边缘用户"形成的新兴市场就是所谓的"蓝海"。图 9.4 就是不同类别市场的用户示意图。

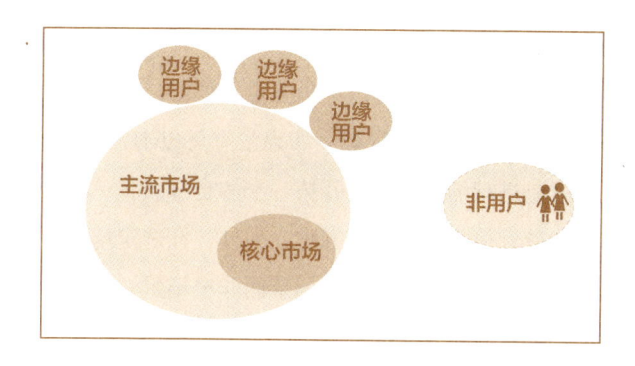

图 9.4 不同类别市场的用户结构图

对客群的聚焦也会带来产品研发的聚焦。也就是说，聚焦客群会促使企业在进行产品开发时就有一个非常清晰的目标用户群，而且对这个群体的真正需求进行深入的了解。在这种客户驱动模式下开发出来的产品也最有可能在市场上获得成功，从而带来品牌建设的成功。

场景

聚焦单场景就是要专注一个特定的消费场景，并让品牌和这个场景深度绑定，最终实现"场景垄断"。例如，在高度同质化的巧克力市场，士力架花生夹心巧克力就聚焦"饥饿"场景，用各种和饥饿相关的宣传，如"横扫饥饿，做回自己""拯救饿货，兄弟有责"等时刻提醒用户在饥饿时要想到自己，从而把自己定义成为"轻食"而非糖品。这样就在品牌众多的巧克力市场构建了自身的差异化。当年曾经创下营销奇迹的脑白金则是垄断了"送礼表孝"场景，香飘飘奶茶也是绑定了"小饿小困"场景。有很多产品类别天然就和特定场景绑定，如橙汁、牛奶、麦片和早餐场景，钻戒和订婚场景等。如果没有可以绑定的现有场景，中小企业就要进行场景创新，开拓一个和自身品牌单独绑定的新场景，比如最近很火的三顿半咖啡。另外，在选定场景时，尽量选择延展性比较强的场景，即广场景而非窄场景。例如，"早餐"和"打车"场景就比较窄，而"送礼"和"饥饿"场景就比较广。

问题

聚焦单问题就是聚焦用户的单一问题，让品牌和某个具体用户问题深度绑定。聚焦用户单一问题往往等同于聚焦单一产品效能。最典型的例子就是沃尔沃汽车。它的品牌就建立在"安全"效能之上，几乎完全垄断了这个用户问题。手机品牌 OPPO 也是这样。它广为流传的广告词"充电五分钟，通话两小时"表现的就是它可以解决用户手机电池续航能力弱的特定问题。

这种聚焦模式，也就是专注所谓的"独特卖点"，有它的适用范围。一般而言，在品类形成的早期，也就是用户的主要问题还没有被现有品牌完全解决的时候，而且企业可以在对某个问题的解决方法上形成显著的差异化，这种模式比较有效。否则，这种聚焦模式反而会作茧自缚，严重限制品牌的继续成长。这些年来，沃尔沃慢慢丧失了曾经的品牌优势，原因之一就是它品牌内涵相对狭窄，而且安全性能已经成为所有汽车品牌的标配，各个品牌在解决这个用户问题上的差异化不再存在。

另外，选择聚焦的问题最好也具有延展性，为品牌的延展提供足够的发展空间。例如，"购物"就是一个比"出行"更大而广泛的用户问题，所以亚马逊比优步和滴滴具有更广泛的扩展性。露露乐蒙最初聚焦的用户问题是"瑜伽"，随后逐步扩展为"健康生活"，也就为品牌开拓了更为广阔的成长空间。

身份

聚焦单身份就是在回答"我是谁"时，确定一个单一而清晰的企业身份定义。这个定义和企业聚焦的客群紧密相关。在不同客群心中，同样的企业或产品可以代表完全不同的身份定义。

例如，英国的 HAV（Hybrid Air Vehicle）是一家专门从事飞艇设计制造的中小企业。它的旗舰产品 Airlander 飞艇现有五类用户：军方和国防产业、运输行业、高端旅游业、海事和海岸线安保以及私人交通飞艇。很显然，在现有的五个小众市场里，最有可能演化成主流市场的是高端旅游业。HAV 就应该聚焦这个市场来定义自己，如空中旅游飞艇公司。一个清晰的身份定位对于中小企业非常重要。缺乏这样一个定位往往会导致品牌好像和所有人都相关，但其实所有人都不在意。

赛格威（Segway）电动平衡车就是一个这样的案例。在 2001 年推出时，甚至连乔布斯都认为它将是一款如同电脑一样可以改变世界的产品，但它多年来一直没有实现突破。它最终在 2015 年被小米生态链企业九号公司收购，转而生产电动滑板车，而赛格威电动平衡车则于 2020 年彻底停产。虽然高价位和法规障碍是它失败的主要原因，但另一个不可忽略的因素就是它自身定位的模糊，没有人清楚它是交通工具还是如同滑板和旱冰鞋一样的娱乐运动器材。对于自身定义的不清晰也导致了它无法在产品研发和突破法律障碍上更加聚焦。

在五个维度中，至少要聚焦多少个维度完全取决于特定行业和市场的具体情况。聚焦战略的基本原则就是要在自身选择的聚焦领域形成垄断和打造壁垒。聚焦的目的就是帮助中小企业集中有限资源实现单点突破，点燃种子用户的热情，然后在滩头阵地站稳脚跟，最后再向主流市场扩大战果。在这五个维度中，最重要的就是聚焦单品类。对中小企业而言，聚焦单品类往往需要它们打造出一个新品类，从而形成垄断或至少早期垄断。这就是中小公司品牌战略的最有效路径：品类创新。

品类创新是中小公司品牌建设的最佳路径

　　品牌战略本质上就是形成差异化战略，更准确地说，是显著的差异化战略。没有显著差异化，用户根本都感知不到，更不可能产生情感记忆。显著差异化用埃隆·马斯克和美国著名风险投资家彼得·蒂尔的话说，就是在核心价值点上比对手好 10 倍。即产品要比竞品好到能够形成代差或"好过一个身位"，这样才会让用户强烈感知到这种差异，就算有转移成本也会产生强烈的兴趣。早期的谷歌就是这样。当时的搜索器市场占垄断地位的是先于谷歌 4 年创立的雅虎，但谷歌的搜索质量和易用度远超雅虎，一经推出就迅速替代雅虎，称霸至今。

　　但事实上，绝大多数品牌的差异化都不够显著。它们采取的差异化手段或是"伪差异化"，或是以渐进式创新而形成的有限差异化，即在同品类之内进行某项产品性能的改良，如质量更稳定、使用更方便快捷或者成本更低等。这类创新当然也有价值，但因为显著程度不够，一般只能给企业带来有限的收益，而无法彻底改变竞争格局。

　　对大企业而言，渐进式创新大多可以维持自身品牌在用户心中已有的情感联结。但对毫无根基的中小企业而言，这种创新对用户作用有限，难以引起他们的注意。因此，中小企业的产品必须要具有显著差异化，最好具有颠覆能力，让用户形成强烈感知而无法忽略，这样才有可能在他们的心中占据一席之地。

　　形成显著差异化一般有两种方法。第一种是激进式创新，如谷歌无人驾驶汽车、特斯拉的超级高铁（hyperloop）和马斯克创立的 Neuralink 公司的脑机接口芯片等。但激进式创新需要企业实现技术层面的关键突破，这对于大企业都困难重重，中小企业更是无从下手。第二种方法就是品类创新。这种创新大多不需要技术突破，对于中小企业完全可行，也往往是大企业实现增长的途径。

因此，历史上几乎所有成功品牌都是品类创新者，尤其是在它们创立的早期阶段。近年来成功的品牌就更是如此，如苹果、亚马逊、抖音、特斯拉、星巴克、脸书、Peloton 和优步等。苹果和亚马逊更是其中较为卓越的品类创新专家。它们从创立之初就致力于品类创新，而且不断推出具有颠覆性的新品类。可以看出，品类创新对于那些用户已经形成某种情感惯性和购买习惯的大企业也很重要，而对在用户心中毫无积累和沉淀的中小企业而言，这几乎是成功打造品牌的唯一路径。因为它不但能让中小企业形成"超预期"的差异化，而且还能帮助它们开拓蓝海，避开和主流品牌的直接竞争，另辟蹊径。可以说，品类创新是中小企业快速打造品牌的最有效手段。

谷歌前资深高管，曾负责其 X 实验室的阿斯特罗·泰勒（Astro Teller）曾说："最让人吃惊的一个事实是，打造一个好 10 倍的产品往往比把现有产品提升 10% 容易得多。"所以，品类创新绝非幻想，中小企业不但要勇于尝试，还要让品类创新成为一种组织能力，使这种成功可以不断被复制。

要想成功实施品类创新，企业首先要理解它的含义。顾名思义，品类创新就是创造出一个新的产品品类。新品类就是用一种完全不同的产品方式来解决用户原有或者崭新的问题。例如，谷歌眼镜就是新方法解决新问题，而谷歌自动驾驶汽车就是用新方法解决旧问题。两者都是新品类。国内市场在 2018 年推出的"自嗨锅"也是一个典型的新品类，解决了单人用户想吃火锅的问题。

更具体地说，新品类需要具备下面三个特征。

1. 新效能或功能

新品类必须要提供一个或几个崭新的核心效能或功能，而不仅是对现有产品功能的提升和改善。例如，优步和传统出租车相比，就是通过 App 给用户提供更加方便、快捷和省心的服务。而这种新效能也往往带来产品形体的显著不同。

2. 新定义或含义

新品类必须具有不一样的身份定义和含义。例如，时尚手表 Swatch 虽然看上去仍然是一个手表，但它的出现重新定义了手表的内涵，把它从一个"计时工具"变为"时尚饰品"。所以，Swatch 打造了一个新品类，就是"时尚手表"。这个新定义会让用户开启一个新的心智空间来承载这个品类，并和旧品类在头脑中形成隔离。

3. 新市场或用户

至少在创立早期，新品类都是面向一个新市场，或者开拓出一个新市场。也可以说，新品类就是常说的"蓝海战略"在产品层面的体现。例如，任天堂的家用游戏机 Wii 就面向游戏机的非主流或非用户开创了一个新市场，创造了新用户群。所以，新品类代表新用户。这也让代表新品类的品牌具有不同的用户画像和形象，更加促进了用户新心智空间的形成。

当然，成功的品类创新大多还具有另外两个特征，即新商业模式和新营销模式。最典型的是谷歌地图、特斯拉、拼多多、优步和爱彼迎，它们都打造出极其成功的新品类。但真正驱动它们成功的不但是新效能、新含义和新市场，而且是新商业模式。代表新商业模式的新品类往往可以对旧品类实施无法抵御的降维打击。例如，免费的谷歌地图在 2005 年推出后，给生产车载导航系统硬件的行业领袖 TomTom 造成重大打击，最后迫使它完全退出这个市场。优步和爱彼迎也代表一种完全不同的商业模式，给传统的出租车和旅店行业造成了颠覆性冲击。

很多情况下，因为新品类会聚焦蓝海市场，所以往往也需要新的营销手段。比如，Swatch 选择全球年轻一代作为目标市场。和传统手表品牌相比，它采取了非常独特、新颖的营销手段，如举办面向年轻人的音乐节、在闹市区设立手表的专门小店等。特斯拉和优步也采取了新营销模式，如特斯拉的汽车直销店和优步用于开拓新市场的高端推广活动等，这对推动它们各自的新品类都发挥了重大作用。

可以说，前三个特征是新品类的基本条件，后两个特征是新品类的附加条件。用这五个特征（见图 9.5）衡量就可以判断品类创新是不是创造出了真正的新品类。

图 9.5　衡量新品类的五个特征

品类创新不是一个新概念，市面上也充斥着大量的所谓品类创新，但它们中的绝大多数并不成功。品类创新是中小公司品牌建设的关键，企业必须要了解驱动新品类成功的要素。

品类创新成功的六个要素

品类创新是一个非常容易理解的概念，似乎也不难实施。据统计，京东平台在 2019 年全年新增细分品类超过 700 个。其他渠道和平台上的新品类也是层出不穷。但真正成功的新品类却非常有限。对中小企业而言，仅仅打造出一个新品类还远远不够，这个新品类还要在市场上获得相当的成功，这样才能帮助这些企业打造品牌。

一般而言，驱动新品类成功需要六个要素。

首先回归商业常识。产品要想成功就要能以一种总体上最优的方式解决用户问题，对于新品类也不例外。打造新品类的初衷就是和竞争对手在不同赛道，以一种不同的打法和规则去形成显著差异化。所以，品类创新成功的第一个要素就是解决正确的问题。换句话说，就是要针对用户刚需，直击用户痛点或痒点。在 B 端市场，这类问题可以用 4U 来概括，或者说是"火烧眉毛的问题"(the burning question)。在 C 端市场，这类问题就和用户的深层情感需求相关，如安全感、个人存在感、个人自由、个人价值和归属感等。苹果和耐克都是触达用户深层情感的品牌，所以能长盛不衰。

　　找到了正确的问题，成功的第二个要素是：效能的显著差异化。市面上大多数所谓的品类创新在解决用户问题上和现有品类根本没有形成显著差异化，如儿童安全地板、亲子酒店、绵柔型白酒、假日女装和凉白开瓶装水等。其实品类创新的本质，就是用更好的方法，以一种不同的模式来最佳地解决用户的问题。没有显著的差异化就不是真正的品类创新。市面上流行的"无意义的差异化也是有意义的"论调只是企业在工业化时代对产品同质化的一种无奈应对。事实上，依靠无意义或细微的差异化根本不可能打造出成功的新品类。

　　品类创新成功的第三个要素是：含义的有限差异化。也就是说，新品类的定义不能偏离用户现存的认知结构太远。就算新品类代表一种完全崭新的效能或解决方案，也要在品类定义上贴近用户头脑中的现存品类认知。不然，用户会产生认知困难而放弃购买。曾有一种说法，就是品类创新要和现有品类在功能上有80%的不同，但在含义上只需要20%的不同。这样就可以依托现有认知结构"借力打力"而获取用户对新品类的快速认知和认同。例如，日本电信电话公司旗下的移动通信商DoCoMo在1999年推出了无线上网服务i-mode并获得巨大成功。其中一个很关键的原因是DoCoMo力求把这个货真价实甚至前所未有的品类创新定义为普通电话服务的一项额外服务，而不是一个单独的品类。为强化这种效果，DoCoMo确保使用这种服务的上网设备在外观和大小上和移动电话一模一样。这样，公众依托自己所熟知的电话服务认知框架来认识这个新品类，自然能产生一种熟悉感和认同感，很快就接受了这种具有划时代意义的新品类。

品类创新成功的第四个要素是：新市场承载。成功的新品类大多创造了新市场。就连出行和旅店这种非常传统的产业，优步和爱彼迎也让很多从前不用出租车或酒店服务的人开始使用它们的服务，从而把整个市场做大。立足新市场的好处很多：首先，它不容易招致行业大企业的迅速反击，能给予中小企业得以长大的关键战略缓冲期；其次，新用户没有转换成本，更容易接受新品类。

成功的第五个要素是：新商业模式。商业模式的本质就是价值的放大器。有了新商业模式，中小企业可以更加有效地创造、交付和分享价值，形成和现有企业的代差。

第六个要素是新营销模式，即营销创新。成功的品类创新如Swatch、优步、特斯拉、Gmail和赛富时等都在创立初期，采用出奇制胜的新型市场营销战略推动了新品类的高速增长。

可以看出，这六个关键要素就是品类创新的五个特征再加上"正确的问题"。如果中小企业在进行品类创新时从这六个角度出发，就会增加成功的概率。但无论怎样，品类创新都会给企业带来风险。对中小企业而言，在"列强环伺"中求稳绝对不可能有突破。所谓"富贵险中求"，只有敢拼才有可能赢。理解了新品类的定义和驱动它们成功的六个要素，中小企业就可以开始实施品类创新。

【管理引申】

1. 中小企业品牌战略的核心是品类创新。

2. 真正的品类创新必须满足五个条件，不能做"伪品类"。

3. 成功的品类创新专注"正确的问题"并实现"显著差异化"的效能。

品类创新的三个角度：用户、产品、技术

如图 9.6 所示，进行品类创新，可以从三个角度入手：用户、产品和技术。用户角度不是倾听用户的声音。其实品类创新的关键，用品类创新大师乔布斯的话说是"不去理会用户怎么说"。在品类层面进行创新，往往具有开创性或颠覆性，而大众用户很难在这个层面对自身需求做出清晰的表达，但并不是说品类创新可以完全不理会用户。正相反，乔布斯是最以用户为中心的企业家之一。因为他很清楚，品类创新和任何创新一样都必须贴近用户需求。但这个需求不是用户对产品具体功能的诉求，而是他们对自身问题解决方案的诉求。所以，品类创新永远的出发点都是用户需求，也就是用户现在或即将面临的问题。这个需求越刚性，品类创新成功的可能性就越大。

图 9.6　品类创新的三个角度

从用户的角度来看，可以考虑两个维度，一是"用户问题"，二是"用户场景"。用户问题也可以称"用户目标"。本质上讲，品类创新就是应对用户问题的一种新解决方案。所以，要想进行品类创新，企业就需要从宏观视角看待用户需求，不是看他们需要什么性能，而是看他们正在面对什么问题，需要什么样的解决方案，以及要实现什么样的目标。例如，优步的创立是一个典型的品类创新。实现这个创新的出发点不是如何提升用户乘坐出租车的体验，而是如何更好地解决用户的出行问题，从而打造出一个和出租车完全并列的新品类，而非一种更好的出租车服务。

用埃隆·马斯克的话说，就是要遵循"第一原则"的思维方式，跳出产品类别的束缚，或者说"打破产品心障"，而不断问自己：用户亟须解决的问题是什么？而非：用户急需的产品或性能是什么？明确了用户问题，下一步就要考虑如何用一种完全不同但又更优的方法来解决这个问题。这个新的解决方案很可能就是一个品类创新的契机。

例如，美国西南航空公司在1967年创立了"廉价航空"这个新品类。其后，爱尔兰的瑞安航空公司（Ryanair）和英国的易捷航空公司（easyJet）也分别于20世纪80年代中期和90年代中期在欧洲如法炮制，推出这个品类。这些企业都看到了当时广大民众面临的问题或想实现的目标，即"想坐飞机去旅行，但主流航空公司的费用高昂，而且目的地数目太少"。因此，它们大幅降低飞行成本，同时大量增加飞抵的城市，采用完全不同的产品设计和商业模式，就此创造出一个新品类和蓬勃发展的新市场。

用户的具体问题大多和场景绑定，所以在了解用户问题后，还要了解用户场景，这样才会对用户问题有更加深入、具体的了解。例如，美国 Modobag 公司推出的可骑式便携行李箱就是源自这样的考量。用户出行的一个主要问题就是行李箱太重，如果同时携带幼童就更加麻烦。当然，一般的旅行箱都会加上滑轮来解决这个问题。但是如果考虑到机场这个特定的用户场景，滑轮就远远无法满足用户对"轻松出行"解决方案的需求。因此，它打造出一款如同微型摩托的便携自驾旅行箱来解决用户问题。

虽然场景很重要，但是脱离用户真正的问题而单纯依托用户场景进行创新往往会产生"伪品类创新"，即在解决用户问题的能力上没有实现显著差异化的所谓新品类，如商务时装、早餐奶和全天麦片零食等。这类品类创新并没有解决真正的问题，也没有明显的新价值点，属于搞噱头、玩概念的范畴，自然得不到用户的认可。因此，从用户角度来看，企业要从"用户问题"和"用户场景"这两个维度来思考品类创新。

从产品角度思考品类创新也有两个方向：品类混搭（product mashup）和品类转移（category migration）。品类混搭就是把两个品类融合在一起而形成新品类。这是品类创新中最常见的方法。比如，苹果的 iPad 本质上就是一个大型智能手机和平板电脑的混合体。由苹果引领的智能手机更是电话、照相机、摄像机和录音机等诸多品类的混搭。Swatch 手表也是由手表和时尚饰品搭配而成，还有现在正在发展的飞行车等。品类混搭并非不同品类随机地结合，而是要基于用户问题和深刻的跨行业洞察，实现产品功能的嫁接和升华。品类混搭考验的是一个企业的横向思维能力。企业需要具备多元产业背景的团队互相不断碰撞才能形成打造这种交叉创新的"美第奇效应"（the Medici effect）。

品类转移就是把在一个目标市场的产品转移到另一个目标市

场，最常见的就是把传统的 B 端产品转移到 C 端市场，如九阳豆浆机、意利家用咖啡机，或者将传统 C 端产品转移到 B 端市场，如加拿大太阳马戏团（Cirque du Soleil）。还可以把传统女性产品移至男性市场，如男性美容产品，或把儿童产品移至成人市场，如成人版乐高。还可以把产品移去另一个完全不同的市场，如美国日用品企业丘奇 & 德怀特（Church &Dwight）的小苏打也作为清洁剂出售，伟哥产品最初是被当成治疗心脏病的药物来开发的等。品类转移体现的也是一个企业的横向产业洞察和思维能力。可以说，进行品类创新，企业不但要专业，还要广博。这是一种新的组织能力。

从技术角度来看，实施品类创新也有两种方法。一是"品类再造"，即顺应新技术时代对传统品类进行技术升级而形成新品类，例如互联网带来的海量新品类，如线上超市、线上旅行社、线上大学和线上银行等。这是一种顺势而为的"反应式"创新。二是把握技术发展的趋势，将其与社会发展和用户趋势相结合，进行"品类升级"。例如，苹果在 20 世纪 90 年代后期就洞察到"数字化技术"的趋势，同时看到了用户对"个性化音乐"的诉求，就决定把这两个趋势结合在一起打造"数字化个人音乐"载体。其结果就是在 2001 年推出而风靡全球的 iPod。目前来看，人工智能、虚拟现实、边缘计算、4D 打印和区块链等技术平台都是传统品类进行"品类再造"和"品类升级"的契机。

一般而言，最成功的品类创新都是聚焦用户重要问题或刚需，利用新技术平台并结合新商业模式开创出的一种全新的解决方案，如优步、拼多多、Slack、爱彼迎和特斯拉等。也就是说，最强大的品类创新应该找到一个基于刚需的新市场机会，并具有一个突破性的价值主张，再通过一个颠覆性的商业模式把价值创造的效率和规模最大化。

在当今时代，新市场机会往往来源于市场和行业发展的大趋势，颠覆性的价值主张大多基于新技术平台的赋能。所以，更具体地说，强大的品类创新往往萌生于新兴市场趋势带来的基于刚需的新市场机会、颠覆性技术平台造成的显著差异化价值主张和颠覆性商业模式的交汇处。（如图9.7所示）这样的品类创新一定会迅速掀起一股强劲的市场风暴，对现有品类形成降维打击，同时让推出它的中小企业迅速成长为品类和行业领袖，在极短的时间内造就一个强大的品牌。

图9.7　品类创新的最佳公式

拼多多就是一个典型案例。它成立于2015年，仅用一年，用户就破亿，几乎立刻成为名闻全国的一线品牌。这种品牌成功的速度在全球商业史上几乎绝无仅有，堪称奇迹。作为一个新品类，拼多多飞速的崛起就是源于趋势、技术和商业模式的推动。当时国内的市场趋势是经济发展进入瓶颈期，消费者分化和下沉明显。一、二线城市出现大量的低端消费人群，其中也包括个人消费两极化的年轻和中高端白领消费者。同时，小米低端手机的广泛普及也让三到六线城市的大批用户能够自由上网，这使这个消费群体的数目更加巨大。他们的海量需求无法在现有渠道和平台得到充分满足。市场趋势给拼多多提供的另一个机会是淘宝为"消费升级"做出的努力使得大批淘宝小店生计艰难，这些中低端商家代表的低端供应链需要寻找另一个东家。市场供求方的这些趋势给拼多多提供了一个巨大的市场机会。

在技术方面，拼多多依赖数字平台和社交网络微信，采取社交游戏玩法进行拼团购买，即利用技术手段把社群商务的能量发挥到了极致。在商业模式上，拼多多也采取了和淘宝、京东"人找货"模式截然不同的做法，而让"货找人"。同时，它极大地降低了商家开店的成本和技术门槛，让它的生态系统迅速发展壮大。当然，拼多多的成功具有多方原因，但从品类创新的角度来看，它是一个典型案例。因此可以说，最佳品类创新立足于趋势、技术和商业模式的结合处。

没有新技术平台和新商业模式支持的品类创新，就算在早期形成了优势，也迟早会被竞争对手挑战甚至赶超，可谓弱品类创新。最典型的就是曾经在美国名噪一时的乔巴尼（Chobani）希腊酸奶。自2007年推出后，这个品牌就迅猛增长，到2013年已成为这个新品类中占有绝对优势的霸主，同时带动希腊酸奶品类拿下美国酸奶市场的半壁江山。但乔巴尼没有技术和商业模式壁垒，在其他竞争对手的反击下，它在2014年就出现负增长。目前流行的几乎所有新品类如元气森林、HFP和花西子等都属于这类品类创新。如果它们不立足技术创新和商业模式创新，很难具有长期生命力。

品类创新自然是中小企业打造品牌的基础。但要想产品迅速扩散，还需要借助"营销创新"的力量。也就是说，中小企业要想在大企业的夹缝中获得用户的关注，不能中规中矩，必须出奇制胜，要以一种前所未有的方式向公众展现自己和触达用户。

在营销创新上，国内外都有大量精彩的案例可供借鉴。一般而言，营销创新有四种：表达创新、送达创新、触达创新和传达创新。表达创新主要是内容传播上的崭新模式。例如，当年流行的"凡客体"就代表一种新的品牌传播方式。美国云计算先驱赛富时采取的宣传方式就更为另类。在创立之初，它为了迅速打造自身的知名度，曾经雇用演员在行业领袖 Siebel 公司举行盛大年会时抗议示威，反对 Siebel 所代表的传统软件行业，因此引起媒体的广泛关注。近年来花样百出、层出不穷的内容营销都属于这类营销创新。

送达创新主要是零售渠道的创新。例如，Swatch 刚刚推出的时候，就采取了"快闪店"和"店中店"的零售方式创新。这种新渠道还发挥了重要的传播作用，迅速点燃了年轻用户对 Swatch 品牌的热情。苹果在 2001 年反行业传统建立了自己的旗舰店，也是市场营销"送达创新"的经典。在国内，吉利汽车等传统品牌入驻淘宝旗舰店，和近年来各种品牌热情参与的网红直播都是送达创新的范例。

触达创新是指品牌建立直接触达用户的新方式。例如，可口可乐打造的"可拥抱式"和"跳舞游戏式"的自动售货机以及《可饮式》广告。它旗下饮料品牌"动乐"（Powerade）的触达创新更加新颖。它曾在德国柏林设立了第一个健身广告牌，公众可以用来测臂力、打拳击和攀岩。IBM 在法国巴黎推出的可坐、可遮雨的实用式广告，妮维娅的移动电源式广告页和佳丽空气净化剂在纽约建立的快闪型"感觉博物馆"等都是触达用户的新方式。

传达创新是指用创新的方法把价值先传送给用户，用真实价值而非视听内容进行营销，如"免费试用"和"先服务后营销"的模式。这种创新的目的是让用户获取或体验部分价值后再购买。例如，当年创维电子免费送货上门，允许用户试用满意后再付款。美国网上鞋店 Zappos 也采用这种方式。它的退货期长达一年，几乎等同于让用户试用产品一年再购买。为应对金融危机造成的经济衰退，现代汽车在 2009 年推出"现代汽车失业回购保障计划"（Hyundai Assurance program），允许消费者在失业的时候退还车辆。此举不但引起了人们极大的关注，而且使现代的销量上升，收入也增加了 5%。这也是先向用户传送价值再引导购买的新方法。美国数字营销领军企业 HubSpot 的做法更为前卫。它开发出评估企业网页营销能力和市场营销效率的应用软件网页评分器和市场营销评分器，并免费让公众使用，向他们传送价值后再吸引他们购买产品和服务。

在后数字化时代，随着 5G 技术的进一步升级，营销创新的发展方向一定是利用人工智能、虚拟现实和增强现实等技术实现和用户的新型互动。例如，迪奥早在 2015 年就推出了 3D 打印的虚拟现实眼镜 Dior Eyes，它可以让人身临其境地参观时装秀的后台等。而且，在真实和虚拟世界中构建的营销世界一定会将表达、送达、触达和传达等营销方法融为一体。其实，直播就已经融合了表达、送达和触达的功能。在现实虚拟融合的混合世界进行混合功能的营销创新将是后数字化时代的主流。中小企业必须尽快完成数字化和科技化转型,从而做好准备。

除了品类创新和营销创新,中小企业的品牌建设还需要依赖口碑传播。毫无疑问,口碑从来都是最好的传播手段。它不但具有高信任,而且成本低廉。在工业化时代,因为用户之间的交流和互动手段很有限,极大地限制了口碑的影响力。但在数字化时代,凭借互联网和社交媒体平台,口碑可以飞速进行超大规模传播,帮助品牌一夜成名。所以,无论对于C端还是B端企业,口碑传播都是打造品牌的最好手段之一。尤其对于中小企业,口碑传播几乎是不二选择,因为它可以把众多用户变成免费销售人员和品牌大使,零成本地实现高效率的品牌建设。

口碑传播和很多企业进行的口碑营销不同。这些所谓的口碑营销往往是靠蹭热点来制造话题,以求提升品牌的知名度。真正的口碑传播正好是相反的逻辑。靠口碑传播快速崛起的小米的策略可总结为:先建忠诚度,再打知名度。也就是说,口碑传播来自对产品忠诚的粉丝或积极用户,而他们向外传递的不是新奇的故事,而是对产品的赞许和喜爱。也就是说,包含情感的口口相传才叫口碑。口碑就是情感传播,不是口碑营销。因此,口碑传播非常有效,它传递的是一种对品牌的信任和喜爱,最能说服和打动新用户。所以,口碑传播不是裂变拉新,也不是病毒营销,而是"粉丝营销"。

实现口碑传播的关键有两点,一是超预期的产品,二是种子用户。

产品质量好还远远不够,只有超预期的产品才能让用户惊喜,从而点燃他们对产品和品牌的热情。这种品牌热情才能触发口碑传播。也就是说,在用户核心价值点上做到极致的产品和服务才是点燃用户情感和口碑传播的火种。例如：早期的小米就是在"开放"和"参与感"上做到极致，点燃了口碑热潮；京东的"一日两送"也带给用户超预期的惊喜；美国西南航空公司和网上鞋店 Zappos 也是在服务上做到极致，让用户产生了对这些品牌发自内心的喜爱，才带来了强劲的口碑传播。很显然，极致产品才是口碑传播的基础。

其实，谷歌、腾讯、脸书、Peloton、抖音、星巴克、亚马逊、特斯拉、优步和爱彼迎等全球知名品牌的成功都是依靠口碑传播，而这些品牌的背后都有一个让用户真心喜爱的产品。而这个触动用户的产品往往都是品类创新。简单来讲，口碑传播就是通过极致产品点燃种子用户内心的情感，他们再用情感去点燃他人。这个情感传递过程不断持续，直到形成充沛宏大的品牌势能。

种子用户就是品牌情感、品牌势能和品牌口碑的源头。他们是品牌的"铁粉"，能够点燃更多的用户，从而发展出更多的粉丝。所以，口碑传播的另一个关键就是要找到这些极其重要的种子用户。小米当年也费了不少周折才找到 100 名种子用户。他们作为火种，把小米品牌点燃，最终使小米成为拥有数千万用户的知名品牌。中小企业必须要找到这些种子用户并真正获得他们的认可和喜爱，然后借助网上论坛或社交媒体等平台快速而大范围地传播他们心中的品牌情感，从而形成口碑效应。

在 C 端市场，还可以通过内容营销和品牌社群的方法进一步放大口碑的声量。例如，小米提出的"口碑铁三角"就是产品、社交媒体和用户关系。通过社群和社交媒体，让用户参与创造和拥有品牌。在这个过程中,品牌社群各个成员互相补充能量，形成同频共振，从而显著提升口碑声量和品牌势能。

健身品牌 Peloton 的成功故事

Peloton 是美国近年来成长最快的一个新兴健身品牌，在 2012 年由约翰·弗利（John Foley）创立于纽约。约翰·弗利当时是美国最大的零售连锁书店巴诺书店（Barnes&Noble）的高管。他热衷于健身，但日常繁忙的工作和健身之间的不断冲突成为生活中的一个痛点。于是，他产生了在家健身的念头。居家健身并非一个新领域，但却是小众市场。健身房具有家中无法比拟的优势，如健身教练的亲自辅导和激励、社交属性和群体环境下较高的自律和动力等。因此，它仍然是美国绝大多数健身人群的首选。然而，健身房也有明显的缺点，如难以安排时间、预约健身教练的困难、交通时间的消耗，以及携带清洁衣服和浴物的麻烦等。

让健身房才有的高质量沉浸式健身体验进入家居环境就是 Peloton 意欲解决的问题。经过一年多的不懈努力，Peloton 的答案是一款室内高端健身单车。这种单车和传统同类产品最大的不同是：它装有一个触摸式大屏和扬声器，能够播放 Peloton 健身教练的直播或录播课程，还有众多的背景音乐选择。另外，这个触摸屏还有很多社交功能，如和朋友共同进行虚拟骑车锻炼、在健身过程中进行视频通话和显示自己在健身群中的表现和发放"最佳骑手奖章"等。

Peloton 在 2014 年正式推出这款产品后，就一直在高速增长，并在 2019 年成功上市。它在 2020 年的收入是 18 亿美元，市值达 350 亿美元。不但如此，Peloton 还被媒体广泛报道，知名度极高，甚至变成一种身份的象征。它的一些做法也在社交媒体上引发了激烈的争论，俨然成为一种文化现象。Peloton 的很多用户成为它狂热的铁粉。其中不少人竟然把 Peloton 的品牌标志作为刺青刻在身上，如同哈雷摩托当年的骑手一样。对中小企业而言，这种强烈的品牌情感和能量相当罕见。Peloton 的成功源于它遵循以下几个基本原则。

正确问题：任何迅速成功的品牌都是因为解决了一个"正确"的问题，即消除用户痛点，满足他们的刚需。健身在美国这个锻炼成风的国家从来都是刚需。而且，随着年轻一代对健康生活方式的日益追求，健身正在成为全球中等收入群体的刚需。但是围绕这个刚需，传统行业具有诸多痛点，如缺乏让人持续健身的激励机制、灵活的健身时段和方便快捷的健身方式。Peloton 精准地解决了这些问题，把沉浸式高端健身体验搬入用户的家中，让用户可以轻松地随时健身。

聚焦原则：Peloton 和其他成功的中小企业一样，在战略上高度聚焦。首先，它聚焦单场景，即家居健身；它还聚焦单产品，从创立伊始，一直主打室内单车，直到 2018 年才推出跑步机，而且，目前就只生产这两款健身器械。其次，它聚焦高端用户。具体的做法就是产品高价策略，如超过 2000 美元的单品价格、250 美元的送货费和每月近 40 美元的视频订购费等。因为崭新的健身方式，Peloton 吸引了众多名人用户，包括大名鼎鼎的奥运"短跑之王"尤塞恩·博尔特（Usain Bolt）和好莱坞演员休·杰克曼（Hugh Jackman）等。在高端用户的加持下，Peloton 正在成为酷身份的象征。这种品牌定位为今后牵引中端主流用户打下基础。

品类创新：Peloton 代表一种非常典型的品类创新。它把过去只有在健身房才能获取的沉浸式高端健身体验带入家居环境，开创了健身新模式。这种创新可以看成一种由 B 端到 C 端的"品类转移"。更重要的是，Peloton 把健身产品变成内容服务，硬件成为服务的输出平台，将健身器械服务化。这是它和其他同类健身品牌最大的不同。

具体而言，在用户效能上，它通过融合产品、内容、社交和服务于一体，把娱乐性、社交效能和甚至游戏功能注入个人化健身体验，让用户产生强烈的参与感、归属感和健身动力。可以说，Peloton 把健身变为一种社交和娱乐的情感体验。在打造这种独特体验的过程中，Peloton 的明星健身教练队伍发挥了关键作用。这些教练不但形象出众，而且具有很强的性格魅力，以及各自独特的教学风格。他们扮演着教练、音乐 DJ、电视主持人和朋友的多重角色，为用户带来"个人化"的情感联结，成为吸引大批用户加盟的关键力量，同时也打造了自己强大的"个人品牌"。其中的"超级教练"如罗宾·阿让（Robin Arzon）和杰斯·金（Jess King）等都成为圈内名人，在社交媒体上聚拢了大批个人粉丝。这些明星教练就是 Peloton 最好的品牌形象代言人和"带货"网红。

在品类含义上，Peloton 创造并定义了家居"娱乐健身"这一新模式。这种沉浸式、多元化高端健身体验代表健身行业发展的大方向。因此，Peloton 既不是健身房健身，也不是传统的家居健身，而是代表健身的新理念和新体验，即"健身型娱乐体验"。它的品牌代表一种新的生活方式，而不仅仅是健身器械的制造和销售。

在用户群体上，Peloton 把大批主流健身市场的边缘用户和非用户引入这项活动。这些用户很多都是健身房的会员，但因为各种原因缴费后很少去健身或者从不去健身，但他们有健身的意愿和需求。Peloton 把这些用户充分激活，迅速开创了一个蓝海市场。

在商业模式上，Peloton 就更加独树一帜。它不是一个传统的硬件企业，而是技术型的传媒加硬件及物流公司。内容服务是它主要的收入来源。因此，Peloton 有自己的媒体部门，每天都提供优质的健身课程、音乐内容和与用户相关的社交内容等。Peloton 在 2018 年收购了音乐制作公司 Neurotic Media，在内容自创上迈出更大一步。

不但如此，Peloton 还一改传统行业的加工外包做法，收购了体育器材制造商如 Precor 和 Tonic Fitness Technology 等。同时，它还有自己的物流团队，并投资了加速货物送达的航运方案。所以，Peloton 采取的是垂直整合的"重型"商业模式，并由最初的"健身行业的苹果"（Apple of Fitness）演化成健身行业的"苹果 – 奈飞 – 亚马逊"综合体，把打造用户的极致沉浸式体验作为自身的核心价值主张，成为行业的真正颠覆者。为了反映出这个身份内涵，Peloton 还把自己命名为"Peloton 交互公司"（Peloton Interactive，Inc.）。

营销创新：在早期，Peloton 为了宣传自身的健身体验，在潜在用户的主要居住区如新泽西州的富裕小镇米尔本（Millburn）等设立快闪店。此后，它逐渐在全国设立展示店，成为用户试用产品的体验中心。而且，它还组织用户聚会、特别健身课程和健身论坛等活动。为了高调推出它的跑步机，Peloton 还参加了电子消费行业最具盛名的拉斯韦加斯贸易展会"消费电子展"

(consumer electronics show，CES)。

口碑传播：Peloton在受到核心用户的追捧后，开始进行口碑传播。因为它的高端定位，尤其是当明星用户开始接受这个产品后，它逐渐成为最酷的品牌之一，代表一个人的身份和品位，并由此引发更大范围的口碑传播。在2019年，Peloton的一则圣诞广告也引发大范围争议，这种争议引发美国主流媒体的广泛报道，反而让Peloton真正成为美国家喻户晓的品牌。

可以看出，Peloton的成功就是战略聚焦和品类创新的成功。作为行业的颠覆者，它将健身器械从硬件行业转化为内容和服务行业，彻底地重新定义并提升了用户价值和体验，极大地激发了用户情感，也构建了充沛的品牌势能。全球疫情和更加繁忙的现代生活会让Peloton开创的健身模式逐步成为主流。它的成功也表明，社交化、情感化、内容化和娱乐化将是工业化时代企业实施变革的方向。也只有这样，它们才能真正打造出高情感、高势能的品牌。

中小企业打造品牌自然比大企业面临更多的障碍，如资金少、能力弱、信任程度低等。如何"以小博大"在夹缝中异军突起就成为中小企业品牌建设的关键问题。对中小企业而言，首先要力出一孔，全力聚焦，成功没有捷径，只有敢打敢拼才能在品类创新上实现突破；同时要开拓蓝海市场，避实击虚；还要在营销手段上出奇制胜，充分利用口碑传播大范围点燃用户热情。通过品类创新和营销创新的双驱动，实现用户自驱动式的大范围口碑传播。这是中小企业品牌建设的最佳路径，即"力出一孔，避实击虚，敢打敢拼，出奇制胜"。

从图9.8可以看出，中小企业的品牌战略要先建立忠诚度，然后形成美誉度口碑，最后再形成大众认知度或知名度。也就是说，中小企业品牌的打法和主流品牌打法几乎正好相反。口碑营销是中小企业品牌建设的最大推动力，而推动口碑的就是聚焦用户刚需而形成显著差异化的品类创新和令人耳目一新的营销创新。因此，中小企业的品牌建设就是"产品驱动"，也就是代表品类创新的价值战略是最重要的环节，其次是围绕种子用户的关系战略，而文化战略则不是重点。但当中小企业通过价值战略成长到一定规模时，文化战略就越来越重要，而关系战略也要逐渐扩展为社群战略，以便维持和强化品牌势能。在这个阶段的中小企业就可以逐步进行市场扩张，成长为主流品牌。

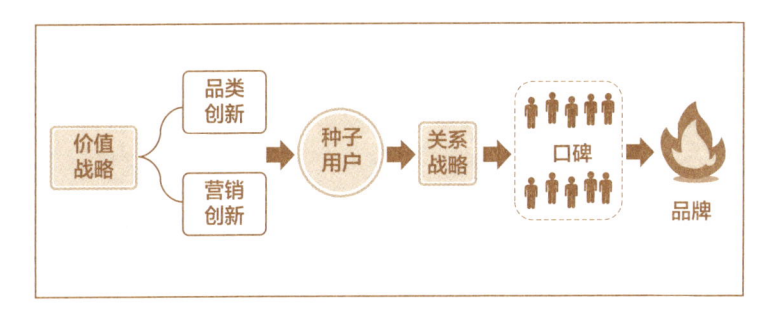

图9.8 中小公司品牌建设框架

本章金句

- 战略聚焦是中小企业成功打造品牌的唯一之路。中小企业要避实击虚，聚焦单客群、单场景、单问题和单品类，而且还要聚焦用户的刚需。

- 品类创新是中小企业快速打造品牌的有效手段，品类创新的成功源自专注"正确的问题"和实现"显著差异化"的效能，最佳品类创新立足于趋势、技术和商业模式的结合处。

- 中小企业打造品牌除了品类创新，还需要新颖的营销手段。数字化时代的营销创新必须依托高科技，用科技手段进行"先服务后营销"的触达模式创新是一个重要的营销创新方向。

最核心一句话：品类创新是中小企业快速打造品牌的最有效手段。

第十堂课
如何打造 B 端品牌？

和 C 端市场不同，B 端品牌建设的重心是打造信任，让品牌成为信任符号。获取客户信任的关键是价值战略，也就是要针对客户痛点，形成显著差异化的产品解决方案和总体体验。因为产品的复杂性，B 端市场的价值可视化表达尤其重要。在数字化时代，内容营销成为 B 端品牌建设的加速器。品牌建设的终极手段就是颠覆性创新。随着后数字化时代的到来，B 端市场和 C 端市场会逐步融合。因此，B 端企业要学习 C 端企业的方法来打造品牌。

B 端品牌战略的核心是打造信任

B 端行业和 C 端行业很不一样，但并不是大家所普遍认为的"B 端市场更理性，C 端市场更感性"。这个观点虽然听上去很合情合理，但并不正确。B 端市场的客户虽然是企业，但做决策的仍然是人。只要是人就会很感性。这是人的天性，不会因人的行业背景而改变。只不过在 B 端市场，决策人一般不会像 C 端客户那么情绪化，而且也会更加看重产品的实效，但他们仍然会像 C 端市场的用户一样习惯性地启动感性的第一系统来决策。和 C 端用户不同的是，B 端决策者会花费更多力气给自己的感性决定做"事后的理性解释"（post rationalization）。

从品牌战略的角度看，B 端市场和 C 端市场的区别有三点。

其一，B 端产品远比 C 端产品复杂。而且，这些年流行"交钥匙工程"或"一站式方案"，B 端卖家往往需要把客户"端到端"的问题一揽子解决掉。所以，它们不但要提供一个复杂的产品，还经常要提供一个包含硬件、软件和服务的整体解决方案。在这种情况下，能够简明精确地把客户价值给潜在买家讲清楚，并激活他们的购买欲望就变得很不容易。很多 B 端企业根本做不好这一点，自然很难引导客户购买，打造品牌更是举步维艰。因此，B 端企业打造品牌的第一步就是对自身的产品和解决方案做出清晰而具有强说服力的价值表达。

其二，销售和交付时间较长。如果是销售和交付一套技术性很强的复杂系统，甚至需要花费几年时间。在这个漫长的过程中，企业和客户的触点众多，双方参与的人员也不在少数，还有大量事宜甚至冲突要去解决。因此，要想客户满意，绝不是单单产品质量好这么简单，而且要让客户在整个旅程中获得良好的总体体验。产品、交付、服务、态度、维修和总体拥有成本（total cost of ownership, TCO）等方方面面都会影响客户的感受。这和 C 端用户即兴点击就完成购买简直有天壤之别。因此，B 端市场的客户旅程和体验管理比 C 端市场的更为重要，也是打造品牌的关键驱动力。

其三，B 端市场的决策风险更大。错误的选择可以直接影响企业效率和收益。因此，无论对于决策人还是组织，犯错成本都很高。这就导致了在 B 端行业，决策过程缓慢而复杂，不会像 C 端客户那样经常"冲动"购买。而且，驱动 B 端决策的最关键因素是"安全可靠"和"信任"，而不是 C 端市场的"赏心悦目"和"兴奋"。因此，B 端市场比 C 端市场更看重品牌。美国曾有这样一句话广为流传："从来没有人会因为购买了 IBM 的产品而被解雇。"这里传达的信息就是，B 端市场的客户都会选择头部品牌，因为这些品牌更易获得决策人的信任。因此，就算其他品牌提供更好的解决方案，买家也大多会涌向头部品牌。可以看出，在 B 端市场，品牌建设对一个企业来说更为重要。

除了上述差异，B 端和 C 端品牌建设所激发的情感类型也有较大差异。

在 C 端市场，决策风险小，品类趋于成熟，同质化严重，驱动客户决策的主要是情感。所以，品牌建设需要努力激发客户更强烈的情感。打造品牌就是要打造用户对品牌的赞赏和喜爱。在这种情况下，品牌战略会更注重以"文化战略"为基础的情感表达。

在 B 端市场，品牌仍然是客户情感。但和 C 端不同的是，因为决策风险较大，驱动决策的情感主要是"信任"。而且，B 端品牌存在于职业化场景，注定它和客户难以产生亲密的关系。打造品牌就是打造客户对品牌的信任，让品牌成为"信任符号"。因此，品牌战略需要更加注重以"价值战略"为基础的价值表达。

品牌要想成为客户的"信任符号"，首先需要展示一个可信任的形象，降低客户的决策顾虑而实现首购。然后，品牌向客户提供优质的价值真正帮助他们解决问题和痛点，确保他们重购。因此，价值战略才是 B 端品牌成功的关键。可以说，C 端品牌建设更注重强化情感的文化战略，让客户"冲动"起来；而 B 端则更注重淡化焦虑的价值战略，使客户放松下来。

这样看来，打造 B 端品牌比 C 端品牌更难。信任要靠真正的实力来建立。同时，B 端客户对头部品牌具有更强偏好，导致"赢者通吃"，弱势品牌实现突破更难。可以说，要想成功打造出一个 B 端品牌，它所代表的产品价值必须"最好"；而打造 C 端品牌，只要是"最新"就可能破局。

B 端品牌建设的基本逻辑

C 端品牌建设可以依赖所谓的"爆品"而实现单点突破。在

B端市场，因为产品销售和交付的复杂性和长期性，品牌建设是一个全面而复杂的系统工程，它需要企业的"全员参与"，否则根本无法向客户提供一个良好的总体体验。这就要求企业建立真正"以客户为中心"的文化。只有在这种文化的牵引下，一个组织才能够激活全体员工，以确保在旅程所有关键触点给客户提供优质价值和体验。可以说，没有"以客户为中心"的企业文化，很难在B端市场打造出持续成功的品牌。

从B端客户的角度来看，他们最需要的是能够解决问题的价值和方案。因此，B端品牌建设的核心是"价值战略"。在C端市场，价值战略几乎可以等同于产品战略，但在B端市场，客户旅程体验是客户价值的核心组成部分，价值战略也包含"体验战略"。在后数字化时代，B端客户的价值将会是包括产品和解决方案在内的品牌全景体验。

因为B端产品的复杂性和专业性，内容战略也很重要。虽然广义上讲，内容战略是文化战略的一部分，但B端市场和C端市场的内容差别很大。B端的内容战略主要是"赋能"不是"娱乐"。当然，B端企业也可以通过内容进行对内和对外的公司品牌宣传，但内容的主体必须能够帮助客户解决具体问题。另外，B端市场和C端市场的关系战略也有显著不同。在B端市场，关系战略不仅仅是停留在用户关系管理和社群战略的层面，而且要通过和核心客户的深度利益绑定形成共生共荣的"战略伙伴"或"命运共同体"。

虽然B端品牌建设的目的就是在价值战略的主导下，构建客户的"信任"情感，但是要想让品牌具有更高的势能而成为行业领袖，企业就必须通过成功地进行颠覆性创新来提升客户情感层次，从而燃起品牌之火。这个 B 端品牌建设的基本逻辑可以用图 10.1 描述。

图 10.1　B 端品牌的建设逻辑

既然建立"以客户为中心"的企业文化是 B 端品牌建设的出发点，理解什么是"以客户为中心"的文化以及如何建立这种文化就非常必要。简而言之，"以客户为中心"就是"成就客户"。

当今的大多数企业都会把"以客户为中心"挂在嘴上。但事实上，这些企业或是以自我为中心，或是以机会为中心，很少真正把客户作为企业运营的中心。"以客户为中心"就是把客户的利益放在自身利益之前，真心解决客户问题而"成就客户"。在 B 端市场，"以客户为中心"的代表企业是华为。这也是华为能够在全球市场成为知名 B 端品牌之一的原因。

在理念上，华为坚持"为客户服务是华为存在的唯一理由"，因此一直贯彻"客户至上"的理念，对客户需求充满虔诚和敬畏。就连华为的客户接待流程都充分体现出这种理念。在具体运营上，华为以客户需求为导向来创造价值，为客户交付高质量的产品和服务，快速响应客户需求，以及实现端到端的低成本运作。

不但如此，华为真正做到了和客户成为"同甘苦、共患难"的命运共同体。首先，华为和客户一共设立了28个联合研发中心，确保产品和服务聚焦客户需求，同时和客户利益共享，实现共同成长。最关键的是，在客户最困难的时候，华为总是舍身忘我，和客户有难同当。例如，在日本核泄漏最严重时，华为在日本的团队全部坚守在当地，帮助客户恢复通信服务；在其他如伊拉克战争、巴基斯坦恐怖袭击和印度尼西亚海啸等危难时刻，华为都是不退反进，第一时间出现在客户面前，以具体行动诠释了"以客户为中心"的真谛。

在组织能力上，华为建立"以客户为中心"的流程化体系和端到端服务客户的组织架构。更重要的是，只要客户需求改变，华为就相应调整内部组织。为了更好地服务客户，华为实施干部轮岗制，促进跨部门协作。同时给员工赋能和授权，以便进行迅捷决策和行动。为确保"以客户为中心"的经营哲学真正落地，华为还"以奋斗者为本"，使价值分配和干部提拔的机会向奋斗者倾斜，"给火车头加满油"和"不让雷锋吃亏"。

从华为的经验可以看出，建立"以客户为中心"的文化不能只是口头文章，要在研发战略、人力资源政策、运营模式和流程及组织架构等企业运营的方方面面都加以贯彻。简单而言，就是要形成"三个结合"：内外结合、软硬结合和随导结合。

"内外结合"就是确保员工和客户利益保持一致，也就是"以客户为中心"必须要和"以奋斗者为本"相结合。员工是第一客户，企业只有激活员工才能激活客户。

"软硬结合"就是要让务虚的文化和务实的组织架构与运营模式保持一致。举个例子，美国西南航空公司是"以客户为中心"理念的代表。在 2011 年，它为搭载一位去看望即将离世的外孙的乘客，不惜晚点起飞，引发广泛赞誉。但西南航空可以这么做，是因为它的运营模式是"点对点式"（point-to-point model）飞行，一架班机起飞延误只会影响一条航线。如果西南航空采取的是联航等主流航空公司的辐射式运营模式（hub-and-spoke model），即所有航班都先飞到中心机场再分流至各地，那么它无论如何以客户为中心，也不敢擅自让班机晚飞，因为这会造成美国数百航班的延误和混乱。因此，"以客户为中心"需要企业的"硬件"相配套。

"随导结合"就是要在客户需求和客户诉求之间找到统一。"以客户为中心"并非时刻跟随客户诉求做出反应，而是要深刻洞察客户需求，引导他们产生正确的需求，并以此提供最佳解决方案而成就客户。

企业文化的建设必须"自上而下"。企业能否真正建立"以客户为中心"的文化完全取决于企业创始人或领导团体是否具有这种"先利他、再利己"和共享共荣的格局。其实，"以客户为中心"的本质就是建立和客户的战略共生关系，携手铸造共同命运。因此，注重产品、效率和边界的工业化时代企业很难真正做到"以客户为中心"。硬件制造商华为可谓另类。但在协作、开放、共享的数字化时代，"以客户为中心"是企业生存和发展的前提条件。无论是 B 端还是 C 端企业，都必须具有这样的数字化时代基因。可以说，建立"以客户为中心"的企业文化是 B 端品牌战略的基础。当然，成就客户最关键的是"价值战略"，就是给客户提供的"解决方案"和整个旅程的总体"客户体验"。强大的价值战略才能激发客户的信任情感。

【管理引申】

1. 打造品牌在 C 端靠"爆品"，在 B 端则要靠企业文化。
2. 打造 B 端品牌更加依赖企业的综合能力。
3. B 端品牌最终要靠"颠覆性创新"才能登顶。

B 端品牌价值战略的三个"4"

打造信任的基础就是向客户提供真正解决他们问题的方案或价值。在 B 端市场，这样的价值战略可以概括为三个"4"，即要解决 4U 问题、具有 4 个基本价值效能，以及实现 4 种价值转型。也就是说，在 B 端市场，一个强大的价值战略必须要满足以下三个条件，才会高效地打造出一个成功的品牌。

条件一：要解决客户的 4U 问题

B 端品牌破局的前提条件就是它必须解决客户真实而紧要的

问题，也就是所谓的"火烧眉毛的问题"。用美国创业家和风险投资家迈克尔·斯考克（Michael Skok）的话说，就是4U问题[①]（见图10.2）。

图10.2　B端客户的4U问题

如果瞄准这样一个问题，一个上升期的B端品牌实现破局的成功率就显著增加。这是因为被这类问题困扰的企业，如果没有得到头部品牌的有效帮助，会更愿意冒险去试用弱势品牌的产品。

华为在欧洲通信设备市场的突破就源自对准了这样的一个

[①]　"4U"问题的具体内容参见本书第5章。——编者注

问题。在 2003 年，华为试图进入欧洲市场，但费尽心机也无法打开局面，甚至被欧洲运营商当作骗子。正在这时，荷兰最小的运营商 Telfort 在建设 3G 网络时遇到难题：机房空间狭小，无法放入承载 3G 的第二台机柜。Telfort 求助于诺基亚和爱立信均未获得支持，无奈之下联系华为。华为只用了 8 个月就开发出体积超小的分布式基站，完美地解决了 Telfort "火烧眉毛的问题"，从而敲开了欧洲市场的大门。其他成功的 B 端品牌如云服务领军企业赛富时、企业团队协作软件 Slack 和数字营销领域的先锋 HubSpot 等都是找到并高效地解决了这样的问题而迅速成功的。所以，在 B 端市场打造品牌，首先要解决正确的问题。

找到这样的问题要靠对市场和技术趋势及客户需求的深刻洞察。例如赛富时看到了传统软件的采购和使用给企业带来的诸多痛点，就结合云计算技术的发展趋势，推出了"软件即服务"这种崭新的客户价值和商业模式。可以说，对技术和客户的洞察能力是企业打造 B 端品牌的关键组织能力之一。

条件二：要具备 4 个基本效能

找到了客户"火烧眉毛的问题"还远远不够，一个上升期的 B 端品牌还必须要以一种显著差异化的方式来高效地解决这个问题，实现"超预期"。这样才会让企业客户在考虑到转换成本和使用风险后仍然给它一个机会。

如图 10.3 所示，解决方案的显著差异化可以先从这四个方面入手，即安全可靠、简明易用、高效平价和服务周到。安全可靠只是入局的基础。要想打动客户，还需要解决 B 端市场的一个最常见的痛点——复杂难用，这种难用性往往体现在产品购买、安装、使用和维护的方方面面。所以，简明易用是 B 端市场任何解决方案的第一要求。很多 B 端知名品牌就是在"简明易用"这个基本价值点上折服客户而实现突破，如赛富时和 Slack。尤其是赛富时推出"软件即服务"型客户关系管理云端解决方案把软件产品变为一种服务，极大地简化了客户的总体使用过程。可见，简明易用是 B 端品牌一个关键的价值差异化点。

图 10.3 B 端产品的四个基本价值点

高效平价是另一个关键的差异化点。新品牌的解决方案必须显著地提升效率，或者降低运营成本，或者两者兼顾。同时，它还要有较低的总体拥有成本。华为在国际化的前期,能够获得客户青睐的一个主要原因就是其设备不但质量可靠,而且总体拥有成本显著低于竞争对手。另外,新解决方案的转换成本也要降至最低。所有 B 端企业都有遗留系统(legacy system),所以,转换成本就变得很重要。在软件领域,低转换成本就体现在系统兼容性上。例如,为降低客户转换成本,HubSpot 和主要软件开发商如谷歌、赛富时、微软等建立战略合作,打造出具有超强跨系统整合能力的产品。

服务是另一个可以形成显著差异化的价值点。其实,所有的 B 端企业本质上都是服务企业。企业高超的服务能力不但可以在某种程度上弥补解决方案的不足,而且能够和客户建立更加紧密的关系和个人情感联结,从而增强信任。华为早期产品的质量并不稳定,但就是靠着"随叫随到"、"有求必应"和"勤于道歉"的服务精神才站稳了脚跟。后来,华为的产品质量已经和全球顶级设备商看齐,但仍然在国际市场保持这样的高水准,通过快速、有效和个性化的服务超越对手。

条件三:要实现 4 种价值转型

在这 4 个基本价值上实现显著差异化是 B 端品牌成功的基础,但要想持续保持优势,还需要顺应市场和行业发展的趋势,在以下 4 个方面实现转型,持续深化和强化自身的差异化优势。这 4 个方面是:产品服务化、产品平台化、产品体验化和产品数字化,可谓产品的"四化"。(见图 10.4)

图 10.4　B 端企业的 4 个核心价值点

一化：产品服务化

在 B 端市场，产品服务化是一个大趋势。这种服务化不是传统意义上提供售后的维修或增值服务，而是把产品变成交付服务的界面，通过向客户提供全消费旅程和全生命周期的总体服务而帮助他们达成长期的战略目标，同时实现自身的盈利。在软件行业，软件即服务就是产品服务化的最典型实践。

目前，越来越多的 B 端硬件制造商也开始把自身的产品转化为服务。例如，早在 20 世纪 90 年代后期，劳斯莱斯就推出 TotalCare 项目，不再向客户出售飞机发动机，而是按小时向客户提供飞行服务管理。荷兰飞利浦公司的工业照明部门推出的"照明即服务"（lighting-as-a-service）项目也是一个典型案例。以前这个部门的主要业务是工业照明 LED 灯的生产和销售。从 2015 年开始，飞利浦公司不再向阿姆斯特丹的史基浦机场（Schiphol airport）等客户出售照明灯，转而为其提供照明服务，按客户的实际使用时间收费。

产品服务化的目的就是向客户提供真正的总体解决方案，从而实现和客户的深度战略整合和绑定。但这个举措需要企业进行商业模式的变革，而且也需要对硬件产品和使用场景进行初级的智能化处理，即嵌入传感器等。在这种新模式下，产品销售仅是服务的开始。价值创造、交付和变现成为一个持续不断的过程。

二化：产品平台化

产品服务化的下一步就是产品平台化，也就是让自己成为一个连接供给方和需求方的枢纽。这样，企业就从单一个体向更具有竞争力的生态系统演化。在软件行业，产品平台化几乎是产品服务化的自然演进，尤其是 B 端企业，如赛富时的 AppCloud 平台和 Slack 的平台等。硬件制造商也在向平台化生态系统演进。其实，苹果、特斯拉都不是真正意义上的硬件制造商，而是生态系统的运营者。它们通过提供多元一体化服务方案，实现和客户的深度绑定。B 端市场硬件制造商从事的产品模块化战略，如华为的电信设备、约翰迪尔（John Deere）的农用机械等，也是产品平台化的初级阶段。

三化：产品体验化

打造并交付优质的产品体验及客户旅程体验是 C 端企业价值战略的重点，如苹果、星巴克和宜家等。在 B 端市场，企业一般注重产品质量和性能，而忽视产品体验及客户旅程体验。也就是说，它们过于强调企业客户的理性需求，而忽略感性需求。

但无论是 C 端还是 B 端市场，最后的决策者和使用者都是充满情感的人，而打造品牌更是关乎情感。若想在客户价值上进一步差异化，B 端企业必须在产品和客户旅程层面关注客户的感性需求，在这个方面向 C 端企业靠拢。

注重产品体验主要有两个方面，一是让产品简明易用，二是尽量在保证功能的前提下提升产品的美观度。例如，超级计算机结构巨大，一直都被设计成中规中矩的黑色方柜。但不久前被惠普并购的美国超级计算机制造商克雷公司（Cray Inc.）就与众不同。它非常注重产品的外观设计，推出一系列非常具有艺术美感的产品。这些超级计算机的机柜上印有美轮美奂的图像和绘画，深受客户好评。

在 B 端市场，客户总体的旅程体验甚至比产品体验更为重要。当然，这不只是给客户提供五星级式的接待服务，而是确保客户在产品整个生命周期中都有良好的理性和感性体验。这就要求 B 端企业洞察客户在各个阶段的总体需求，尤其是情感需求和情绪状态，以此设计出最佳客户旅程。在数字化时代，尤其是在全球疫情的推动下，客户的数字化旅程变得日益重要。企业要能够利用数字化平台和工具将传统旅程进行数字化迭代。这样不但让触点管理更加容易，还能准确、及时地收集客户反馈并对旅程和体验进行持续优化。在这一点上，B 端企业也要深入学习 C 端企业的最佳实践。

客户旅程体验将是 B 端品牌形成差异化的关键领域，这一点毋庸置疑。

四化：产品数字化

进入数字化时代，产品价值的主体逐渐从物理产品或基于物理环境的服务向数字化价值形态过渡。这就是产品的数字化趋势。最初级的产品数字化是维持产品主体不变，而通过数字化技术或平台把附加服务进行数字化，如各种应用程序。

较高层次的产品数字化是重新定义价值本身，利用数字化技术把产品变成交付服务的界面，例如飞利浦的"照明即服务"项目。就目前来看，更高层次的产品数字化就是打造产品的数字孪生，即利用数字化技术和建模能力，在虚拟世界里打造出对应于物理实体的数字模型。利用这个模型可以进行物理实体的设计、研发、加工制造、使用和维护的仿真分析和持续优化，从而实施智能制造。

数字孪生的实施需要先进的技术和管理水平以及巨额投资。通用电气一直是这个领域的开拓者，据称已经拥有120万个数字孪生体。目前来看，多数国内企业尚不具备这个实力，但这是工业制造也是品牌价值战略的发展方向。今后的客户价值一定是虚拟世界和物理世界的混合价值，即数字–物理系统（cyber-physical system，CPS）。这也将是企业在客户价值上形成显著差异化的终极战略。

企业和产品的"价值可视化"表达

和C端产品不同，B端产品和解决方案都比较复杂。它们承载的价值不但很难让客户直观地感受到，而且还不容易清晰地表达。

在这种情况下，为了降低决策风险，客户会寻找各种信号间接获取对质量的认知和判断。品牌就是一个非常重要的质量信号，自然也成为 B 端客户的主要决策依据之一。另一个主要的质量信号就是口碑，尤其是业内专家、行业领军企业或合作伙伴的口碑推荐。

对于弱势品牌，要想克服诸多固有偏见而实现崛起，如果不能像华为那样推出颠覆性创新，就需要在价值传播上，力求让潜在客户充分感知到无形的价值，从而激发他们进行首购的兴趣。这就是价值的"可视化"表达。

在 C 端市场，传播重点是产品，潜在客户很少关注产品和品牌背后的企业。但在 B 端市场，因为决策风险高，潜在客户不但需要了解产品价值，还需要了解企业本身才能做出决策。所以，B 端市场的传播，不但要传播产品价值，还要传播企业价值。可以说，B 端品牌传播的重点是价值的可视化表达，而这种表达是涵盖产品价值和企业价值的双重表达。很显然，价值可视化程度越高，就越容易获得客户的信任和购买兴趣。

产品价值的可视化表达是第一步。在 B 端市场，产品和服务涵盖众多价值点，而且，客户的决策单元是一个来自不同业务背景的团队。他们的个人诉求和背景知识都有很大差异。因此，在目标客户面前清晰地提炼出并量身定制地表达出自身的核心价值点并不容易。

更重要的是，清晰的表达仍然不够，还需要具有说服力的价值表达。这种说服力来自所表达价值的可视化程度。一般而言，价值可视化表达可以通过两个方法实现。首先，从客户角度去表达产品给他们带来的具体效能，而不是陈述产品本身，更不是长篇累牍地描述技术指标和细节。目前，很多 B 端企业在表达自身价值时往往会用到热门词语如"大数据"、"人工智能"、"新科技"、"5G"和"生态系统"等，但这些光鲜亮丽的词语对客户意味着什么以及如何更好地帮助他们解决问题才是表达的重点。其次，尽量让潜在客户对产品价值产生直观体验。大致上说，有三个方法可以实现这个目标。

产品试用

让客户通过试用直接感知到价值是最简单的方法。在 C 端市场，这种方法很常见，如汽车的试驾、衣服的试穿和家用电器的试用等。在 B 端市场，软件和服务企业也可以考虑采用产品试用的方式让客户形成价值感知。例如，赛富时和 Slack 都在初期向种子客户提供软件的免费试用。客户对产品价值的这种即时感知是它们快速成功的一个重要因素。

如果无法让客户试用产品而获得直接的价值感知，可以让客户通过试用相关服务获取产品价值的间接感知。例如，美国 B 端数字营销领军企业 HubSpot 在 2006 年推出的网页评分器，能免费帮助客户评估自身网页的数字营销效率。这个软件一经推出就大受欢迎，不但被媒体广泛报道，还获得若干奖项。其后，HubSpot 还接连推出衡量企业市场营销效率的营销评分器和评估企业增长潜力的增长评分器等。这些软件工具给潜在企业客户提供非常有价值的免费服务，让他们对 HubSpot 的产品和服务产生良好的价值感知，从而成为它的客户。因此，在 B 端市场，应该考虑"先服务，后营销"的做法，使得潜在客户通过服务获得对企业产品的价值认知。

随着技术的进步，今后还可以考虑通过虚拟现实、增强现实、混合现实和全息图像等技术打造出产品的模拟器，让客户在虚拟环境中直接体验产品而形成价值认知。在军事领域，使用模拟装置训练军人已有很长的历史。在 C 端的汽车行业，虚拟现实和增强现实等技术已经可以提供"试驾"体验。通信技术和虚拟现实技术的发展将带来更为逼真的虚拟体验。在不远的将来，B 端企业完全可以深度模仿客户在物理世界真实的使用体验和感受，让客户感知"模拟产品"。数字孪生体也会成为客户体验产品的一个重要载体。

数据表达

尽量用数据和对比进行表达，让抽象价值具体化。例如，在 C 端市场，OPPO 的"充电五分钟，通话两小时"就是一个经典的案例。在 B 端市场，价值的量化表达需要更复杂的方法，如"总体经济价值（total economic value，TEV）计算法"，即产品总体经济价值（TEV）= 竞品价格（reference value）+ 差异化价值点新增价值（differentiation value）。例如，杜邦公司在 1995 年推出一种新化工材料 Alathon 25，用这种材料制成的软管可以将破损率从传统软管的 7% 降低到 1%，尽管它的价格高于传统软管的 7 美元 /100 尺。那么，杜邦就用这种方法计算出新材料软管给农业客户带来的总体价值，如竞品价格加上各项差异化价值，即维修人工成本节约额、农作物损失的减少成本等。这种量化方法显著提高了产品价值的可视化表达。

另外，研究显示，人对绝对数字的感知强于相对数字，如百分比。所以，如果需要强化价值感知，就应该在价值表达中尽量使用绝对数字；而如果要弱化成本感知，则可以使用百分比。价值是一种心理感知，所以在进行价值表达时，还可以采取心理学上的一些认知习惯如锚定效应（anchoring effect）、框架效应（framing effect）和损失规避（loss aversion）等来提高用户对产品价值的心理感知。

信号感知

尽量在和客户的触点和互动场景提供"高价值信号"。潜在客户会被这些信号影响而形成对产品价值的良好认知。在C端市场，这种做法常见，如豪华宾馆的装潢设计、高端品牌的包装盒以及高档门店里服务人员的着装和举止等。这些高价值信号通过客户的五感影响他们的价值认知。B端企业可以在产品、网页、办公楼和经销商和电商门店等关键触点设置高价值信号。例如，华为早期为了向全球客户传递出一个顶级科技企业的形象，不惜重金建造了高档的办公楼和非常气派的产品展示厅。通过这些价值信号塑造客户对华为产品"高价值"的认知。

另一个重要的"高价值信号"就是典型客户案例。如果这个客户本身就是知名企业，则信号的强度或影响力就更大。打造典型客户案例是B端市场营销中一个常见的手段。关键是要从客户的角度讲清楚产品如何成就他们，而非在案例中做自我宣扬或夸耀。所以，典型客户案例最好由客户亲自陈述。这样更具有可信度。

在 B 端市场，企业和产品无法分割。客户必须也要形成对企业价值的认知。因此，企业的价值化表达也很重要。一般来讲，企业价值的"可视化"有以下三种方式：感知理念、感知服务和树立权威。

感知理念

正如人和人的交往，客户对于有信仰、理想和价值观的企业自然更容易产生信任。所以，企业需要有效地传播自身的信仰、愿景和价值观。对于绝大多数企业，清楚地说明自身的定位、使命、信仰和价值观并不容易，但这是打造品牌的第一步。所以，B 端企业必须要直观、清晰地表达以下三个基本问题：

其一，我是谁？

其二，我信仰什么？

其三，我想成就什么？

这就是公司品牌的内核，也就是信仰、价值观和行业定位。讲清楚这些对于潜在客户建立对企业和品牌的信任至关重要。因此，B 端品牌的基础是公司品牌。可以说，在 B 端市场，这两个层次的品牌必须拉通，打造 B 端品牌首先是打造公司品牌。但在 C 端市场上，公司品牌和产品品牌则完全可以割裂，各自为政。

B 端品牌的内核是公司品牌。不但因为强大的公司品牌更容易获得潜在客户的信任，更重要的是，在 B 端市场，价值的创造、交付和维护需要很多部门的参与和协作。公司品牌可以凝聚员工共识，从而团结一致地为客户服务。例如，亚马逊 B 端业务的使命是"赋能企业而助其大成"。亚马逊只有把以"客户至上"（customer obsession）为内核的公司品牌充分建立起来，才能引导员工全力以赴地成就客户。这也是为什么 B 端品牌建设远比 C 端品牌困难。因为它是一个从上到下，贯穿整个组织的系统工程。同时，B 端企业业务复杂，可能涉及多个领域，说清楚"我是谁"和"我的信仰"并不容易。

感知态度

感知态度就是让潜在客户在和企业及其员工互动的过程中获得对这个企业的价值感知。可以说，对客户的服务态度是企业理念的具体呈现。企业应该重视和潜在客户的每个触点如网页、企业微信号、活动现场、接待和员工互动等，尽量在这些触点设身处地为客户着想，向他们提供诚挚和尽心的服务，让客户具体感知到企业"以客户为中心"的真实信仰。例如，华为不但在接待客户时做到每个细节都尽善尽美，而且业务部门可以做到比客户更加了解客户的需求。这种深刻的客户洞察充分反映出华为对客户倾注的真心和关怀，赢得了客户的信任。

建立权威

企业价值可视化的另一个方法就是全力打造企业的行业权

威形象。所谓"行动胜过千言万语",缔造企业权威形象最有效的方法就是成为一个不折不扣的创新引领者,不断推出令人赞叹的创新,包括颠覆性创新。另一个方法就是构建自身的软实力和话语权,例如注册技术专利、制定行业标准、举办行业论坛和学术会议、发表学术论文、组建学术顾问委员会、制作行业白皮书和调研报告、提供网上课程、建立资格认证体系和创建专业学院等。最重要的是,要率先提出前瞻性的观点,为行业发展指明道路。例如,IBM 在 20 世纪 90 年代中期提出的"电子商务理念"(e-Business)显著强化了这个科技巨头的行业权威地位。图 10.5 就是产品和企业价值的可视化框架。

图 10.5 产品和企业价值可视化框架

在 B 端市场,内容营销对于建立企业的行业权威性也很重要。这应该是 B 端企业内容营销最重要的目标和功能。

【管理引申】
1. 打造 B 端品牌需要"简明易用"的用户价值。
2. B 端品牌的价值和价值可视化同等重要。
3. B 端品牌价值包含产品和企业价值两个层面。

B 端品牌建设的两大加速器

B 端品牌建设还有两大加速器，一是内容营销，二是产品创新。

内容营销属于"内引营销"或"集客营销"（inbound marketing），即在网上免费提供有价值的内容，把潜在客户吸引过来，而非企业在各种媒体平台上发声去招揽客户。如果说传统传播手段是大喇叭，内容营销就是一块默默吸引客户前来的磁铁。

狭义的内容营销属于一种传播策略，主要的工作是生成文本或视频内容在网上平台分享出去。广义的内容营销是文化战略的一个组成部分，它的产出就超越了"内容"，还包括事件、物件、服务和其他各种可能的表现形式，如 HubSpot 推出的一系列评估软件。

在 B 端市场，高质量的内容会让客户在阅读后产生对产品的兴趣，从而主动联系企业或查询网站，形成销售线索。目前来看，B 端市场主流高成本传播方式，如活动、展会、电邮和电话营销等"外寻营销"或"推式营销"（outbound marketing）的有效性在下降，而内容营销不但成本较低，而且传播效果更好。因此，内容营销可以称得上是B端品牌建设的加速器。

内容营销是一个相当成熟的营销方法。对于C端品牌，内容营销的关键是提供具有实用性的内容帮助用户解决问题，但提供趣味性强的内容去娱乐大众才是重点。在这个过程中，品牌激发"看客"的"喜欢"情感，将他们转化为用户甚至粉丝，从而形成一个活跃的用户社群，实现内容和口碑传播的自驱动。内容营销虽由品牌启动，但最终的"所有权"和内容的"创作权"、"传播权"要交给用户。因此，对于C端企业，内容营销和品牌社群紧密相关。这两项战略应在设计和实施上形成高度协同。

对于B端品牌，内容营销的目的是建立客户和品牌之间的信任。主要的方法是向客户赋能而成就客户。因此，品牌必须要通过对客户需求和痛点的深刻洞察，持续生成高质量内容而真正解决用户的棘手问题。B端品牌的内容营销不能也无法依赖客户自生，也不必过度关注客户之间的互动，品牌本身需要承担内容输出的主要工作。

建立信任感更有效的方式是通过内容营销树立企业的行业权威形象。一般而言，除了提供各类有价值的文章和视频材料，B端企业可以考虑提供以下三种内容。

其一，在线课堂和公开讲座。

B端品牌定期举办在线课堂和公开讲座，围绕行业热门话题组织内部和外部专家展开论述，向听众提供最新的思路，以启发和指引他们，这是把自己打造成"意见领袖"的有效方法。美国数字营销企业HubSpot就通过免费向客户提供大量高质量网上录播课，有效地塑造了它的意见领袖形象。

其二，行业白皮书和分析报告。

这是B端企业常用的方法。很多科技企业如Adobe等和管理咨询企业如麦肯锡、波士顿咨询公司（BCG）、弗雷斯特研究公司（Forrester Research）和高德纳咨询公司等都长期发布行业白皮书和市场调研报告，分享其对行业发展、技术走向和市场需求的最新洞察，力求树立行业权威形象。除了白皮书，B端企业还会发布针对技术趋势的"蓝皮书"（blue paper）和尚未被发表的学术研究报告"黄皮书"（yellow paper）。

其三，行业标准和资格认证。

打造权威形象的最好办法是建立行业标准和资格认证。高科技企业巨头如思科、SAP、微软等都有自己的一套资格认证体系，从而培养了大批忠实的技术追随者。对于中小企业，建立标准和进行资格认证也不是天方夜谭。例如，美国的数字营销企业HubSpot作为内容营销的主要推动者，把"内容"的范围扩展到服务。它开发了一系列免费工具软件如网站打分器、企业增长打分器和市场营销打分器等，帮助企业进行自我评估。在这个过程中，HubSpot就间接建立了这类评估的行业标准。另外，HubSpot还创立了一所广受欢迎的网上培训学院HubSpot Academy，提供大量数字营销方面的线上课程，并提供考试和资格认证。这些措施在帮助HubSpot建立行业权威形象上都发挥了重要作用。

对于B端品牌，内容营销应该从企业的网站和博客开始，然后再考虑延伸到社交媒体。这项工作虽然不需要很多资金，但需要很多精力。另外，内容营销的最终目的是获客，所以在内容中要设计客户转化机制，如客户注册页面等。当然，内容营销是否有效的最关键驱动力是内容质量，这也是大多数 B 端企业的短板。它们大都没有这样的专职岗位，自然也没有合格的专业人才。

在数字化时代，生成高质量内容的能力将是企业的关键组织能力之一。B 端企业必须学习 C 端企业，逐步建立内部的专业团队进行高质量内容的创造和传播。随着人工智能和通信技术的进一步发展，B 端的内容营销也将会向新型直播发展，即在真实和虚拟的混合世界中，由真人和虚拟人共同完成的沉浸式全景直播。这种发展趋势对 B 端品牌的内容创造和交付能力，以及和客户的对话互动能力都提出了更高的要求。可以预见的是，在 B 端市场，内容营销的发展方向将是新型直播。

B 端品牌建设的另一个加速器就是产品和技术创新。B 端品牌无论采取什么方法去实现显著差异化的客户价值，归根到底，都需要研发和创新的支撑。C 端品牌的建设可以通过务虚的文化战略，而 B 端品牌只能靠由真才实学锻造出的卓越用户价值。这就是为什么打造 B 端品牌要大大难于打造 C 端品牌。换句话说，B 端企业的创新能力需要长时间的积累和大规模的投入，不是像在 C 端一样，请明星和网红、编好故事、想出精妙的定位语言钉和视觉锤，再用时尚的设计就可以让客户冲动起来。可以说，B 端品牌战略的核心就是价值战略，而价值战略的核心是创新战略。所以，对 B 端企业而言，B 端品牌战略几乎等同于创新战略。

华为在全球市场上的成功最好地诠释了这点。作为中国唯一上榜 Interbrand 全球百强品牌的企业，华为在 1996 年刚刚走出国门时毫无基础，而且背负很多包袱，如海外市场对中国的偏见等。很多客户，尤其是发达国家的客户，甚至认为华为是骗子企业。当时的华为费尽心思却往往连客户都见不到。在这种恶劣的情况下，华为选择的品牌建设之路就是：通过长期投入，坚持不懈地创新，用无可比拟的客户价值打动人心。这就是华为朴实无华却又卓有成效的品牌战略，即"结硬寨，打呆仗"。

华为在 2004 年开发出具有颠覆性的分布式基站，使得网络建设成本降低至少 30%，也让网络部署时间大大缩短。在 2006 年，华为终于通过这个重大技术创新获得全球电信运营巨头沃达丰西班牙分部的认可，从而真正打开欧洲市场。两年后，华为又推出第四代基站 SingleRAN，可以同时运营 2G、3G 和 4G 的信号，在技术上显著领先竞争对手，一举奠定了行业领袖地位。正是这两个具有颠覆性的创新帮助华为跃升为全球电信设备行业的第一品牌。从华为经验可以看出，创新，尤其是颠覆性创新就是 B 端品牌建设的最高战略。所以，创新能力是 B 端品牌建设最为关键的能力。

B 端其他成功品牌的经验也可以看出产品创新程度对品牌建设的决定性影响。对比赛富时和 Slack，前者推出的是颠覆性创新，而后者的产品虽然也开创了一个新品类，但还算不上突破。所以，赛富时颠覆了传统软件行业，同时开创了一个高速增长的新市场和新行业，并在这个新行业中稳居领袖地位。而 Slack 虽然成长很快，但直到今天，仍然面对如微软的 Teams、Glip 和 Flowdock 等诸多挑战。所以，在 B 端市场，"想成功，必颠覆"。用颠覆性创新打造品牌是 B 端市场品牌建设的最佳战略。

当然，对于任何上升中的品牌，除了创新，选对市场突破口也非常重要。如果直接去抢夺主流品牌的核心客户，只能招致它们的强烈反击，事倍功半。华为在国内国外市场的早期做法都是先从主流品牌防守较弱的低端和边缘客户入手，突破后再步步为营，慢慢扩大战场，逐步进入中端和高端市场。

B 端品牌建设的 C 端方法

随着数字化的进一步发展，各行业都将逐渐完成数字化转型。这个转型的本质是把企业从"自我为中心"变为真正"以客户为中心"，成为"客户驱动型"企业而实现"客户直达"（direct-to-customer）。B 端企业从而演变为 B2B2C 模式。

达到这种发展阶段仍然需要时间，但一个无法否定的大趋势就是，因为"客户驱动"和"客户直达"进一步缩小了 B 端和 C 端行业的距离，越来越多的企业将像科技巨头如微软、谷歌、华为、亚马逊、三星和特斯拉等一样实现 B 端和 C 端的融合。

从客户端来看，这种融合趋势也很明显。C 端企业的实践正在显著影响 B 端客户的心理预期和偏好，产生所谓的"亚马逊效应"（the Amazon Effect），即 B 端客户也希望它们各自的供货商具有亚马逊在 C 端市场的服务质量和交付效率，不再满足于行业一贯的缓慢交易过程。因此，B 端和 C 端企业打造品牌的方法也会逐渐趋同。

对 B 端品牌而言，这将意味着以下几点变化。首先，要更加关注客户体验和他们的情感需求，除了保证产品质量，还要确保所有触点和客户交互中的温度。其次，B 端品牌需要建立和客户以及最终用户的直接触达。这样才能真正实现价值创造的"客户和用户双驱动"。要达到这个目的，B端品牌和客户构建休戚与共的"命运共同体"势在必行。再次，随着"客户直达模式"的深化，B端品牌不但需要通过生态系统和社群与客户及用户建立更为紧密的"伙伴"关系，还要具备和他们即时互动的能力。内容输出和对话能力将成为B端品牌关键的组织能力。最后，B端品牌也需要具备更深的文化和思想内涵，不但向客户和最终用户提供产品和解决方案，还要提供理念和意义，成为满足客户情感和心灵需求的平台。因此，B端品牌要把务实朴素的自我表达上升到丰富多元的文化战略层面。在这方面，英特尔和赛富时已经做出了有益的尝试。可以说，要想在数字化时代成功，用C端的方法做B端的事是B端品牌战略的大方向。B端市场和C端市场的品牌战略逐渐会殊途同归。

无论在B端还是C端，缺乏用户影响力和技术实力的品牌会逐渐消亡，而成为亚马逊、苹果、腾讯、脸书或阿里等超级平台的供货商。智能化数字决策平台如亚马逊的Alexa，谷歌助手（Google Assistant）和苹果的Siri等将会主导B端和C端用户的决策过程。如果品牌没有直达最终用户的能力，那么只有进入这些系统的推荐名单才会出现在客户面前。这些超级平台也会将自身体系中越来越多的品牌变为自有品牌。这将是品牌和品牌时代的终结。

B端品牌战略的核心可以归纳为"客户至上"、"价值为本"、"创新为纲"和"共生共荣"。也就是说，在B端市场，品牌建设靠真实力。因此，打造B端品牌的核心是价值战略，而价值战略的核心又是创新战略。可以说，只要具有强大的创新能力，能够在行业中显著领先竞争对手，就可以自然而然地获取客户的信任而建立起一个强大的品牌。关系战略自然也很重要。B端品牌实施"关系战略"的最终目标应该是和客户成为休戚与共的"命运共同体"。当然，只有突破工业化时代的管理模式，逐步打破企业边界，同时真心成就客户，才具备建立这种深层战略关系的基础。在数字化时代，内容战略以及更为广义的"文化战略"也会在B端品牌建设中发挥更大的作用。从品牌建设角度来看，B端和C端的差异将越来越小，而B端和C端行业的划分也将逐渐丧失意义。

本章金句

- B端品牌是信任符号，打造B端品牌的关键是实现显著差异化的用户价值来赢得客户信任。因此，B端品牌战略几乎等同于价值创新战略。建立"以客户为中心"的企业文化是B端品牌战略的基础。在数字化时代，和客户成为休戚与共的"命运共同体"将是品牌建设的关键。

- 在B端市场打造品牌，首先要解决正确的问题。简明易用和客户旅程体验是B端品牌关键的价值差异化点。价值的差异化需要高效的可视化表达。在产品价值差异化不显著的情况下，价值可视化表达将是成败的关键。

- 内容营销和技术创新是B端品牌建设的两大加速器。B端品牌必须要建立高水平的内容营销能力，它的发展方向将是新型直播。数字化时代的B端品牌也最终会具有"媒体"的性质和能力。B端品牌建设最终要靠"颠覆性创新"才能登顶。B端市场和C端市场的品牌战略逐渐会殊途同归。

核心一句话：B端品牌战略就是以创新为基础的价值战略。

第十一堂课
如何打造数字品牌？

数字品牌不是品牌的数字化，而是数字化时代由数字化企业承载的品牌。数字品牌的关键不是各种数字化平台上的传播，而是用户价值和体验的深度数字化。数字品牌的本质是客户至上、体验为王和精准价值。个人化、社交化、内容化和娱乐化将是数字品牌的主要特征。无论是在 C 端还是 B 端市场，数字品牌的建设都需要企业的深度数字化转型。数字品牌终将演化为以品牌全景体验为载体的智能型品牌。

数字品牌是数字化时代的品牌

数字品牌不是数字化的品牌，而是数字化时代的品牌。这个区别很重要。很多企业一想到品牌数字化就以为是用数字化手段进行品牌的宣传，例如，利用社交媒体、电商平台和品牌 App 等向用户传播品牌形象、品牌故事和发起品牌活动等。所以它们不对自身或所提供的产品做出任何改变，而只是在自己工业化的内核外面罩上一层薄薄的数字化外衣。品牌数字化的工作自然就交给企业品牌部、新媒体部或市场营销部来实施。其实，这样的品牌最多算是"数字化品牌"，而不是"数字品牌"。如果这样理解品牌数字化，企业就根本没有把握数字品牌的真谛，会不可避免地在这个时代的竞争中被淘汰出局。

真正的数字品牌是数字化时代的品牌。对这些品牌而言，数字化不只是一种手段，更是一种全新的管理和经营理念。因此，数字品牌代表的是贯穿用户端到端旅程的数字化价值和体验，即数字化品牌全景体验。它的背后是数字型企业。这样的企业在文化、经营理念、组织架构、运营流程、组织能力、人力资源和用户价值主张等层面都和传统工业化企业有根本的不同。也就是说，数字品牌代表的是企业内核和用户价值的数字化，而不仅仅是传播和沟通层面的数字化。对一个企业而言，从"数字化品牌"到"数字品牌"代表一种质的飞跃。工业化时代的企业其实无法真正进行数字品牌的设计、创造和交付，要想成功打造数字品牌，企业必须首先进行数字化转型。数字品牌代表的是数字化企业。

显而易见的是，工业化时代正在终结，而正在兴起的数字化时代正从根本上重塑全球商业和人类社会。它代表一种崭新的商业模式和文明形态。数字化时代将物理价值转化为数字价值，而在智能化时代，人类社会将从"由人决策"变为"由机器决策"。在这两个时代的演进过程中，企业、产品和品牌的本质和角色正在发生重大变化。虽然商业智能化仍然处于早期发展阶段，但工业化、数字化和智能化时代的巨大差异已经非常明显，如表11.1所示。

表11.1 三个时代的企业特征对比

	工业化时代	数字化时代	智能化时代
文化特征	产品导向	客户导向	客户驱动
优化单元	产品/服务	客户体验	全景体验
竞争优势	规模经济	网络效应	自我优化
产品要求	标准化	个性化	精准化
生产准则	效率	速度	创意
价值变现	计件制	订购制	终身制
组织架构	金字塔	扁平式	自组织
业务形态	科层式	项目制	自适应
领导特征	指令式	教练式	植入式
管理类型	管控	赋能	输能

续表

	工业化时代	数字化时代	智能化时代
领导背景	年长型	年轻型	机器型
决策方式	经验驱动	数据驱动	智能驱动
管理哲学	含糊	清晰	透明
企业类型	经验型	学习型	自优型
行业布局	垂直型	水平型	平台型
关键人力	生产/制造	软件/数据	机器智能
企业氛围	封闭/自利	协同/共享	开放/垄断
组织形态	固体	流体	能体

可以看出，数字化时代的核心特点就是平等、开放、共享、协作和演进。

就目前而言，智能化时代尚未成熟，对它的解读只是一种推断。对比工业化时代和数字化时代的企业，它们很显然具有完全不同的基因。在工业化时代，企业最大的特征就是产品为王、硬件为主，企业形态和经营理念呈现封闭、静态、固化和单调的主旋律，而数字化企业则是客户为王、软件为主，企业特征以开放、动态、流动和创意为基调。更关键的是，工业化时代是"等级"的时代，企业和用户之间、领导和员工之间、领袖企业和跟随企业之间的关系既不对等也不公平。而且，各个参与方都是"以自我为中心"的利己心态来交往，相互边界和壁垒分明。在数字化时代，因为价值需求和创造变得高度复杂，行业之间、企业之间、企业和用户之间的界限开始变得模糊，各参与方的利益逐渐紧密绑定，形成利益共同体。因此，这个时代更加强调平等、开放和协作，以"群体为中心"的共利心态日益形成并强化。

数字化企业如此，数字品牌也是这样。在数字化时代，品牌也必须遵守平等、开放、共享、协作和演进的原则。具体而言，品牌要打开自己的边界，邀请其他品牌参与，共同开拓发展空间并分享成果。与此同时，品牌需要成为用户的伙伴，和用户共创并共同成长。同时，品牌也必须成为一个时刻演进的活体，具有随时洞察并激活用户需求的能力。因此，从品牌战略的角度来看，这三个时代也代表了三种截然不同的理念和做法。

首先，工业化时代品牌战略的主要特点是粗放、静态、单向和标准化，遵循线性而机械的思维；而数字化时代品牌战略则是精准、动态、双向和个性化，而且整个战略的设计和执行能不断迭代并持续优化。其实，目前大多数所谓的数字化品牌本质上仍然是工业化时代的品牌，承载的是工业化时代理念。但数字化时代的品牌则代表一种截然不同的新物种。这个新物种大致有两类：一类是传统企业成功实现数字化转型后而打造的数字品牌，如耐克、施耐德电气（Schneider Electric）和欧莱雅等；另一类就是数字原生品牌，如谷歌、腾讯、京东、阿里、字节跳动和美团等。

在数字原生品牌中，近年来涌现出了一个新品类，即"数字原生垂直品牌"（digitally native vertical brand，DNVB）。它们不是聚焦软件和服务的互联网企业，而是提供传统品类如服装、化妆品、家具和饰物的互联网品牌，如美国的男性个人护理品牌 Dollar Shave Club、眼镜品牌 Warby Parker、床垫品牌 Casper Sleep、服装品牌 Bonobos 和休闲鞋品牌 Allbirds，以及中国品牌如完美日记、SheIn、安克、Zaful、三只松鼠和花西子等。这些品牌从诞生之始就努力打造纯粹的数字品牌。

可以看出，工业化时代品牌战略最大的问题是，品牌"唯我独尊"，对用户需求被动反应，推送标准化用户价值，而且用户品牌体验非常单薄，直接造成品效分离。数字化时代品牌则是"唯客独尊"，主动洞察用户需求，价值的个人化程度明显提升，而且强调更为丰富的品牌体验，品效开始趋同。数字品牌的本质是客户至上、体验为王和精准价值。智能化时代品牌则以优化用户体验为目的预先创造用户需求，通过全面嵌入用户生活而积极引导他们的偏好，并完全实现量身定制的个人化服务，同时提供沉浸式品牌全景体验，真正实现品效合一。工业化时代品牌的数字化努力自然无法和数字品牌和智能品牌相提并论。三个时代的品牌战略区别如表11.2所示。

表11.2 三个时代的品牌战略比较

	工业化时代	数字化时代	智能化时代
营销特征	人海营销	精准营销	预制营销
品牌能力	创意	数据	智能
品牌执行	人力投入	人机结合	人机交互
品牌人才	单视角单技能	多视角多技能	全视角全技能
品牌职能	战术执行	战略配合	战略驱动
品牌触达	单向/静态	双向/动态	即时交互
市场细分	万人	多人	单人
客户分析	粗略标签	精细画像	瞬间兴趣
客户颗粒	千人一面	千人千面	一人千面
价值主张	事先定义	快速迭代	即时优化

续表

	工业化时代	数字化时代	智能化时代
研究单元	客户行为	客户心理	客户神经元
目标选择	千人无场景	多人多场景	单人单场景
场景涉入	单场景	多场景	全场景
定位战略	单效能	多效能	全效能
产品战略	固化封闭	硬软兼备	开放活体
价格战略	单件价	单件价/订购制	订购制
渠道战略	零售平台	线上平台	决策平台
推广战略	整合营销	链路营销	单点营销
品牌战略	品效分离	品效趋同	品效合一

【管理引申】

1. 数字化传播只是数字品牌建设的第一步。

2. 数字品牌代表的是数字化企业。

3. 数字化转型是建设数字品牌的关键。

基于这些不同，数字品牌和工业化时代的品牌相比，具有极其不同的特征。这些区别主要体现在以下六个方面。

数字品牌的六大特征

品牌的本质是和用户的情感关系。在工业化时代，对用户而言，品牌既抽象又遥远，建立这种关系难度很大，尤其是建立和用户之间的深层情感关系。所以，在工业化时代，品牌忠诚度和"至爱品牌"这些概念几乎是一种错觉。在当时的消费场景和技术条件下，用户很难对一个品牌产生任何真正的情感和忠诚度，建立长期的深层关系更无从谈起。

但数字化时代改变了品牌和它与用户关系的本质，数字化使品牌和用户具有更平等的关系，同时智能手机的广泛普及也让品牌更加紧密地嵌入用户的生活。建立深层的用户情感和用户忠诚度成为可能。可以说，数字品牌是真正的关系型品牌，而绝大多数传统品牌没有建立这种情感关系的能力。这是数字品牌和传统品牌最本质的区别。

具体来讲，和工业化时代的品牌相比，数字品牌具有六个主要特征，即客户化、体验化、社交化、内容化、个人化和泛商化。

"客户化"是真正以客户为中心来进行价值的设计、创造和交付。可以说，数字品牌就是客户品牌，它存在的宗旨就是贴近客户，真心为客户服务，并真正解决客户问题。其实，在数字化时代，品牌以客户为中心仍然不够，要像亚马逊一贯遵循的那样，做到"客户至上"。数字品牌发展的下一个阶段一定是"客户驱动"，也就是和B2B与B2C模式的逻辑正好相反的C2B（customer-to-business）时代。这种"客户为王"的逻辑不是传统品牌的内核。

"体验化"是指数字品牌极端关注用户端到端的总体体验。因此，它的优化单元远远超出产品本身，涵盖用户的整体旅程。它确保用户和企业的每个触点都成为和用户建立信任和情感,同时创造需求的机会。而且,在数字化企业的支持下,数字品牌将用户价值和体验不断数字化,并以此获取用户数据而形成深刻洞察。数字化转型成功的传统品牌如耐克等,连同近十年来不断崛起的数字原生垂直品牌都把"超质用户体验"作为它们的核心价值主张。随着技术的进步,如5G、虚拟现实、人工智能和全息图像等,数字品牌将会具备向用户提供无法辨识真伪的沉浸式品牌全景体验。这种体验将会显著强化品牌和用户的关系,但传统品牌大多还是处在卖硬件单品的产品思维阶段。

"社交化"是指数字品牌具有社交属性,如品牌的"互动性"、"共创性"和"粉丝化"。首先,它是开放型品牌,会不断通过数字平台尤其是社交媒体平台和用户频繁互动,并在此过程中持续优化用户价值和体验。其次,数字品牌也成为用户相互交流甚至社交的平台。同时,它也允许用户参与而共创品牌,并在这个过程中和用户实现共同成长。例如,星巴克在2019年推出猫爪杯,当即在社交媒体上广泛传播,成为网红爆品。可口可乐也在2013年通过"可乐分享"活动推出印有各种常见人名的瓶装可乐,也是立刻红遍全球的社交网络圈。但是传统品牌普遍缺乏社交化基因。虽然也尝试在社交媒体上发声,但很少能够掀起品牌的社交和分享热潮。

"内容化"是指数字品牌开始具有媒体属性。它会通过无所不在、即时送达的社交媒体和其他数字平台持续向用户输送多元化的品牌内容。对于B端品牌,这些内容主要是帮助用户解决痛点和产品的使用难点,而在C端市场,这些内容更多是引人入胜、精彩纷呈的品牌故事,甚至是基于品牌IP的影视内容,如京东的《Joy Story》和三只松鼠动画片等。不但如此，越来越多的头部数字品牌如亚马逊、苹果等直接进入媒体领域，开始打造原创的影视内容。从这个意义上讲，数字品牌已成为内容的输出平台，但是传统品牌还在定位、视觉锤和语言钉上发力。这种旧式做法在数字化时代则显得过于单薄和苍白。

内容化的直接结果就是品牌的深度人格化。在传统工业化时代，主流品牌也极力通过电视广告等手段来塑造品牌人格，但除了哈雷摩托、宝马、耐克和劳力士等天生代表生活方式和社会地位的品牌，成功塑造了鲜明人格的品牌并不多。就是哈雷摩托等成功品牌所塑造的也只能算是"浅层人格"。这是因为在工业化时代，用户仍然过于关心产品性能，对品牌人格并无过多诉求。但进入数字化时代，品牌深度嵌入用户生活，并通过数字化平台和他们朝夕相处。用户逐渐把品牌视为伙伴，从而对品牌的人格化有了更高的需求。完美日记和花西子等数字品牌都塑造了自己的品牌人格，如"小完子"和"花西子"。可以看出，内容化就是品牌人格化的重要驱动力。

"个人化"包含"精准化"，是指品牌在大数据分析能力的支撑下，能够向每个用户提供和场景匹配的精准个人化价值和体验。目前的大多数数字化品牌，只具备提供个人化信息的能力。但真正的数字品牌则可以实现个人化用户价值和体验的交付。

例如，通过柔性供应链，美国的运动鞋品牌Atoms就提供更精细的尺码，而且还按照用户实际脚码搭配出不成双的组合。这算是个人化产品的初步阶段。日本时尚服装品牌ZOZO则利用带有传感器的测量紧身服和手机App，精确量出每个用户的实际尺码并完全做到量身定做。

今后，随着智能柔性制造和 4D 打印技术的发展，越来越多的品牌可以实现完全的个人化价值创造和交付，而不仅是停留在信息传播层面的个人化服务。最高层次的"个人化"会在人工智能驱动的"我时代"实现。那时的智能品牌会围绕每个用户构建个人化微型生态系统，实现单人服务。工业化时代的品牌则不具备设计、生产和交付这种个人化价值的企业组织能力和商业模式。

"泛商化"包括"泛场景"和"泛平台"，即数字品牌具有全渠道全场景和用户接触的能力，也就是说，数字品牌深度嵌入用户日常生活中的各个场景，利用各种数字平台如智能手机、可穿戴设备、智能眼镜、智能衣服，甚至场景中的各种交互界面，如桌面、椅面、墙面和广告牌等向用户进行个人化价值和体验的输送，真正形成品牌全景体验。目前，数字品牌对场景和平台的嵌入都处在早期阶段。但随着技术的发展，一定会完成对用户的全场景覆盖而实现品牌的泛商化。工业化时代品牌很难在这六个方面模仿数字品牌，因为这些特征的落实需要数字化企业的组织文化、能力和架构来支撑。

可以看出，工业化时代的企业利用数字平台尤其是社交媒体平台进行的品牌运作只是"数字化品牌"，本质上仍然是传统品牌，代表落后的商业和经营理念。它最多能够实现传播内容的"个人化"和有限的"内容化"。只有深植于数字化时代的数字品牌才会具备如图 11.1 所示的六个特征。数字品牌发展的最高阶段就是能够设计、创造并交付品牌全景体验，从而实现用户生活总需求和全场景的覆盖。这是品牌演化的最高阶段。

品牌从工业化时代的传统品牌到工业化时代的"数字化品

牌",再到数字化时代的"数字品牌"是一个逐渐发展演化的过程。在这个过程中,企业需要形成新的文化和不同的组织能力。因此,数字品牌的建设无法一步到位,需要逐步升级。

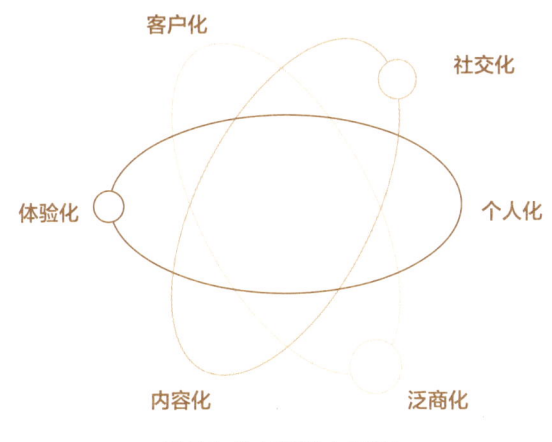

客户化　　社交化

体验化　　个人化

内容化　　泛商化

图 11.1　数字品牌的六个特征

数字品牌发展的三个阶段

一般而言,数字品牌的发展从易到难经历三个阶段:数字化传播(digital communication)、数字化增益(digital augmentation)和数字化优化(digital optimization)。

"数字化传播"就是利用数字化平台进行品牌的传播。和传统的传播方式相比,数字化传播具有无可比拟的优势,如覆盖广、速度快、成本低、调整容易，而且还可以更加精准和个性化。这也是目前绝大多数尝试数字化的传统型品牌所处的发展阶段。但品牌关乎价值，而不只是传播。信息传播自然无法和用户建立真正的深层关系，而要靠优质的用户价值和体验。因此，品牌需要上升到"数字化增益"的阶段。

"数字化增益"是利用数字化技术对用户价值和体验进行增强和提升。目前的数字化增益相对比较浅层，主要有两种方式。

其一，对用户旅程中的某段体验进行数字化。例如，宜家在 2017 年推出的"家具试放"手机应用程序"IKEA Place"，利用增强现实技术让用户把虚拟家具试放在家居环境里，以避免尺寸、式样及颜色不合的常见痛点。欧莱雅在 2014 年推出的"化妆天才"（Makeup Genius）手机应用程序也是利用增强现实技术帮助用户虚拟试用不同的化妆品，成功把用户痛点变成用户爽点。

其二，对产品本身进行数字化，即通过软件驱动、网络联结和数据感知显著提升产品功能。在很多情况下，数字化的产品成为一个新品类。这种做法在科技类产品中非常普遍，比较知名的有谷歌自动驾驶汽车和智能眼镜、特斯拉电动车、亚马逊 Echo 智能音箱、Peloton 动感单车和美的智能空调等。目前的智能硬件产品都属于数字化产品。当物联网广泛普及后，所有硬件产品都将完成数字化升级。

对大众消费品而言，产品数字化还在探索阶段。耐克无疑是这个转型过程的先锋品牌。它不但早在 2012 年就推出了风靡全球的"Nike+"应用程序，通过在跑鞋中植入传感器来收集运动数据，以帮助运动者进行健身管理等，而且还在 2016 年推出自动系带跑鞋 HyperAdapt，在产品数字化上更进一步。

其他健身品牌如彪马、阿迪达斯和安德玛，以及主流时尚品牌如李维斯等也都逐渐推出智能服装，彻底改变了产品的特性和用户价值主张。数字化增益不但显著提升产品的核心价值，同时和用户建立更为密切的关系。这是数字品牌开始客户化、体验化、社交化、个人化和内容化的必要步骤。

"数字化优化"是指在人工智能技术驱动下，数字品牌不但向用户提供个人化、内容化和社交化的良好数字化体验，而且通过深刻洞察用户需求，成为解决用户问题的专家和顾问。通过给用户赋能并提供指导，帮助他们优化产品使用和总体消费目标，并提供最优总体解决方案，全面提升用户的工作和生活品质。

例如，耐克通过数字平台给用户提供健身指导。另一个体育用品品牌安德玛也在朝这个方向努力。它在 2015 年斥巨资收购了社交健身应用 Endomondo 和全球最大的健身和营养应用 MyFitnessPal。它通过这些举措力求把用户的智能手机变成他们的个人健身教练，从而向用户提供全方位的健康生活指导。

在 B 端行业，数字孪生就是"数字化优化"的一个发展方向。通过数字孪生，企业如通用电气或劳斯莱斯可以向它们的客户如波音（Boeing）或空客（Airbus）等提供飞机设计、飞行管理和维修等各个方面的优化方案。数字品牌一旦发展到这个阶段，就可以实现优质品牌全景体验的交付而深度融入用户生活，成为他们不可或缺的生活伙伴和顾问。这也代表数字品牌发展的最高阶段。数字品牌的发展阶段如图 11.2 所示。

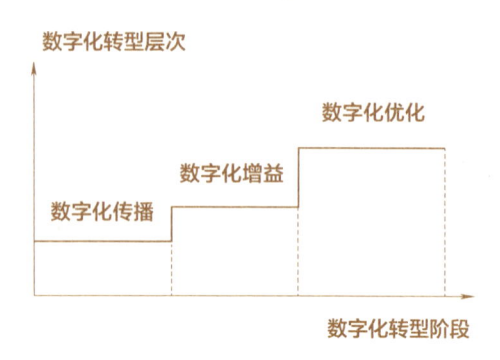

图 11.2　数字品牌发展的三个阶段

真正的数字品牌始于数字化增益阶段。只有开始构建品牌的数字化体验和数字化产品才能够具备深度体验化、个人化、内容化和社交化的特征。这是目前绝大多数数字品牌所处的阶段。进入智能化时代，数字品牌就会发展到数字化优化阶段，也就同时具备了泛商化以及品牌全景体验所需要的通值化、多重化和意义化等特征，真正获得全方位、多维度服务用户的能力。

品牌的数字化发展对应的就是企业的数字化转型。可以说，企业数字化转型是数字品牌建设的基础。只有数字型企业才能承载真正的数字品牌。所以，对传统企业而言，打造数字品牌的第一步是企业的数字化转型。因此，数字品牌的建设不是品牌部门的一种战术操作，而是涉及企业最低层和顶层的深度变革战略，也是企业在数字化时代的最高战略。

【管理引申】

1. 数字品牌是"功能集成"的品牌，扮演多重角色。

2. 数字品牌的构建将成为驱动企业数字化转型的主要力量。

3. 数字品牌时代的企业都将是高科技企业。

这样看来,打造数字品牌的关键是通过企业的数字化转型而实现品牌对用户价值和体验的数字化增益和数字化优化。在这个过程中,数字品牌最终演化成智能品牌。智能品牌就是智能型企业承载的品牌,是品牌发展的最高阶段。传统型企业通过数字化转型而成功打造数字品牌的典范是耐克、欧莱雅和施耐德电气等。数字原生垂直品牌迅速崛起成为知名品牌的典型案例是美国男性个人护理品牌 Dollar Shave Club、眼镜品牌 Warby Parker、运动品牌 Peloton、服装品牌 Bonobos 和休闲鞋品牌 Allbirds。通过将耐克、施耐德电气和 Warby Parker 作为案例,我们可以深入地了解它们成功打造数字品牌的策略。

传统 C 端企业的数字品牌战略:耐克

在 C 端市场,耐克是传统品牌成功进行数字化转型的一个典范。进入数字化时代以来,数字化转型就成为耐克品牌战略的核心。作为一个传统的加工制造型企业,耐克的数字化意识非常强烈,很早就在脸书、YouTube、照片墙、推特、拼趣和领英等主要社交媒体上布局。耐克在高效实施"数字化传播"的过程中，已经成为在社交媒体平台上追随者最多的品牌之一。

在脸书上，单是"耐克足球"页面就有4400万粉丝。它的照片墙账号的追随者竟然高达16.8亿，当仁不让地成为这个平台上最受欢迎的品牌。作为一个全球品牌，耐克也活跃在不同国家的社交媒体平台，如中国的微博和微信、巴西的Orkut和俄罗斯的VKontakte等。耐克在数字化传播上的成功直接得益于它不断推出的超高质量图片和视频内容，使其能够在情感深层和广大用户产生共鸣。耐克也通过社交媒体平台如推特向用户提供可以即时互动的客服服务，及时解决用户问题。

在数字化增益阶段，耐克更是走在了几乎所有传统品牌的前面。首先，耐克建立了一套比较完整的数字生态系统，包括应用程序如Nike+、面向铁杆粉丝的SNRKS、耐克健身俱乐部（Nike Training Club）、耐克跑者俱乐部（Nike Running Club）、耐克零售店（Nike App at Retail）等，以及社交媒体平台、网站和博客TRAINED等，向用户提供丰富的个人化数字体验。

它还利用前沿科技手段，如计算机视觉、人工智能、机器学习和3D打印等，进一步深化用户价值和体验的数字化。例如，Nike Fit技术可以即时为用户精确测量足码，Nike Scan允许用户通过扫码了解产品历史和整个库存的情况等。耐克还在SNRKS中进行新品推广的直播，极受欢迎。

与此同时，耐克大力建设数字化零售渠道，推出数字超级旗舰店，通过店里的各种数字化界面包括"数字墙"进行产品介绍、产品个人化设计、数字鞋试穿、购买和预订等，真正把线上和线下世界融为一体，从而构建出优质的用户个人化数字体验。

更重要的是，耐克的品牌数字化不仅是用户旅程体验的数字化，而且深入产品层面。例如，耐克和惠普在 2016 年合作，发展 3D 打印技术，并成功推出了第一款 3D 打印的 Flyprint 跑鞋。随着这项技术的进一步完善，耐克的用户完全可以在线上选择个人化的设计，然后去线下的耐克零售店直接下单打印出来。耐克也在推进"智能化服装"的开发，力求最终在体现用户核心价值的产品层面实现数字化增益。

耐克品牌也在向数字化优化阶段演化。它早在 2010 年就推出 Nike+ 数字化运动系统，将跑者的锻炼过程进行数字化管理，并允许跑步数据的分享以及锻炼过程中和友人在社交媒体上的互动。这些举措开始让跑步具有社交属性。其后，耐克不断完善这个应用软件的功能，从以前单纯记录和管理跑步数据，到现在打造线上和线下健身社区、组织当地的运动活动和向用户提供个人化的健身指导等，已然成为个人的数字健身教练。

今后耐克数字生态系统一定会超越跑步和锻炼的范畴，给用户提供更广泛和全面的指导和顾问服务，如健康生活方式等，从而为他们进行全方位赋能。耐克的数字鞋和智能运动服将会极大地扩展耐克用户价值和体验方案的边界，进入个人健康和疾病的全面检测、预警和保健等领域。可以预见，在不远的将来，耐克将率先演化为"智能型企业"，完成由"数字耐克"到"智能耐克"的品牌转型。

数字品牌的塑造需要数字化企业的支撑。在内部组织层面，耐克一直在大力推进数字化转型。2010 年，耐克设立了一个新部门，称为"耐克数字运动部"，负责整个组织层面的数字化转型。它的工作核心是通过数字化技术加速各部门整合，从而确保为用户提供一个真正的无缝体验。为了尽快实现企业数字化转型，耐克还在 2020 年进行高管团队的"科技化"，打破行业惯例而任命约翰·多纳霍（John Donahoe）为新任总裁。多纳霍是 Paypal 的董事会主席、易贝（eBay）和云端软件平台企业 ServiceNow 的前任总裁，具有极其丰富的高科技产业背景和管理经验。用他的话说，数字化已经被深深植入耐克的企业基因，从而引导企业运营的方方面面。

例如，耐克已把 6000 多种制鞋材料数字化，并在 3D 打印技术的支持下，实现了产品研发的数字化。而且，耐克跨部门的研发团队已经开始采用物理真实鞋和数字孪生鞋的整合设计理念。另外，通过射频识别技术（radio-frequency identification, RFID），耐克逐步实施供应链数字化，让产品研发部门和供应链伙伴之间的高效协作和高速反应成为可能。

耐克也在开发数字化激光生产线，推动"大规模定制"的发展。当然，企业数字化的基础是用户数据。耐克通过各种数字化平台和承担用户数据收集功能的旗舰店获取了海量用户数据来指导产品研发和用户体验设计。随着自身数字化能力的飞速提高，耐克已经成为一家真正的高科技公司，通过高科技手段日益和竞争对手拉开差距，逐步构建起"显著的差异化"。

从耐克的成功经验可以看出，在 C 端市场成功打造数字品牌的关键就是：以数字化传播为基础，以高质量个人化数字体验为核心，以向用户进行全方位指导和赋能为发展方向，通过企业深度数字化转型，向用户提供具有显著差异化的数字化价值和全景体验。可以说，这也是传统品牌演变成数字品牌的必经之路。

传统 B 端企业的数字品牌战略：施耐德电气

在 B 端市场，施耐德电气在打造数字品牌方面卓有成效。位列《财富》全球 500 强的法国施耐德电气公司成立于 1836 年，是全球大型的能效管理和工业自动化公司，有超过 13 万员工，业务遍布 100 多个国家和地区。作为一家典型的工业化时代制造型超大企业，在应对数字化这种深刻的时代变革面前，施耐德电气却远远地走在了大多数 B 端企业的前面。

数字化传播对于 B 端和 C 端品牌的角色和作用有显著差异。对 C 端品牌而言，数字化传播可以直接塑造用户对品牌的情感，所以主要是以情感驱动的方式来执行。B 端品牌的"数字化传播"主要是确保企业和产品的信息能够清晰准确并具有说服力地实现表达。因此，理性客观的个性化陈述是数字化传播的重点。

社交媒体是 C 端品牌重要的数字化传播平台，B 端品牌则主要依赖自身的网站或"虚拟营销活动"进行产品介绍。虽然"数字化传播"对 B 端品牌也很重要，但远不如在 C 端市场对塑造品牌的影响力那么直接。所以，在 B 端市场，打造数字品牌的核心是数字化增益和数字化优化。这两项目标的落地都需要企业进行深度数字化转型。可以说，B 端企业打造数字品牌的战略几乎就等同于它自身数字化转型的战略。

施耐德电气实施数字化增益和数字化优化的关键是它从 2009 年就开始构建的数字化基础设施，即物联网架构与平台——EcoStruxure。这个平台向用户提供互联互通的产品、软件应用、服务和整体解决方案。2016年推出的新一代EcoStruxure功能更加强大，具有"开箱即用"（out-of-the box feature，OOTB）和开放式等特征。它可以实现关键数据的即时可视性，便于进行预测性分析和最优服务方案的提供。

施耐德电气为客户提供数字化增益的另一个关键举措就是在2019年推出的"施耐德电气交换平台"（Schneider Electric Exchange）。这是一个围绕施耐德技术平台建立的商业生态系统，允许行业伙伴进行协作，如通过社区分享知识和共同开发应用软件等。成员还可以在这个平台上的"数字市场"展示和推销自己开发的产品。

通过自身的数字化转型，施耐德电气不但在2011年从硬件产品制造和销售商转变为服务和解决方案提供商，而且成为协助客户进行数字化转型的前沿企业。它不但向客户提供"订购式"的服务和整体解决方案，还向它们提供数字化转型和构建物联网技术平台的咨询服务，如智能工厂改造和工厂数字化管理等。通过这些手段，施耐德电气全面向客户赋能，帮助它们优化企业运营。

在数字化优化方面，施耐德电气推出数字化"生产制造顾问"（Autonomous Production Advisor）。这个软件系统可以检测工业机器，对它的运营做出准确预测，并提出优化建议。它拥有"增强智能"（augmented intelligence），可以根据客户即时输入的数据不断自我优化，从而为客户提出更加精准的解决方案。

为客户提供优质数字化价值的前提条件是施耐德电气自身的数字化转型。首先，它率先使用EcoStruxure平台，以加速自身的数字化转型。在此基础上，施耐德电气在2017年推出"智慧工厂"（Smart Factory）项目，开始对自己遍布全球的400个工厂逐步进行制造自动化和供应链数字化改造。目前为止，已有 6 个工厂可以完全做到自动运营。

另外，在人力资源管理方面，施耐德电气在 2019 年推出人工智能驱动的"人才开放市场"（Open Talent Market），这个云端人力资源平台可以进行人力资源管理优化，如内部人才识别、团队建设和员工职业发展等，实现为全体员工赋能。施耐德电气有效的数字化转型来自它多年来不断建立的软件开发能力。一直以来，它不断收购软件企业，如 Telvent、7-Technologies、Invensys、英国三维设计软件企业 AVEVA 和德国建筑软件企业 RIB Software 等。这些举措都对施耐德电气的数字化转型发挥了关键作用。

施耐德数字化转型的成功得力于最高领导层对数字化战略的重视。它是行业内最先在董事会层面建立"数字委员会"并设立"首席数字执行官"的企业，并率先推出"数字施耐德"（Schneider Digital）的企业变革项目。经过领导层多年来的坚持，数字化已经深深植入施耐德电气的企业基因，同耐克一样，帮助它逐步演化成一个真正的"数字优先型企业"（digital-first organization）。

施耐德电气在企业文化、业务形态、组织结构、技术基础和运营环境等方面转型得如此成功，以至于在全球疫情袭来之时，它虽然也被迫采用了员工在家办公的新模式，但只用了不到两天时间就实现了业务的正常运作，如向客户提供能够进行远程产品验收的功能和市场营销功能的完全线上化等。

从施耐德的数字品牌建设经验可以看出，对于 B 端行业，数字品牌的构建需要企业对自身进行深度数字化转型，并在这个过程中具备向客户提供优质数字整体解决方案的能力。也就是说，提供优质的数字化客户价值，高效解决它们的问题就是打造数字品牌的基础。对于传统 C 端和 B 端品牌，打造数字品牌需要企业进行数字化转型。而最近几年崛起的互联网原生品牌，它们的品牌建设路径又有不同。

数字原生垂直品牌的品牌战略：Warby Parker

数字原生垂直品牌是近年来依托互联网崛起的一系列"轻品牌"或"互联网品牌"。它们共同的特点是构建互联网的传播和销售平台，聚焦生活用品，产品技术含量不高，但迭代迅速，主要面向年轻消费者，并立足小众市场，充分利用社交媒体平台和口碑营销，增长势头强劲，而且对上游供应链有较强掌控。在美国市场，眼镜品牌 Warby Parker 是这类品牌的典型代表。通过了解它的崛起过程，可以大致把握数字原生品牌的打造策略和路径。

Warby Parker 由沃顿商学院的四个 MBA 学生创立于 2010 年。创立的动机源于他们各自配镜体验中的两个痛点：其一，产品昂贵，市场上缺乏高质平价的品牌眼镜；其二，百年未变的购镜体验既不方便，也不快捷，但用户没有选择只能接受。这就是 Warby Parker 作为一个新创品牌进行破局的入手处，即极致性价比和卓越的用户体验。当然，作为一个主要面向年轻人的品牌，产品设计必须时尚好看。这三点就是 Warby Parker 赖以形成显著差异化的核心用户价值。其中最关键的差异化点是用户体验。和传统品牌最大的不同是，

Warby Parker这类数字原生品牌从创立之始就依托互联网构建商业模式，在成本和用户体验上具有天生的优势。

Warby Parker利用中国优质的供应链实现极致性价比。卓越的用户体验则用两种方法来实现。一是"在家试戴项目"，即向用户免费邮寄5副眼镜，允许用户试戴一周后再做决定，而且可以30天内免费退货；二是利用增强现实技术进行虚拟试戴。在时尚设计上，Warby Parker组建自己的设计师团队，并迎合它早期用户的品位，聚焦文艺范调性，其中的名人系列镜框，如"罗斯福"（Roosevelt）、"温斯顿"（Winston）、"赫胥黎"（Huxley）等，以及艺术系列"午夜蓝"（Midnight Blue）等都颇受用户欢迎。

在传播上，Warby Parker依赖公关和营销创新打造口碑，并将其在社交媒体上加以放大。最初，它因为主打"技术驱动型时尚品牌"以及"行业颠覆者"的概念，获得主流时尚杂志《GQ》和《VOGUE》的关注，被称为"眼镜行业的奈飞"。其后，《纽约时报》对它也有专门介绍。这些主流媒体的报道让它一跃成为市面上人人都在讨论的最酷眼镜品牌。

除了公关，新创企业大多需要在营销手段上有所创新，才能吸引用户的眼球。Warby Parker的做法是尽量和艺术活动绑定，如在纽约时装周和迈阿密海滩艺术博览会上高调亮相。因为面向年轻用户，它还在不同的地段设立假日眼镜快闪店，提供验光服务和产品展示等，进一步为品牌造势。除此之外，Warby Parker通过和其他店铺合作，在全美建立品牌展示店。近年来，随着业务的增长，它也开始建立自有的线下店，并和美国高档连锁百货店诺德斯特龙（Nordstrom）合作设立"店中店"，进行全渠道直销。目前，Warby Parker已经发展成一个员工总数1400人的中型企业，而且增长势头良好。Warby Parker 的品牌战略可以归纳为极致性价比、良好体验、小众市场和社媒内容。

概括地说，就是抓住传统行业的一个明显痛点，聚焦极致性价比和良好、便捷的互联网用户体验，从小众市场入手，利用社交媒体传播形成口碑营销。这也是美国和国内其他数字原生垂直品牌的普遍策略，包括"品牌出海 2.0"阶段中比较成功的品牌如 SheIn、安克、Zaful、石头科技等。

但如果对 Warby Parker 的运营模式做更深入的研究就会发现，它虽然一直全力以像苹果和奈飞等"行业颠覆者"的形象出现，但因为最初的商业模式无法盈利，已经正式回归传统商业模式，即开设线下眼镜零售店并把价格提高到行业正常水平。虽然它仍然运营线上业务，但收入和利润完全来自自身的传统零售店。线上业务几乎成为它维持"颠覆者"形象的一个公关举动。

因为品牌造势的成功，Warby Parker 大获用户追捧，造成线下店每平方英尺的利润居然可以和蒂芙尼珠宝店相比。因此，在 2018 年，Warby Parker 已经开始盈利，并获得 30 亿美元估值。它下一个阶段的目标是设立 1000 个线下店，完全成为它当初志在颠覆的传统企业。这样看来，Warby Parker 的成功战略是利用技术和颠覆为品牌手段，再利用品牌优势回归传统行业而盈利。因此，它真正的品牌建设公式是："新潮品牌概念（技术型行业颠覆者）"+"传统模式"+"大众市场"。

这样看来，这些数字原生品牌创造价值的方式仍然无法超越传统行业。它们中的成功者必须回归传统商业的基本逻辑。因此，所谓的"数字原生"只是一种品牌概念，最多在数字化传播的层面运作，无法实现真正的数字化增益，而数字化优化更是遥不可及。因此，这些企业以现有的技术能力，无法在根本上对传统行业进行真正的颠覆。如果它们"不忘初心"，漠视行业发展规律，仍然坚信互联网万能而志在颠覆，最好的结局就是永远身居小众市场，难以变大变强。就算规模可以一时做大，但缺乏可以维持长期稳定发展的竞争优势和技术壁垒。

Warby Parker也面临同样的问题。虽然它主打"科技"概念，但缺乏真正的技术能力，只能回归传统模式，仍然和其他传统企业一样，没有坚实的技术壁垒，容易被模仿并超越。在它的启发下，新创企业如Eyefly等已经进入赛场。同时，传统线上眼镜零售商如FramesDirect.com、Zenni Optical、1-800-Contacts和Coastal.com（COA）等也开始发力。所以，这些以"软实力"为基础的数字原生轻品牌在变"重"之后，也将面临未来技术型新创企业的颠覆。

可以说，这些所谓的"数字原生品牌"并非真正的数字品牌，承载它们的也并不是高科技数字型企业。更准确地说，它们是利用互联网进行"用户直销"和"内容营销"的品牌，本身技术水平低，企业内部的数字化程度更和传统企业没有本质差别，只是在"数字化传播"方面，尤其是社交媒体的运营方面更有经验。

但真正的数字原生品牌必将崛起。它们将利用高科技手段重新定义和塑造用户价值，从而实现对传统行业的彻底颠覆，如苹果对于手机行业、奈飞对于影碟租赁行业和赛富时对于软件行业等。因此，真正具有颠覆性的数字原生品牌更可能来自高科技行业。它们会依托强大的科技和组织能力，设计并交付基于数字技术的品牌全景体验。到了这个阶段，这些数字原生品牌就开始向智能品牌演进。

智能品牌是品牌发展的最高境界。它包含深度人工智能，具有即时感知用户需求并能即刻做出最优反应的能力。而且，智能品牌可以依据用户数据的即时输入而持续优化自身，从而使它服务用户的能力更加高效、精准。更关键的是，智能品牌对用户需求尤其是潜在需求的了解远超用户本身，能够激活或创造用户需求，从而引领用户全面优化工作及生活中所有决策行为和结果，最终成为用户完全依赖的决策平台。

智能品牌持续进行自我优化的能力使得它们能够实现"强者更强，赢者通吃"的马太效应（Matthew effect）和网络效应（network effect）。市场发展的自然结果将是：智能品牌必将成为垄断行业的超级平台。亚马逊、脸书、腾讯和抖音等都已经具有超级平台的特征。

在目前阶段，智能品牌还需要很长的发展历程才能趋于成熟。亚马逊、谷歌和苹果等开发的语音虚拟智能助理，如基于亚马逊智能音箱 Amazon Echo 的智能助理 Alexa，谷歌智能音箱 Nest 的"谷歌助理"（Google assistant），苹果的 Siri 和微软的 Cortana 等就已经显现出智能品牌的早期特征。这些虚拟助理会逐渐成为帮助用户进行决策的智能平台，在满足用户要求的同时，还会通过推荐不断引导和塑造用户需求。随着这些智能决策平台的发展，独立品牌会被逐渐边缘化，乃至于彻底消失。这就是独立品牌时代的彻底终结。

在现阶段，企业品牌战略的重中之重就是尽快实现自身数字化转型，全力打造数字品牌。对绝大多数传统品牌而言，留给它们转型的时间窗口越来越窄。这些企业必须具有强烈的紧迫感，全力让自身转化为服务型、科技型和数字型企业，建立以数据驱动、算法指导、快捷反应和柔性制造的新型组织能力，从而真正成为"用户驱动"的 C2B 型企业。这才是这个时代企业品牌战略的真正核心。

目前大多数的品牌数字化都停留在比较浅的"数字化传播"层面。真正的数字品牌必须具备依托数字化技术向用户提供优质个人化价值和体验的能力。建设真正的数字品牌则需要企业实现深层数字化转型。数字品牌的更高境界就是智能品牌。品牌发展到这个阶段，就可以真正向用户提供完整优质的品牌全景体验。这就是数字品牌建设的基本逻辑（图 11.3）。

图 11.3　数字品牌建设的逻辑

本章金句

- 数字品牌代表的是数字化企业。数字品牌的本质是客户至上、体验为王和精准价值。体验化、内容化和个人化是数字品牌的核心特征。

- 数字品牌的发展经历数字化传播、数字化增益和数字化优化三个阶段。C 端传统品牌打造数字品牌的关键是提供优质的个人化数字体验。B 端传统品牌打造数字品牌的关键是提供高质的数字整体解决方案。无论在 C 端还是 B 端，数字品牌的建设都需要企业进行深度数字化转型。

- 目前所谓的"数字原生品牌"其实都基于传统企业的内核，不是真正的数字品牌。真正的数字原生品牌尚未出现，但终将崛起并颠覆传统行业和主流品牌。数字品牌的最终形态是向用户提供优质的品牌全景体验而最终成为智能型品牌。

核心一句话：数字品牌不是数字化品牌，而是数字化时代的品牌。

第十二堂课
如何打造全球品牌?

中国品牌正在迎来"大航海时代"，但在海外市场的成功需要具备全球化格局和全球化管理能力，同时有效克服中国品牌出海的主要障碍，如负面的原产国效应和低端、低质的总体形象。更重要的是，中国的出海品牌需要科技和信仰的双重驱动，这样才能给品牌注入深厚的内涵。出海的中国企业需要有效地实施本地化战略，既要顺应，又要引领，从而为最终打造全球化品牌打下坚实基础。

中国品牌出海的四个时代

中国品牌"大航海时代"已经到来。经过40多年的高速发展，中国已经构建了全球最完善也最有效率的供应链，也具备了充足的产能。在融入全球化经济的过程中，大批中国企业完成了技术积累和升级，开始具备和世界水平看齐的技术能力和产品研发能力。尤其在电子商务领域，中国拥有全球最活跃也最先进的数字经济。其中的代表企业如腾讯、京东、字节跳动等已经在商业理念和实践上领先于全球同行。同时，作为全球商务的最主要参与者，中国各个行业也积累了大量人才。新一代的中国企业家了解海外市场，具有全球化眼光，更重要的是，他们具有足够的能力、雄心和自信去海外市场开拓，并已经开始不畏艰辛地全力践行。因此，中国品牌出海的内部条件已经成熟。

从外部来看，迅速发展的全球电商、全球支付和物流体系让中国品牌具有触达全球各大市场的能力。而且，随着中国国家实力的不断提升，尤其是在华为、海尔和中兴等出海先行者的卓越努力下，中国企业和产品的总体形象在海外消费者心中已有显著提升。尤其是以"千禧一代"为代表的海外年轻消费者，心态更加开放，考虑和选择中国品牌的意愿远高于上一代消费者。从2019年开始蔓延的全球疫情更是中国品牌出海的加速器。这场影响深远的疫情促使全球消费者，尤其是发达国家的消费者更加习惯于线上购物,给中国品牌打破传统的线下渠道壁垒提供了良机。同时,这些年来,欧美国家的经济持续放缓,再加上疫情带来的经济衰退,让更多消费者开始关注产品的性价比。而在这方面,中国品牌更是独步天下。

可以看出,这些内外条件的逐步成熟都使得当下成为中国品牌出海的最佳时机。应该说,中国企业和品牌全面"大航海"的时代已经到来。可以预见的是,在今后 10 年,将会涌现出一批具有真正全球影响力的中国品牌。这是中国品牌成就辉煌的巨大历史机遇。因此,如何打造一个全球品牌也是这一代中国企业家必须思考的重大战略问题。

其实在改革开放之初,中国品牌就已经开始尝试出海。早期出海者如华为、海尔、振华港机、三一重工、中石化和联想等都已经在海外市场开拓多年。其后,小米、腾讯、大疆、京东、一加和抖音等新一代品牌也陆续加入出海行列。近年来,新一轮中国品牌开始出海。它们中大多是 C 端的消费品"轻品牌",具有很强的互联网基因,主要是依托跨境电商平台和独立站实现出海,如长沙的安克(Anker)、深圳傲基(Aukey)、南京领添科技(SheIn)等。作为屈指可数的"重品牌",生产焊机焊帽的叶氏焊接(YesWelder)在这些出海品牌中"一枝独秀"。在这波出海大潮中,还有大批移动游戏品牌,如腾讯、成都尼毕鲁科技(Tap4Fun)和北京创智优品(Zenjoy)等;手机 App,如快手、Bigo 等;以及电商平台,如 Gearbest 和兰亭集势(Lightinthebox)等。

中国品牌出海虽然已经 40 多年,但至今为止,在全球市场上可以称得上真正成功的品牌屈指可数。在 C 端市场,只有华为、大疆和抖音（Tik Tok）在各自行业实现了突破，跻身于全球品牌之列。尤其是抖音，尽管在某些海外市场受到全力打压，仍然荣登 2021 年第一季度应用下载的榜首。在 B 端市场，华为、中集集团和振华港机等也实现了全球突破。在这些少数的成功品牌中，也只有华为，同时在 B 端和 C 端市场拥有全球广泛的知名度和影响力。它于 2014 年首度跻身于最具权威性的 Interbrand 全球品牌百强榜，并在其后连续 8 年被评为"最有影响力的全球品牌"。虽然大疆、抖音、中集和振华港机也都是各自行业的翘楚，但这些品牌的影响力仍然只限于特定目标市场，可以说，华为是目前来自中国的唯一全球品牌。中国品牌出海之路仍然任重道远。

中国品牌出海的总体表现不尽如人意的原因很多。这里先探讨一下这些品牌的出海模式和总体战略。

纵观中国品牌出海的 40 年，可以划分为三个阶段。第一个阶段是由传统的加工制造型企业为主导，大多始于 20 世纪 90 年代初期，如华为、海尔和振华港机等。20 年后，小米、大疆和传音等新一代科技型品牌也纷纷启动国际化业务。除了大疆和一加，这些品牌大都是先从本土市场开始，发展到一定规模再出海经营。它们的海外扩张或是自主发展或是通过收购海外品牌，基本逻辑都是通过在海外市场复制在本土市场形成的竞争优势而获得突破。无论是来自 B 端还是 C 端市场，这些品牌都出自加工制造型企业，经营理念比较传统，在海外的扩展主要依赖当地渠道和经销商。这一波出海中还有大量的隐形冠军。它们依托国际知名品牌如苹果和三星等的全球供应链出海，如山东潍坊的歌尔声学（GoerTek）和深圳瑞声科技（AAC Technologies）等。它们代表中国品牌出海的第一阶段,即"品牌出海 1.0",基本是"硬件出海",也可以称为"乘船出海模式"。

品牌出海 2.0 阶段由互联网和软件企业启动,大致始于 2010 年。这批出海品牌大致有四类:软件工具类、内容类、电商平台类和互联网服务类。工具类品牌最出名的是久邦数码、猎豹和赤子城等。它们虽然大多不为人知,但在海外都曾经达到数亿级别的用户体量。内容类品牌包括移动游戏和视频类应用。在移动游戏品类,在海外成功的代表品牌有:成都尼毕鲁科技(Tap4Fun)、趣加(FunPlus)、北京创智优品(Zenjoy)等,当然还包括腾讯和网易的游戏产品,而视频类应用最成功的品牌当数抖音,然后还有快手和欢聚时代的 Bigo 等。电商平台类出海的主要品牌除互联网巨头如阿里和京东等之外,还有很多在国内知名度较低,但在海外发展迅速的品牌,如环球易购的 Gearbest、兰亭集势和傲森等。互联网服务类的出海品牌大多在金融行业,如东南亚市场的领袖街角电子、支付宝和微牛等。此外还有滴滴和携程等。这些品牌大多是依托互联网的软件服务企业,代表"软件出海",可以称为"乘软出海模式"。

品牌出海 3.0 阶段主要由大批"直达用户"的新锐品牌引领。这些品牌聚焦于消费品和日用品,可谓"轻品牌"。它们虽然不是互联网企业,但具有很强的互联网基因,出海的模式是依托互联网平台直达客户。这些品牌主要来自消费电子和服装品类,如这两年在海外爆火的 SheIn、Zaful,还有北京石头科技和苏州科沃斯等。它们中的不少品牌从诞生之日就是放眼全球市场的"生而全球化"(born global)企业。它们代表中国品牌的"小件出海",可以称为"乘网出海模式"。这样看来,中国品牌出海经历了

"硬件时代"、"软件时代"和"小件时代"。

下一阶段将迎来中国品牌出海的 4.0 时代。这是中国品牌出海的爆发期,即各类传统企业彻底完成数字化转型后实施的全面出海。在这一阶段,出海的主体又回到传统企业,但这些企业已经转型为具有大数据收集和分析、柔性制造、用户驱动、精准定制、即时反应,并能够实现全球覆盖能力的新型数字化时代企业。同时,来自中国的大型软件和平台型服务企业也会出现在全球市场。在这个阶段,中国企业将在世界范围内实现全面崛起,从而打造出一批真正的全球品牌,具有和发达国家顶尖品牌展开全球竞争和合作的能力。这可以说是中国品牌的"全件出海",又可以称为"数字出海模式"。至此,中国品牌成功实现全球化扩张和运营而成为真正的全球化企业,国内和海外市场彻底连通,出海的概念也正式终止。

这四个出海阶段(见图 12.1)的比较可以总结为表 12.1:

图 12.1　中国品牌出海的四个阶段

表 12.1 中国品牌出海的阶段分析

	品牌出海 1.0	品牌出海 2.0	品牌出海 3.0	品牌出海 4.0
行业类型	加工制造	软件/互联网	消费品生产	全类型
企业类型	传统 国内企业	软件型 国内企业	生而 全球化企业	数字化 传统企业
出海模式	线下渠道/ 收购	互联网/ 应用平台	跨境电商/ 独立站	线上 线下整合
出海战略	先内后外	先内后外/ 海外	海外市场	内外贯通
目标市场	落后到 发达市场	落后/ 发达市场	发达到 落后市场	全球市场
主要品类	机械制造	软件/服务	消费日用品	全品类
核心能力	成本/规模	成本/速度	创新/速度	创新/智能化
领袖团队	年长/ 国内背景	中年/ 国内背景	年轻/ 海外背景	年轻/ 全球人才
代表品牌	华为、联想、 振华	久邦、游族、 棒谷	SheIn、安克、 科沃斯	众多 中国品牌

可以看出，中国品牌在过去40多年中不断提升自身的技术和创新能力，在出海中从最初的成本优势逐渐演化为今天的创新优势。而且出海品牌的互联网基因、数字化能力和全球视野也不断提升。成功出海企业的领导层更加年轻化，他们也具有更高的志向和雄心。在中国强大供应链的支撑下，还会有大批企业出海并取得优异的成绩。但中国品牌出海仍然面临诸多挑战，真正成为引领世界潮流的全球品牌还需要长期艰苦的努力。

中国品牌出海的四大挑战

中国具有全球最成熟完善的制造业供应链和最活跃先进的电子商务。这就赋予了出海中国品牌两个鲜明的优势。其一，无人能及的高性价比、快速迭代和精细化生产能力。近年来，越来越多的中国品牌在技术创新和产品设计上也表现出色，形成了中国品牌"好、廉、快、新、酷"的总体特征，对海外用户具有相当的吸引力。其二，中国品牌对数字化运营有非常成熟、前卫的理念和实践，有能力打造出最先进的用户交互体验。但与此同时，中国的品牌出海也面临四个主要的挑战和障碍，如图 12.2 所示。

从内部来看，主要的挑战有两个：全球化视野和格局的缺失以及薄弱的国际化管理能力。外部的两个主要挑战是：海外用户对中国品牌有限的接受度和单薄无力的品牌内涵。

图 12.2　出海品牌的四大挑战和障碍

全球化视野和格局

全球化视野和格局体现在对海外市场的长期和战略性投入，而不仅仅是把它作为销售产品的另一个渠道。具体而言，全球化视野和格局主要反映在以下三个方面。

1. 战略决心

品牌出海是一个困难重重的过程，尤其是对中国企业而言。没有必胜的决心很容易会放弃。所以，企业的领导层对品牌出海一定要有不达目标誓不罢休的决心，这样才会对这个战略给予足够的重视和支持，也能正确地对待挫折和失败，不断调整迭代优化。华为在20世纪90年代中期出海时，就是因为国内竞争环境极其恶劣，必须走出国门才能生存下来。因此，在巨大的生存压力下，华为海外市场的早期开拓者几乎都抱有"不成功便成仁"的决心在做这件事。华为最初进入欧洲市场时，费尽心思也无法见到关键客户，曾有业务主管在机场连飞7次就为了和关键客户在机场偶遇而蹭到一个见面的机会。华为就是这样义无反顾、百折不挠地实施国际化，最终才获得成功。

2. 长期主义

有了战略决心，还要有战略耐心。开拓海外市场是一个漫长的过程，建立全球品牌更是如此。以销售和财务为导向的企业就很难保持足够的战略耐心。华为在1996年进入俄罗斯时，想方设法开拓市场，但整整4年颗粒无收。华为仍然继续坚持，终于获得了海外的第一单，但也仅有38美元。在欧洲市场也是如此，华为用了9年时间，历经艰苦才在西班牙市场获得突破。这种战略耐心是华为也是其他品牌出海成功的关键。

3. 合法合规

中国企业普遍缺乏足够的法律意识，在应对海外市场的法律法规上经验不足。还有相当数量的中国企业在出海时投机取巧，触犯法律法规，造成恶劣影响。例如，很多依托亚马逊平台出海的卖家会卖假货、通过不正当手段增加用户评论、在同一个站点注册多个账户等，还有不少侵权行为，如使用其他卖家的图片、模仿知名品牌的标识等。为了打击这些中国出海品牌的不良行为，在2017年，亚马逊发起一波关店潮，使很多守法卖家也遭受重大损失。抖音也曾被质疑不符合当地信息规范，在2018年被印度尼西亚封禁7天。但是，具有战略决心和长期眼光的出海品牌一定会在海外合法合规经营。合法合规是企业经营的底线，也是在海外市场立足的最低要求。

华为在这方面就给出海的中国企业做出了表率。经过10多年的持续投入和建设，它已逐步建立起符合业界标准的合规体系，并在100多个国家完成了和当地相关法律法规以及行业协会各项要求的对标。而且，华为每2~3年就聘请美国独立第三方机构对公司内部的贸易合规遵从体系进行评估，并根据评估意见持续对该体系进行完善和改进。为了让合法合规真正融入企业运营的方方面面，华为在全球配置了专职与兼职的专业团队跟踪外部法律的变化，并将贸易合规嵌入到公司的制度与流程当中，实现了对采购、研发、销售、供应和服务等各个业务环节运作的合规管理与监督。

因为创始人的局限性，有相当数量的出海中国品牌缺乏全球化格局和视野。这样的品牌强调短期效益，重视流量运营，忽视研发投入，同时对海外市场采取机会主义的态度，遇到挫折就很快放弃。而且，在很多时候，它们不惜铤而走险，进行违规违法经营。这样的品牌自然不可能出海成功。

国际化管理能力

　　国际化管理能力是很多出海品牌的另一个短板。中国企业自身的管理理念和管理水平普遍偏低，很难高效管理全球化运营。这主要体现在企业文化、决策方式、组织架构、运营流程、市场营销、品牌建设和人力资源等方面。对于传统加工制造型出海企业，它们的企业文化往往带有很强的工业化时代特征和中国特色，注重等级，习惯于命令式管理，期待下属的服从，而且对员工的监督和管控意识很强。这种管理文化在海外，尤其是在发达国家市场很难得到当地员工的真心认同。就连国际化最成功的华为在这方面也有很大的提升空间。

　　虽然新一代出海品牌在企业文化上更加国际化，但很多都是流量和电商背景，擅长通过数字化渠道获客，再依托供应链迅速出货，品牌意识相对比较薄弱。它们在海外市场上更加关注产品销售带来的短期盈利，而非品牌建设的长期投入。在海外市场打造品牌需要非常不同的理念、思维方式和管理实践，如精准洞察用户需求并全力投入创新、提炼和表达品牌信仰和价值观、使用围绕品牌而非销售的内部考核机制、重视用户体验和售后服务，而且要切入线下渠道等。很多出海品牌缺乏这些基本能力。更严重的是，中国企业缺乏对海外市场的深入了解和洞察，导致产品不能精准聚焦当地用户需求。同时，由于缺乏对海外文化的深入了解，这些企业在管理当地各利益相关者时往往会产生问题。正因为如此，大多数出海品牌很难真正吸引海外市场最优秀的当地人才加盟。这使得它们国际化管理能力的提升更加缓慢而艰难。

海外用户认同

中国出海品牌面临的最大外部挑战是：相对于欧美品牌，海外用户对中国品牌的接受度比较低。多项全球市场调研都显示，虽然中国品牌的形象在海外有显著提升，但知名度和美誉度仍然远远低于欧美和日韩品牌。而且，海外用户，尤其在欧美发达市场，对中国品牌缺乏足够的信任。这种情况在 B 端市场尤其严重。造成这个问题的主要原因如图 12.3 所示。

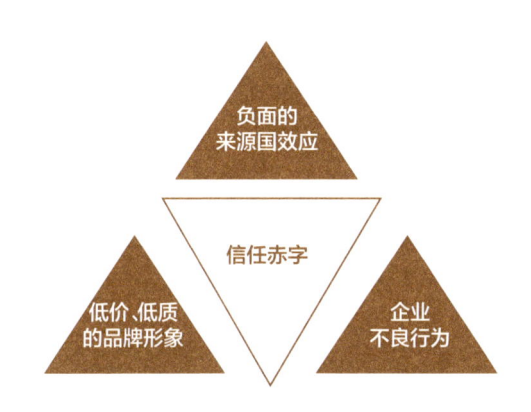

图 12.3 造成中国出海品牌信任赤字的三大原因

1. 负面的来源国效应

"来源国效应"是指一个品牌的来源国会直接影响全球用户对它的印象。发展中国家的总体经济落后，技术实力也不足，这种国家形象就会给它们各自的品牌带来负面的影响。虽然这种负面印象未必公允，但会直接影响这些品牌在海外市场的表现。当年华为在开拓海外市场时就饱受这种负面效应的困扰，因为以当时中国的国力，海外市场根本不相信中国企业有能力生产出通信设备这样的高科技产品。

和其他发展中国家相比，中国给自身品牌带来的负面来源国效应更强。这是因为西方多年来对中国持有的固有偏见，而且这种偏见不断被西方主流媒体不公正甚至歪曲的报道强化。近年来，西方对"中国威胁论"的鼓吹更使得西方主流民众对中国企业和品牌产生了提防甚至抗拒的心态。当今中美两国日益紧张的关系让这个问题更为凸显。这种基于意识形态上的负面情绪是造成中国品牌未能获得海外民众充分信任的主要原因。

2. 总体品牌形象仍然和低价、低质相关联

作为一个以中低端加工制造业为基础的发展中国家，中国在过去40年一直靠成本优势参与国际贸易。所以，在海外市场，中国品牌的总体形象就是低价、低质。虽然近年来随着中国企业的技术升级，这种总体品牌形象有所改观，从价廉物差逐渐成为价廉物美，但中国品牌仍然是性价比而非高端品质的形象，更不是身份的象征。事实上，绝大多数中国品牌，无论是在B端还是C端市场，仍然把价格作为用户价值的核心卖点和市场竞争中采用的主要手段。就是已经占据全球个人无人机高端市场的大疆也不例外。用户对一个品牌的信任基于品质，所以，真正的品牌一定是代表品质而非价格的符号。

3. 少数中国企业在海外的不良做法损害了中国品牌的总体形象

出海的中国企业当中，有些在海外市场的表现比较恶劣，如向某些海外市场输送假冒伪劣产品、不尊重当地的文化和习惯、对当地环境造成破坏，以及缺乏承担社会责任的意识等。同时，也

有一些企业为谋私利故意违法违规。另外，在海外市场，一些企业还发起和其他中国企业及与当地商家的恶意竞争，这些都造成了恶劣后果，严重损害了中国国家、企业和品牌的整体形象。虽然新一代的出海企业已经在行为操守上有了很大的提升，但负面印象一旦形成就很难在短时间之内改变，仍然制约着中国品牌的健康发展。

品牌思想内涵

中国出海品牌面临的第二个外部挑战是：品牌内涵缺失，难以和海外用户建立深层的情感联系。品牌是情感。单纯靠产品的性价比无法激发用户对品牌的赞赏和喜爱，只有通过深厚的品牌内涵才能和用户在心灵深处产生共鸣，从而真正触动用户。品牌内涵就是一个品牌的思想和精神价值，反映的是品牌的信仰、理念和价值观，以及对全球重大事务的一种态度和立场。简单而言，品牌内涵就是一个品牌的灵魂。

海外用户，尤其是年轻一代消费者，渴望得到关注和认同，也将品牌视为个性的声张和自我表达的平台。因此，他们不再只着眼于产品本身，而是找寻和品牌的思想共鸣。这就对品牌的责任感和使命感提出了更高的要求。可以说，在当今时代，品牌的思想和精神价值越来越成为驱动用户决策的主要力量，而且直接决定他们的品牌情感和忠诚度。但是，对大多数中国品牌，尤其是流量和销售思维的电商类品牌来说，品牌信仰和价值观的塑造、传达仍然是一个巨大的挑战。

【管理引申】

1. 企业家自身的视野和格局直接决定出海品牌成功的上限。
2. 中国出海品牌必须在品质上显著优异才能突破负面印象。
3. 中国出海品牌需要同时具有产品硬实力和思想软实力。

基于中国出海品牌的优势，有一批企业在海外市场取得了显著的成功，如华为、大疆、海康威视、振华港机、传音、抖音、安克和SheIn等，总结它们打造海外品牌的成功经验可以为其他出海的中国品牌提供有益的思路。

中国出海企业打造品牌的战略框架

由于中国拥有全球最优质的供应链和相比于发达国家较低的成本，到目前为止，中国品牌最具有竞争力的方面仍然是产品极致的性价比。就是已经成为全球行业领军品牌的华为和大疆，也是在性价比上具有竞争对手无法比拟的优势。其他出海成功的品牌如海尔、中兴、小米、vivo、好孩子、OPPO、传音、SheIn、奇瑞汽车、安克、吉利和Zaful等也是如此。可以说，到目前为止，极致性价比仍然是中国出海品牌的最大价值点和差异化点。例如，最近几年在海外爆红的快时尚品牌SheIn价格就比同品类的ZARA低一半。

中国出海品牌另一个强差异化点是速度，包括产品开发、迭代和服务速度。例如，在民用无人机市场，大疆几乎一家独大，就是靠无人能及的产品迭代速度和价格弹性制胜。华为在 2005 年实现西班牙市场的关键突破也是靠极致的交付速度。

SheIn 在速度上也极具优势。它的产品从设计到上架只要一周，远远快于曾以"速度"著称的快时尚"霸主"ZARA。而且，SheIn 天天上新款，全年上新高达 15 万款，平均每月 1 万多款，是 ZARA 的 6~7 倍。这种综合优势让海外的年轻用户几乎无法抗拒。在疫情期间，曾经被称为"亚马逊外衣"的欧莱绒（Orolay）羽绒服也对用户新需求快速做出反应，降低单款数量同时增加款式，取得了良好的业绩。这样看来，中国出海品牌取得当前成功的主要原因可以概括为："极致性价比"+"速度"。

因此，对绝大多数出海品牌而言，如何利用中国供应链的优势和设计效率开发出极致单品，是它们最关注的问题。这种战略思维也使得绝大多数出海的中国品牌只能跻身于中游，而无法真正登顶。中国品牌要想成为全球顶尖品牌只有两个途径：一是通过高端创新来提高产品价值；二是通过给品牌注入深层内涵而提升它的思想和精神价值。高理性价值和高思想价值结合的"顶天立地"才是中国品牌的破局之道。这就是出海品牌升级所必需的科技和信仰双轮驱动。

当然，对 C 端消费品而言，通过数字化平台，如社交媒体和网上社群等，和海外用户建立即时而频繁的互动关联也是成功的关键。对这些品牌而言，它们升级为全球顶尖品牌则需要科技、信仰和用户亲密的三轮驱动，挑战更大。

当然，能够在产品和内涵上实现双突破需要企业首先进行国际化转型。企业必须先突破内部的两大挑战，即具备全球化的视野和格局以及提高全球管理的组织能力,才能支撑中国出海品牌在全球用户端的全面突破(如图 12.4 所示)。

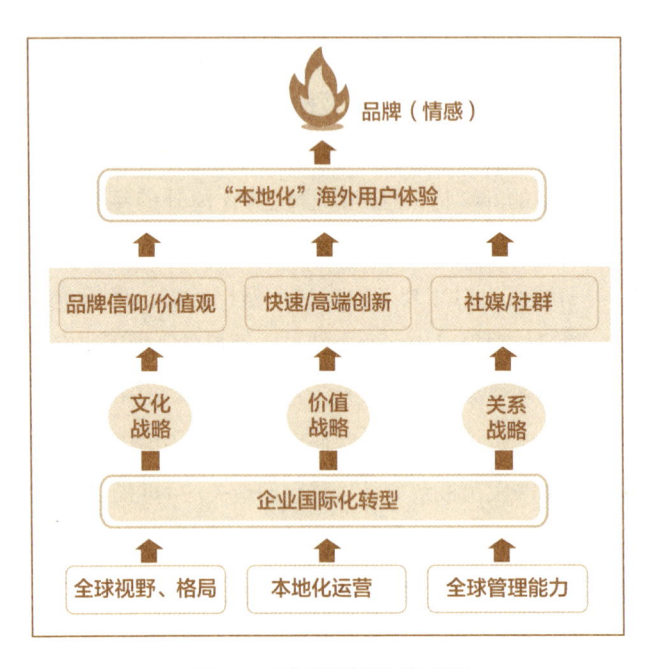

图 12.4　出海品牌建设的基本逻辑

出海品牌升级的双轮驱动

中国出海品牌从中低端升级为中高端的关键驱动因素就是颠覆性创新和品牌内涵升级。

颠覆性创新

颠覆性创新。顾名思义，就是颠覆现有游戏规则，从而引发行业重新洗牌的显著创新。所有的非颠覆性创新只是顺应现有的游戏规则，以更好的方式满足用户现有需求。但颠覆性创新则通过显著的技术突破创造新需求，开拓蓝海市场，并引领潮流而成为行业领袖。中国出海品牌要取得最终的成功并没有第二条路可以走，只有通过不断创新提供高端价值，而非只专注于性价比。可以说，对于行业后来者和市场跟随者的中国出海品牌，只有颠覆才能登顶。

在 B 端市场，颠覆性创新就是技术的突破。而这种技术突破必须要带来产品性能上超出竞品一个"身位"的领先地位，即"好 10 倍"的优势。例如，华为在欧洲艰苦卓绝地奋斗了近 10 年才最终成功，可谓真正的"十年磨一剑"。最后登顶成功依赖的是两项强大的颠覆性创新，一是在 2006 年成功推出的分布式基站，二是 2008 年推出的第四代基站 Single RAN。这两次技术突破直接奠定了华为在欧洲市场的技术领先地位，从而帮助它迅速成为欧洲最大的电信设备供应商。

在 C 端市场，技术突破对品牌塑造的影响会更加显著，颠覆性创新未必一定是技术层面的显著突破。而对于大批 C 端品类，产品本身差异化较小，技术突破的空间也很有限。这时，颠覆性创新可以通过品类创新来实现。品类创新的本质是通过对用户需求趋势的洞察，利用新技术平台和商业模式打造出一个解决问题的全新方案。在大多数情况下，它并不代表技术创新，而更多是对现有技术的独创性应用。品类创新虽然不依托技术突破，却需要企业在观念和管理方式上发生根本的变化。首先，品类创新不能沿用现有的业绩考核指标和研发流程，而要具有跳出传统行业思维框架的能力。其次，品类创新需要考验知识和洞察广度的横向思维。在很多情况下，品类创新也需要一个新的团队，最好是一个没有任何包袱的年轻团队。行业经验往往是品类创新的障碍而非助力。近年来比较成功的品类创新如元气森林和完美日记等都由行业之外的互联网人打造而成。在全球市场上，大批主流品牌正在老化，传统行业也转型缓慢，这就给中国出海品牌提供了很多品类创新的机会。

当然，真正的颠覆性创新往往是技术和理念的双重突破。例如，赛富时就是技术创新和理念创新的典范。它不但是"云计算"和"软件即服务"颠覆性理念的主要推手，而且率先推出了基于云端的功能强大的客户关系管理系统。苹果也是一样。它多年来不断推出颠覆性创新，同时定义了一种以技术和人文相融合为特征，不断挑战传统的生活态度和创新者人格。可以说，强大的全球品牌需要技术和理念上的双创新。这样看来，归根到底，品牌战略的核心其实就是创新战略，支撑品牌发展的就是企业的研发能力。强品牌的背后就是强技术和强理念。这点在全球市场表现得尤为明显。因此，无论是产品和技术创新还是意义创新，中国出海品牌都必须要投身其中，才能真正在海外成功。

目前来看，中国出海品牌的微创新能力很强，但颠覆性创新能力较弱。近年来出海业绩非常出色的轻品牌如SheIn、安克、石头科技和Zaful等仍是靠性价比和速度取胜，而没有核心技术和理念层面的显著创新。例如SheIn和Zaful就是中国版的ZARA，只不过比ZARA更快也更便宜，本质上仍然是西方品牌的跟随者和模仿者，只能在某个特定的用户群体在某段时间内获得认可，但很难持续。中国企业擅长的微创新或渐进式创新只能让企业在现有游戏规则下进行优化，无法形成可以实现超越的竞争优势，也不会成为品类和行业的领袖，而这种领袖地位往往是全球顶尖品牌共有的特征。真正的全球品牌必须要通过技术和理念的颠覆性创新引领趋势并定义和创造需求。可以说，颠覆性创新是中国出海品牌最终成功的不二法则。

品牌内涵

真正强大的全球品牌大多具有超越产品功能的内涵，在思想和精神层面和用户产生深层共鸣，如苹果、耐克、露露乐蒙和特斯拉等。而且，随着时代的发展，用户也会对企业有更高的要求，期待它们不但是效能的提供者，还要成为"意义"和"理念"的生产者。所以，从长远来看，品牌不但是"品质"还必须成为"意义"的符号，要具有更深刻的内涵。这应该是工业制造化时代和数字智能化时代品牌的关键区别之一。

在过去 40 年，以加工制造业为主的中国品牌主要扮演的是模仿者和追随者的角色，普遍缺乏内涵，没有思想和精神价值。它们习惯于在产品成本和运营上下功夫，而在思想内涵和文化输出上非常薄弱。这就造成了出海的中国品牌无论是在 1.0 还是在 2.0 和 3.0 阶段都是重产品而轻内涵。这是中国出海品牌除高端创新力欠缺之外的最大短板，也是制约它们升级为全球顶级品牌的主要障碍。

从某种意义上说，这个思想障碍比技术障碍更难以突破，但却是中国出海品牌建立全球领导地位的必经之路。也就是说，中国出海品牌必须从低层的物理世界和认知世界跃升到高层的思想世界和精神世界。这不是简单地讲品牌故事、做内容营销、在社交媒体上互动就可以实现的跨越，而是要找到自身品牌的内核和灵魂，从而引申出更加前卫的品牌价值观和一种特定的生活方式，从而引领全球用户成为更好的自己并体验更为精彩的人生。

华为是在这个方向上唯一做出尝试的中国出海品牌。首先，华为的品牌精神专注于"共享"、"融合"和"全体参与"，与"人类命运共同体"的理念一脉相承。在 2018 年，华为推出人工智能驱动的手机应用 StorySign，帮助全球聋哑儿童使用手语阅读儿童经典书籍，让他们和健康儿童共享阅读的快乐和数字革命，此举在海外市场赢得赞誉。华为应该从这个角度切入，更加深入地定义和诠释自身的品牌内核，从而形成具有更高格局并和全球用户产生深层心灵共鸣的品牌灵魂。塑造品牌内涵并由此构建品牌的思想力不但是华为成功建立顶尖全球品牌，也是中国所有志向高远的出海品牌达此目标的必由之路。

品牌本质上是一种认知标准，但可以进一步升华为思想标准和精神标准。掌握了技术标准和认知标准就掌握了市场，掌握了思想标准和精神标准就掌握了人心。在这个意义上，品牌的价值和意义远远超越商业范畴。伟大的品牌和企业所发挥的作用远非只为社会解决就业和创造财富这么简单。尤其在当今的重商社会，它们可以承载宏大高远的使命。企业家可以成为精神领袖，品牌也可以成为广大用户的精神图腾。也就是说，在全球市场上，品牌其实就是一个国家的文化、思想和精神的输出平台，它们代表的是一个国家的软实力、思想权和精神权。所以，从这个意义上说，任何企业本质上都是文化型企业，需要具备构建思想和文化的能力。在全球市场和数字化时代尤其如此。可以说，全球品牌力是产品力和思想力的综合。

给品牌注入思想和精神内涵就要进行"意义创新"或"理念创新"，即打造出一种崭新的生活理念、人生态度和思想境界，并通过产品和品牌把这种理念创新表达出来。例如，在现有技术水平下，瑜伽服品类的产品创新只能给品牌提供有限的突破空间，但是露露乐蒙开创了一种崭新的运动理念和生活方式，即"生活的每一时刻都是瑜伽时刻"。也就是说，它把瑜伽运动提炼成一种哲学和生活态度，而不再是瑜伽房中的一种体操，从而把瑜伽精神，如专注、呼吸、信任、喜乐、非暴力和慈悲等融入生活中的每个场景。同时，它把传统的瑜伽服从功能性的运动服转化成为体现自我的时尚服，从而使喜欢瑜伽的年轻女性把过去只在练习时才穿的瑜伽服当成每日都穿的休闲服，开启了一个新的时尚潮流和蓝海市场。

对中国出海品牌而言，"透明开放"可以是品牌理念的一个重要突破方向。首先，全球年轻一代消费者对企业和品牌的商业透明度越来越关注。这就是为什么亚马逊在 2015 年推出了"亚马逊透明计划"（transparency program）。顾客只要使用 Transparency App 扫码，就能知道产品的真实性及其从生产到销售整个过程的所有信息。在这个大趋势下，美国线上服装公司 Everlance 就把"极致透明度"（radical transparency）作为品牌的核心价值观，而且在供应链透明和价格透明等方面充分体现这个品牌理念。其次，透明度对绝大多数中国出海品牌更为重要。这会显著减少海外用户对中国品牌的疑惑和误会，同时彰显中国制造和中国创造的自信和开明。

新创中国出海品牌，生产个人场景 3D 打印机的深圳企业 Snapmaker 就遵循这个原则来构建品牌内涵。首先，它直播产品生产环境，通过展示真实产品的操作获得用户信任。其次，它还在脸书和官网上建立用户社群，积极回复用户问题，向用户提供最透明的信息。Snapmaker 这样的坦诚做法给它赢得了用户的口碑和追随。目前，它的海外社群人数已达两万人。生产高端家用神经肌肉电刺激健身套装的倍蓝科技（BalanX）也是这样。它起初在众筹平台上遭受身份质疑，就选择了以真诚、透明的方式向用户说明自己的中国身份，并做出了诚恳的解释。这种做法很快就扭转了舆论导向，并使它获得大批用户的支持。目前，倍蓝科技已把产品通过众筹平台销往 50 多个国家和地区，并在欧洲和日本等市场初步打开局面。

可以看出，中国出海品牌要想真正"龙行天下"，就必须在技术和思想上都成为引领人类社会前进的先锋力量。这就是成功打造全球品牌的关键。毫无疑问，对中国企业而言，这将是一个漫长而艰苦的过程，但只要志向高远的中国企业家砥砺前行就一定可以成功。

【管理引申】

1. 中国出海品牌首先需要从"高性价比"变为"高科技"。
2. 中国出海品牌需要具备思想力和思想创新力。
3. 中国出海企业家要有鲜明的信仰和价值观。

因为海外各个市场的诸多差异，尤其是用户偏好和消费行为的不同，在大多数情况下，出海品牌要实施本地化战略才能更好地满足当地用户的需求。本地化战略的成功实施需要对"全球品牌"有正确的理解。

全球品牌的真正含义

品牌是用户情感。全球品牌就是在全球范围内与广大用户建立情感关系的品牌。因此，全球品牌应该具有以下四个"度"（见图 12.5）。

图 12.5　全球品牌的四维度模型

1. 全球覆盖度

全球品牌，顾名思义，需要具有广泛的全球覆盖度，不但分布在发展中国家，也分布在发达国家。全球覆盖度有助于全球用户形成对这个品牌的认知，从而进一步形成对品牌的认可。在工业化时代，品牌要形成全球覆盖度需要对各国渠道具有相当的影响力，难度很大，也需要大量的投入和多年的耕耘。但进入数字化时代，品牌通过互联网平台建立全球覆盖度成为可能。

2. 全球认可度

全球品牌不但具有广泛的全球覆盖度，还要具有全球范围内的认可度。也就是说，全球品牌首先要具有全球的用户影响力，仅仅在小众或 B 端市场具有较高认可度的品牌不能称为全球品牌。例如，虽然大疆占有全球民用无人机市场的八成市场份额，但也不是一个广为人知的全球品牌。此外，全球品牌要能得到全球民众的认可，即信任、欣赏和喜爱，而不只是听说过。当然，要获得全球用户的认可，全球品牌必须代表它所在品类的最高品质，也就是成为品类领袖。

3. 全球统一度

全球品牌的品牌内核或精髓，以及体现这种内核的设计元素，如名称、标识、符号和口号等必须具有全球统一度。这样，全球品牌才能在全球用户心中代表同一种精神、理念和信仰。这种统一性有助于全球用户形成熟悉感和归属感。而且，这种统一性也会让品牌在全球任何一个市场都不断对自身加以强化。可以说，全球品牌立足于服务跨越国家、民族和文化的普遍用户群体，并成为这一泛地域用户群体的共同定义和身份象征，如苹果、耐克、谷歌、脸书和可口可乐等。

4. 全球整合度

在用户端，全球品牌代表一种获得全球用户认可的统一品牌价值观和相应的用户价值主张。在企业端，它代表一种整合全球资源来开发全球市场并获利的组织能力和组织架构。也就是说，全球品牌代表一种特定的全球组织，它具有一种全球治理模式、全球整合的支持职能和经营活动的全球分解能力。在战略上，这种组织进行全球布局，能够把遍布全球的生产资料、数据和人才进行高效整合和利用以满足全球用户的需求，从而实现可持续的稳定业绩增长。这就是IBM提出的"全球整合型企业"（globally integrated enterprise，GIE）。也就是说，真正的全球品牌必须有相应的"全球整合型企业"来支持或承载才能持续兴旺发达。

这样看来，中国品牌在全球市场建立全球品牌要走过四个阶段：出口型品牌、当地型品牌、国际型品牌和全球型品牌。这四个阶段的品牌在全球覆盖度、全球认可度、全球统一度和全球整合度上都有不同，尤其是在全球整合度上差异最为显著，这个维度也是衡量一个品牌能否成为全球品牌的关键。

全球品牌的建立和维持立足于长期稳定地以最佳的方式向全球用户输出超质的用户价值和体验。在市场环境和用户需求不断变化的今天，只有随时准确感知当地需求的变化而做出改变的敏捷型全球企业才具有这种能力。仅依赖单一国家的资源、能力和决策机制的企业无法实现对全球用户需求的感知和价值的全球高效投放，相反，依靠一种去中心化或多级中心协同的全球整合型企业，通过源源不断地吸收和利用当地最优资源，如生产资料和人才等，才能实现价值的当地设计和交付。也就是说，全球品牌的背后是全球型企业。只有真正能够整合全球资源的企业才能够承载一个长期成功的全球品牌。可以说，全球品牌的背后是全球整合型企业。

出口型品牌的主要目标是通过外贸增加销售额。在品牌出海

1.0 时代，这样的品牌大多只有有限的全球分部，品牌触达的人群也比较窄。它们在海外的机构主要是销售办事处，企业的所有关键职能和决策中心都在国内。这些品牌具有一定的全球覆盖度、全球认可度和全球统一度，但全球整合度为零。在品牌出海 3.0 时代，虽然新一代电商品牌如 SheIn、安克、Zaful 和石头科技等依托互联网实现了用户直达，但本质上仍然是中国国内企业在海外市场进行销售的外贸企业。就算那些"生而全球化"的企业如大疆和一加等，在企业职能和资源整合上也没有实现真正的全球化，所以也都属于这种品牌。

当地型品牌的全球化程度高于出口型品牌。这样的企业已经在海外市场进行运营，而非只是销售。有些企业在海外市场基本复制了本土企业的主要职能，如生产、研发、物流和销售等，但它们在各个海外市场的运营独立进行，没有协同。海外策略的核心是复制在本国的成功经验，并结合当地特色进行有限的调整。国内业务维持不变，而海外业务是国内业务的附加部分。在大多数情况下，国内业务仍然是企业的主要收入来源和经营重点。例如，通用汽车在它全球化的早期在不同国家建立自己的工厂，但在经营上各个国家的分部各自为政，协同有限。一般而言，这样的品牌在全球覆盖度和全球认可度上要高于出口型品牌，但全球统一度和全球整合度比较低。

国际型品牌的全球化程度比当地型品牌更高。这样的企业在海外各个市场的分部具有较高的协同。同时，依据海外市场的具体情况而开发出新的业务模式也成为它实施管理的重点之一。企业发展到这个阶段，已经开始构建全球治理框架，在高管职位中开始吸纳外籍人员。除了建立全球和区域性的销售和供应商渠道，在关键海外市场已经逐渐形成产、研、供、销的整体企业价值链。国际型品牌的全球覆盖度、全球认可度、全球统一度和全球整合度都比较高。华为就是一个典型的国际型企业，它在全球各大区域设立研发中心、财务中心、物流中心、技术援助中心和培训中心等。海尔和抖音等品牌也属于这个阶段。

全球型品牌的背后就是 IBM 提出的"全球整合型企业"。这样的企业具有全球治理机制和全球统一的企业支持职能和企业文化。企业经营已经没有严格的总部和分部的区别，而进行完全的全球化布局，并通过统一的全球化职能平台获取支持和赋能。企业各项经营活动也依托分布于全球的能力中心进行分解，并按照市场的具体情况而随时安排承接具体经营活动的国家或地区分部，同时，各项能力和资源可以实现全球化配置。这样的企业不但完成了经营的全球化管理和整合，也做到了供应链和人力资源的全球化整合，并最终实现了利用全球资源和能力获取全球利润的目标。目前来看，这样的全球整合型企业仍然是少数，如 IBM、微软、谷歌和苹果等。中国出海品牌中还没有一家企业达到这个程度，但这应该是中国出海企业和品牌努力的方向。

从全球品牌发展的四个阶段（见图 12.6）可以看出，目前中国还没有真正意义上的全球品牌。华为、抖音和大疆等品牌具有成为全球品牌的潜力。打造真正的全球整合型企业才是成功打造全球型品牌的前提和保证。对中国出海品牌而言，目前的主要目标应该是打造一个能够被全球用户普遍认可的品牌，然后再逐步向真正的全球品牌迈进。

理解了全球品牌和全球型企业的本质，对一个出海品牌而言，另一个重要的战略问题是如何理解和实施本地化战略。

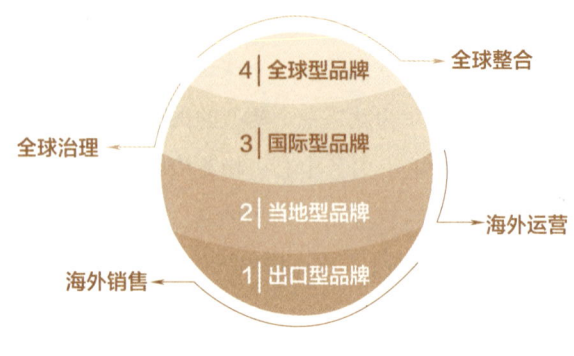

图 12.6　全球品牌发展的四个阶段

本地化的关键是超越本地

　　本地化是任何一个开拓海外市场的中国品牌都要面对的议题，但并不是所有企业都理解本地化战略的本质。尤其是在品牌出海 1.0 时代，中国企业认为本地化就是顺应本地，入乡随俗，甚至要和光同尘，让自己尽量看上去像一家真正的本地企业。华为最初的本地化战略也是基于这种思路，它曾经采用非常僵化的指标，如本地员工的人数比例来考核各海外分部的业绩。但华为很快就意识到，本地人员在员工中的比例并没有和业绩直接相关，甚至给它的市场表现带来了显著的负面影响。这就是"为了本地化而本地化"的错误做法。

　　正确地实施本地化战略源自对本地化的正确理解。简单而言，本地化就是一个出海品牌按照当地市场特点在对外和对内两个方面进行相应的调整,以便和当地环境和市场需求更好地契合,从而促进业绩的增长。对外就是对所谓的市场组合如产品、价格、渠道、促销或内容等进行本地化调整。例如美国食品公司金宝汤公司（Campbell Soup Company）在香港的分部开发出大量适合亚洲人口味的罐头汤和其他口味的食品就是产品的本地化。小米在2015年进入印度时，最初计划照搬中国市场的成功打法而只想用电商，并联合印度电商巨头Flipkart共同开拓线上运营，但市场反应平平。所以，小米开始建立线下渠道，并与各种线下小型商店合作销售手机,最后取得良好的业绩。这就是渠道的本地化。在数字化时代，内容营销是出海品牌进行传播的重要手段。同时，因为语言、文化、习俗和社会亮点的不同，内容营销也是最需要本地化的市场组合。如何用本地化的方式向当地消费者传达自身品牌的故事是出海品牌必须具备的基本功。

对内就是在研发、运营和人才等方面进行本地化的运作，如建立厂房、研发中心、供应链、物流中心和招收本地人才等。这样看来，本地化背后的逻辑非常简单，就是本地的运营和本地人才会更加有效而精准地满足本地用户的需求，同时也会显著地降低成本。另外，数字化经济中的一个显著特点就是电商爆品带给传统供应链的冲击。而且，全球政治和商业环境也越发动荡，本地化运营，尤其是本地化供应链的建立对抗击这些冲击波都会发挥极其重要的作用。

但是如果只是这样看待和实施本地化策略，出海品牌就最多只是一个"本地型品牌"，而无法演化成一个真正的全球品牌。本地化的最终目的不是本地化，而是全球化，即获取当地最优秀的资源尤其是人才进行全球化的布局和经营，从更高的角度来引领当地市场从而获得行业领袖地位。因此，本地化战略有三个阶段，即顺应、提升和引领。

"顺应"就是入乡随俗，对企业方方面面进行本地化调整以更好地满足本地需求。这样的出海品牌就成为"本地型品牌"。这样的本地化只代表全球品牌发展的第二阶段。"提升"阶段的本地化基于本地需求和情况，吸收本地优秀人才，同时提炼出本地最佳的实践，并和企业本土的优势结合起来，向本地市场提供具有差异化的价值，从而提升本地市场和需求。在这个阶段的品牌就是"国际型品牌"。

"引领"阶段的本地化其实已经是全球化运营中的一个本地化落地环节。这个阶段的企业已经演化成真正的全球整合企业，而完全引领本地需求。基于本地市场而"提升"和"引领"才是本地化的战略目标。因此，本地化不是和光同尘，而是力求形成差异化的"和而不同"。所有全球品牌都在做本地化，但它们本地化的目的不只是更好地服务本地市场，而且是整合本地资源更好地做好全球市场。

在这个过程中，本地的人才和资源完全可以调度到其他市场去服务，而其他市场的资源也可调至本地，一切运营完全在全球布局和格局的背景下进行，最终的目的是形成可以引领全球所有本地市场的显著竞争优势。可以说，本地化其实是全球化的一个初级阶段。对本地化目的没有清楚理解的企业往往会在过度本地化或过度本土化之间摇摆，无法把握最佳的"度"。瑞典的知名家用电器品牌伊莱克斯（Electrolux）在中国市场的失败就是因为这个问题。

所以，中国出海企业的本地化就是要把握好"度"。在品牌出海 1.0 时期，有些企业过于本地化，如联想、吉利和好孩子等，但更多的企业是过于本土化,如早期的华为。当然,其他发达国家的企业在出海时也会有过于本地化的倾向,如在欧美的一些企业里面,海外分部的负责人几乎都是当地人。

以华为为例,在海外扩张的某个阶段,华为矫枉过正,过于本地化,在雇用人才和策略实施上都过于尊重本地的做法和规则。但华为很快认识到,这样的本地化确实能够帮助它更好地融入本地,却永远无法让它赶超竞争对手。华为必须把自己的优良基因和最佳实践注入本地部门和团队,通过和本地文化的强强融合,创造出一种更强大的混合基因。经过了很长一段时间的痛苦磨合,华为的本地员工逐渐接受了华为的做法,从而高效地达成业务目标,实现了对竞争伙伴全方面的超越。所以,对华为而言,本地化从来都是对本地的一种提升,而不是简单的入乡随俗地顺应。这样才能够有效地形成针对本地友商的竞争优势。

要把握好这个度,企业需要在实践中不断优化。好孩子的案例也清楚地表明了这点。当年,好孩子的日本团队开发出一款全球最便携的童车 Pockit,可以放在小包中随身携带。如果按照顺应本地需求的本地化思维,这款童车就不应该在更加看重结实、舒适和大码的美国市场推出。但好孩子的美国团队坚持在美国市场投放这款童车,而且该产品一经推出就成为爆品,直至今天都广受欢迎。这就是"提升"本地需求的做法获得成功的案例。

本地化最关键的方面是人才的本地化,但人才本地化的关键不是完全依赖本地团队,而是用本地团队的长处来弥补自身团队在海外市场的能力短板。也就是说,本地化团队的构建重要的是质量而非数量,吸收合适的人才要远比吸收更多数量的本地员工更重要。最关键的是,不能完全由本地团队来左右运营,而是要像华为一样，把自身企业的优秀基因注入到本地团队中对他们进行"基因优化升级"，使他们具有显著的"杂交优势"。同时，要大力塑造雇主品牌，从而吸引本地最优秀的人才加盟，从而为品牌的全球化运营储备人才。华为这些年来就一直在推进适度的本地化，力求在本地化基础上逐渐向全球化运营过渡，实现"整合全球最优资源，打造全球价值链，并帮助本地创造发挥出全球价值"的目标和愿景。

在品牌层面，真正的全球化品牌必须具有包含全球号召力和感染力的品牌精神。这种品牌内核根本不需要本地化，但传播上的具体表达，如内容营销、广告、公关活动和事件营销等则需要本地化更接地气的运作。一些出海品牌在不同的地域采用不同的品牌调性，如在特定市场采取美国调性或日韩调性等，这其实是本地化或国际化品牌的做法和特征，真正的全球化品牌一定具有一个全球统一的品牌精神和调性，而且这个统一的品牌精神具有在全球引领广大用户的能力。可以说，超越本地化的全球化才是中国出海品牌的目标。也就是说，本地化不是要顺应本地，而是要依托本地提升和引领本地市场。

真正成功的全球化品牌都具有统一的品牌精神和内核，如苹果、耐克、星巴克、特斯拉和露露乐蒙等。这其实是中国出海品牌最欠缺的方面。到目前为止，中国出海品牌还属于产品品牌，即品牌主要由产品性能来定义，而没有更深的品牌精神和内核。也就是说，现阶段的中国出海品牌只处在认知世界，远远没有到达思想世界和精神世界。但是只有具备思想和精神内涵的品牌才能真正在全球得到众多用户的认同。随着数字化的进一步深入，全球用户，无论在 B 端还是 C 端市场，对企业和品牌所承载的意义的要求会越来越高。所以，中国出海品牌不能只专注于产品和性价比，还要给品牌注入思想和灵魂。这是建立全球品牌的另一个关键。

出海品牌如果做好本地化，就能够通过价值、文化和关系战略"三驾马车"来打造具有强差异化的用户价值。这样的用户价值可以总结为"六星价值模型"。

中国出海品牌的"六星价值模型"

中国出海品牌目前比较欠缺的是基于技术的高端创新力和基于信仰的高端思想力。而中国品牌比较擅长的则是极致性价比和快速的反应能力。而且，如果能够跨越文化和习俗的差异，中国品牌也非常善于使用数字化平台和用户构建充满温度的互动关系。如果中国出海品牌能够把这些优点融合起来，就会构建出极具竞争力的差异化用户价值。这种价值组合之所以特别是因为它把传统上分属于高端和低端品牌的核心特征实现了有机整合。基于这种用户价值组合的中国品牌将会在出海 4.0 阶段在全球市场实现全面的爆发。

具体而言，这种价值组合包含六个要素：性价比、速度、创新性、时尚设计、温度型关系和品牌内涵，因此可以称为中国出海品牌的"六星价值模型"。性价比和速度是中国出海品牌的传统优势。近年来，中国品牌的创新性也得到了显著提升。除了华为、大疆和海康威视等传统创新型品牌，新一代 DTC 出海品牌如安克、石头科技、科沃斯和 Zendure 充电宝等的创新性也得到全球用户的赞誉。

时尚设计从来都是 C 端品牌的主要价值点，苹果、耐克、Alessi、宝马、戴森、宜家和露露乐蒙等大众品牌无一不是以设计取胜。中国出海品牌的设计能力也越来越强。华为、海尔、一加和小牛电动车等众多品牌都在设计上有不俗的表现。新一代出海品牌的设计更加时尚和全球化，除了诸多设计时尚的中国出海消费电子品牌，叶氏焊接、SheIn、致欧家居、Zaful 和美妆品牌花知晓等也在设计上表现突出，高端安防手套兰浪甚至被邀参加伦敦时装周。对 B 端品牌而言，时尚设计也是一个重要的产品差异化方向。

温度型关系是一个品牌通过数字化平台和用户建立的个人化情感关联。它主要是通过线上和用户的一对一互动，如即时对话、用户服务和内容讨论等方式而实现。和欧美品牌相比，以中国为代表的东亚品牌都具有更强的服务意识，很多出海品牌已经建立了海外市场的用户交互和服务团队。随着对海外用户及当地文化风俗的进一步了解，它们将会在用户关系的构建上形成新的差异化。品牌内涵或意义是绝大多数出海中国品牌的短板。这也是这些品牌急需大力提升的价值维度。

如果中国出海品牌能形成这样强大的价值组合，再把它聚焦于海外市场的"核心用户"或"种子用户"，那么就会显著提升它们在海外成功的可能性。对中国品牌而言，这些种子用户就是对中国品牌接受度最高的细分市场。

一般而言，这类市场有三类：边缘或低端市场、全球年轻消费者和极客群体。边缘和低端市场会更加注重中国企业的最大优势"性价比"和"速度"。直到今天，从低端市场打入都是中国品牌出海的基本逻辑。华为的策略就是先从被主流品牌忽略的边缘市场入手。例如，俄罗斯、中东、东南亚、非洲和拉美市场等。在边缘市场站稳脚跟并获取出海的经验和能力后，再进入发达市场，如欧洲。

对新一代出海的中国品牌而言，这个目标市场则是全球各地的年轻消费群体。他们没有太多的历史偏见，甚至对中国品牌和产品的印象甚佳。因此，抖音、SheIn、安克和Zaful等将发达市场的年轻消费者作为目标用户，也取得了出色的成绩。对科技型企业而言，种子用户就是极客群体或"发烧友"。他们热爱黑科技，追捧最新的创新产品，对产品国籍和价格不敏感，受教育程度也较高。大疆就从这个目标市场入手而破局成功。新一代技术型品牌如倍蓝科技、Snapmaker和Zendure充电宝等都是在海外众筹平台如Kickstarter和Indiegogo等找到这些极客。

图12.7所示模型描述的是中国出海品牌实现最终突破的成功公式。可以看出，这个六星模型中的创新性、极致性价比、速度和设计维度对应于品牌的价值战略，品牌内涵维度则是品牌文化战略的重点，而温度型关系对应于品牌的关系战略。其实，目前在海外市场获得成功的中国品牌已经开始具备这种独特价值组合的风貌。更重要的是，高端创新力和高端思想力是中国品牌通过学习和努力可以企及的目标，但极致性价比和温度型关系却是欧美品牌难以获取的组织能力。因此，随着数字化时代的进一步推进，中国品牌会逐步赶超欧美发达品牌，而且将会具有日益明显的优势。

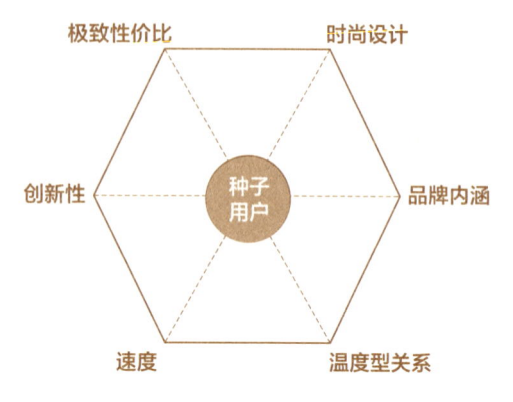

图 12.7 中国出海品牌的六星价值模型

华为、大疆和 SheIn 的海外品牌战略

华为、大疆和 SheIn 代表在 B 端市场、C 端技术型市场和 C 端消费品市场最成功的三个中国出海品牌。因为出海时间、行业特点和企业文化基因的较大差异，它们在海外打造品牌的策略和过程都有显著不同。

华为的海外品牌建设

以华为为例，它的海外品牌建设是一个自然发生的过程，几乎完全由产品和价值驱动。这也是在 B 端行业打造品牌的显著特点。也就是说，产品和价值就是品牌最有效、最直接的表达。华为的国际化始于 1995 年。因为国内电信设备市场的激烈竞争，当时的华为是被迫出海。国际化早期的华为既没有强大的创新能力，又没有国际化的组织和经验，完全是"摸着石头过河"，从低端市场入手，一点点摸索前进。华为完全是靠领导层开拓国际市场的决心和格局，以及"客户至上"的坚定信仰才慢慢打开了局面。

首先，在海外市场，华为把"客户至上"做到了极致。例如，在 2007 年，新加坡一家主要电信运营商计划上马"次世代网络"（next generation network，NGN）来提供电话及网络一体化服务。这个项目需要设备提供商开发一套专门软件。因为这种软件具有地域专用性，全球主流电信设备企业都予以拒绝。只有华为不计成本，组织一支庞大的开发团队，奋战一年完成了交付，从此实现了市场的突破。华为在沃达丰西班牙的项目也是如此。诺基亚和爱立信都因为项目不代表普遍需求而给予较低的优先级，需要两年时间才会解决。但是华为马上抓住机会，组建一只上百人的精锐研发团队，连续奋战三个月将问题攻克，从而获得沃达丰西班牙的长期全力支持。

华为这种"客户至上"的观念在 2008 年的非洲市场表现得尤为突出。当时，因为全球金融危机的影响，西方主流电信设备商被迫进行业务收缩，甚至完全撤出了一些较小的市场。在当地运营商的网络瘫痪需要支持时，西方企业至少需要半个月才能办好外派技术人员的签证，这让当地客户苦不堪言。而华为却不惜成本在当地坚守，随叫随到。而且，和西方技术支持人员的巡视制度不同,华为往往派遣员工长期驻守在客户企业,以确保客户有任何问题都有求必应、当下解决。就是这种绝对"以客户为中心"的服务精神帮助华为实现了市场的突破。

对 B 端品牌而言,真正做到了"客户至上",就一定能够精准地把握客户需求进行针对性创新,并提供极致的超预期服务,从而真正为客户赋能而成就客户。同时,也会在客户需求的驱动下自然而然地进行企业的国际化转型,如组织架构、运营流程和激励机制等方面的变革,以及本地化战略的落地。华为就是如此。而且,在此基础上,华为通过以下措施全力创新:其一,大规模持续地高强度投入研发;其二,建立多个全球研发中心吸收各国顶尖研发人才;其三,和关键客户建立联合创新中心。经过多年百折不挠的艰苦努力,华为终于实现了分布式基站和 SingleRAN 等重大颠覆性创新的突破,打造出品类创新,从而实现了在 3G 时代追平、4G 时代超越、5G 时代全面领先于国际友商。华为通过高端创新,打造出显著差异化的优异用户价值,最终在海外发达市场全面突破。因此,华为的海外品牌建设可以总结为"以客户为中心"、"低端市场打入"和通过"颠覆性创新"实现高端市场的突破。

在早期,华为是依靠高性价比在海外市场站稳脚跟,虽然随着自身地位的提升,华为的产品已经位于高端价位,但它解决方案的高性价比仍是自身的独特优势。在创新性上,华为的产品是当之无愧的全球领袖。在速度上,华为的领先优势一直非常明显,让友商无法企及。作为一家 B 端品牌,通过联合研发中心和"客户至上"的理念,华为和客户建立了深度的共生关系。在时尚设计方面,B 端产品都需要进一步改进,华为也不例外。在品牌内涵上，华为还有很大的提升空间，这也是华为目前正在努力的方向。

如图 12.8 所示，华为除了在"时尚设计"和"品牌内涵"上相对单薄，其他四个核心价值维度都非常出色。但在 B 端市场，这两个维度的不足是所有品牌的共同问题。所以，华为仍然成为全球电信行业的顶尖品牌。随着华为 C 端业务的日益增长，作为消费品牌，品牌内涵不足将会成为它挑战苹果的一个主要障碍。

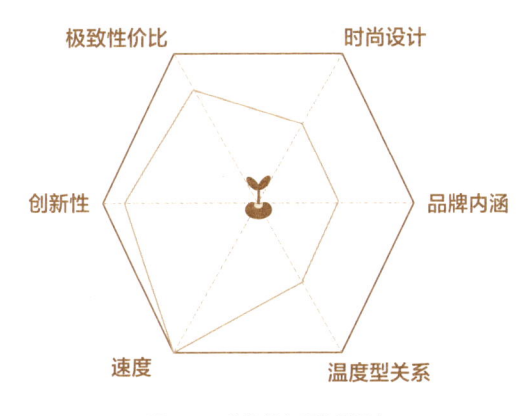

图 12.8　华为的六星价值组合

大疆的海外品牌建设

单就全球市场份额而论，大疆无疑是中国出海品牌中最成功的一个。到目前为止，创立于 2006 年的大疆已经占据超过 70% 的全球民用无人机市场，处于绝对领先地位。而且，与绝大多数出海的中国品牌不同，大疆从一开始就走高端品牌的路线，以至于很多海外用户不知道大疆是一个来自中国的品牌。另外，大疆属于"生而全球化"的企业，从创建之日就聚焦海外发达市场。目前，大疆以北美和欧洲市场为主体的海外营收占总营收的80%以上。

和华为相似，大疆海外品牌的建设也主要是由创新型产品驱动。从2013年推出第一款畅销产品"精灵"（Phantom）以后，大疆不但每年都有新产品问世，而且每一代产品都实现了技术上的显著跨越，如"精灵2"和"精灵3"、"悟"（Inspire）系列、小型折叠式无人机"御"（Mavic）和手持云台相机"口袋灵眸"（Osmo）等。这些新产品很多是前所未有的品类创新。例如，2017年推出的"晓"（Spark）系列，不仅用户仅靠手势就可以操控，而且还可以从用户手掌直接起飞，非常抢眼。大疆通过长期的研发投入，已经成为民用无人机市场的技术领袖，并依托自身掌握的核心技术构建了强大的竞争壁垒。到2017年为止，大疆的全球专利申请量已达7500件。在它的1.4万多名员工中，超过一半从事研发和工程技术工作。显而易见，大疆和华为一样，也是一个不折不扣的高科技创新型企业。因此，推动它品牌建设的核心力量就是基于高端科技创新而形成的强大产品力。

大疆在海外的推广充分利用种子用户和意见领袖，从而形成强大的口碑效应。最初，大疆面向海外无人机"发烧友"，如海外航模论坛用户和关注航拍技术的影视人员等。通过向他们提供产品的免费试用，大疆不但积累了最初的口碑，而且获取了非常有价值的用户反馈，并以此不断改进产品性能，逐渐完善了用户体验。在"精灵"成功推出后，大疆开始接触好莱坞和硅谷，让影视和科技行业的意见领袖试用产品，使得一批影视明星和科技名流成为首批粉丝,并通过他们的影响力打开局面。从此,大疆产品参与了诸多美剧如《摩登家庭》、《神盾局特工》和《国土安全》等的航拍,从而在业界迅速走红。

在触达大众市场方面,大疆非常善用海外的社交媒体平台,如脸书、推特、YouTube、Vimeo 和照片墙等。例如,它借助于各类航拍照片和视频比赛,鼓励用户把作品上传到社媒上分享。为了进一步提升知名度和影响力,大疆还参与全球各类赛事,如用旗下产品"悟 1"机型航拍直播了 2015 年于洛杉矶举办的"Air+Style"单板滑雪比赛,从而开创了无人机被用于大型现场直播的先河,引发了媒体的广泛报道。同年,大疆还以航拍赞助商的身份参加 2015 年亚特兰大斯巴达障碍赛。不但如此,大疆为了增加品牌的"酷"氛围,还敏捷地感知并参与当下的文化流行浪潮,如赞助内华达州的"火人节"(Burning Man Festival)等。

在全球化渠道上,大疆采取以官网为基础,多家国内和海外主要电商平台齐头并进的方式,如亚马逊和易趣网在内的跨境电商渠道。更重要的是,大疆从来都把自己定位为一个面向全球的企业。它摒弃了传统加工制造型企业惯用的"指挥和控制式"管理方法和封闭的保护型运作模式,大力引入外籍高管,构建了一支高水平的国际化管理团队。而且,在组织架构上,大疆也按照全球化企业的做法,根据每个地区的核心能力设立相应的海外机构,例如,物流在香港、相机研发在东京、软件开发在硅谷、创意在洛杉矶、公共事务和政府关系在纽约等,实现了企业核心职能的全球化布局。

从用户的角度来看,大疆提供的六星价值组合以创新性、时尚设计、速度和极致性价比为核心特征。(见图 12.9)虽然大疆定位高端，但产品对所有价格区间进行全覆盖，极致性价比仍然是它的核心竞争力之一。例如，大疆第一款畅销产品"精灵"不但简单易用、性能出众，而且价格便宜，只有600多美元。因此，在没有任何市场投入的情况下，它迅速成为一款全球畅销的产品。当然，大疆成功的另一个核心因素是无人机的主要受众是年轻人。他们喜爱简单易用、性价比高、时尚美观、高科技、令人振奋和快速推陈出新的产品。这恰恰是大疆的优势所在。大疆的劣势仍然是品牌内涵不足。到目前为止，大疆仍然是一个产品品牌，缺乏超越品类性能的思想和精神价值。对于B端行业，这样的品牌内涵尚可以接受，但对于C端市场，局限于这个层次的品牌显然无法真正激发用户情感和品牌势能。因此，目前来看，大疆这个品牌仍然和无人机这个产品品牌紧密地绑定，并没有成为一个知名的大众品牌。大致来看，大疆的海外品牌建设可以总结为"高端创新"、"高端市场打入"和"意见领袖的牵引"。

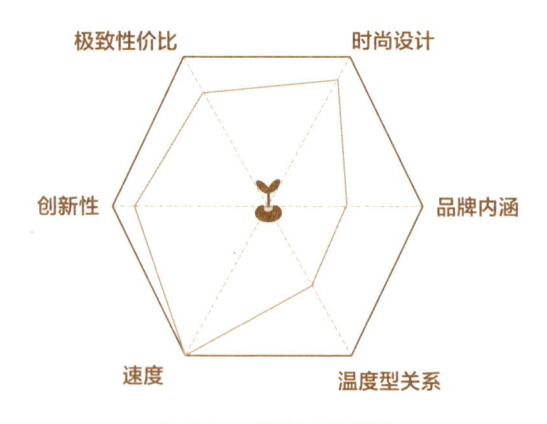

图12.9　大疆的六星价值组合

在打造海外品牌上，B端品牌如华为和C端技术型品牌如大疆都有很大的共性，即通过高端研发实现技术突破，并把创新转化为极具竞争力的新产品来推动品牌的建设。可以说，华为和大疆的品牌建设走的都是"科技驱动"的路线。而对于"低科技"的消费品市场，中国出海品牌的破局可以参考近几年在海外市场快速崛起的快时尚品牌SheIn的成功经验。

SheIn的海外品牌建设

创立于2008年的南京快时尚品牌SheIn是近年来跨境电商中的一个奇迹。它在WPP、凯度（Kantar）和谷歌联合发布的《2021年中国全球化品牌50强》榜上居第11位，超过腾讯、大疆、TCL、中兴、中国银行、比亚迪、格力、美的、京东和携程等众多国内知名品牌。截至2020年，SheIn App在海外的下载总量已经超过1亿次，成为中东和欧美地区非常受欢迎的购物应用之一。在美国市场，SheIn居"最受年轻人欢迎的电商网站"的第二名，仅次于亚马逊。它连续8年营收实现超过100%的增长，销售覆盖100多个国家和地区。目前的总营收近100亿美元，已经远超快时尚品牌中的全球知名品牌H&M，直逼这个领域的全球领袖ZARA。而在谷歌搜索上，SheIn的搜索量已经远超ZARA。在疫情期间，SheIn的增长更加迅速，以至于它的网站在2020年被数次挤爆，不得不暂停接受新订单。在国内一直默默无闻的SheIn能在海外迅速崛起，其策略非常值得研究。

首先，作为服饰品牌，SheIn成功的最大驱动力仍然是性价比。

其他快时尚品牌如 ZARA 和 H&M 已经以低价著称，而同样款式的衣服，SheIn 的价格只要一半。另外，各种折扣和促销让海外用户目不暇接，欲罢不能。其次，SheIn 的款式繁多，几乎到了无所不包的境地。它全年上新可达 15 万款，平均每月高达一万新款，几乎可达 ZARA 一年的上新量。再次，SheIn 的速度极快。素以"快"著称的 ZARA 最快能在 14 天之内完成一轮上新，但 SheIn 比 ZARA 还要快一倍，只要 7 天就可以完成这个过程。如果说 ZARA 开创了"快时尚"，那 SheIn 就是"超快时尚"的创立者。可以说，SheIn 把中国供应链的优势发挥到了极致。

更重要的是，在产品设计上，SheIn 精准地捕捉到了用户需求并加以体现。SheIn 建立了一套高效的追踪系统，包括"谷歌趋势"（Google Trends），随时分析全球用户的当下偏好和流行元素。也会采用 ZARA 的方法，派出团队大量借鉴一线时尚品牌的最新动向。在新品测试上，SheIn 更是做到极致。例如，同样生产 3000 件衣服，ZARA 会测试 6 款式样，而 SheIn 则测试 30 个款式。因此，SheIn 的爆款高达 50%，远超 ZARA。高爆款率使得小批量的试错成本更低，也让 SheIn 的设计人员更加大胆开放。所以，SheIn 的衣服更鲜艳年轻，充满活力。这也是 SheIn 成功的另一个重要原因。在具有显著差异化的"廉、多、快、美"独特价值驱动下，SheIn 在海外的飞速崛起几乎毫无悬念。

在市场营销上，SheIn 极其善用互联网工具进行流量运营，同时也吃到了"网红营销"和"社媒营销"的红利。它最初的流量几乎全部来自海外的"网红"。其后就开始在全球主要社交媒体平台大量投放广告，并进行各种促销。到目前为止，SheIn 的脸书账号上有近 2400 万的追随者，照片墙上的粉丝也高达 1000

多万。SheIn抓住了图片社交媒体拼趣的崛起，让拼趣成为自身在2013—2014年的主要流量来源。与此同时，SheIn也在全球范围内开展线下推广活动，如推出一系列城市快闪店等。例如，在2019年，SheIn在印度孟买举办了两场快闪活动。而在美国，仅2020年上半年，SheIn就在11个城市举办了不同主题的快闪活动，包括主题派对、新品发布和用户互动等。

在渠道上，SheIn不但有强大的自营渠道，还在2015年入驻亚马逊主要海外站点，进一步扩大用户覆盖率。同时，SheIn已经决定落地线下门店，开始全渠道经营。目前，SheIn已经有员工上万人，拥有在南京等地的4个研发机构和位于欧美、印度和佛山等的6个物流中心，并在洛杉矶、马尼拉和义乌等地设立了7个客管中心。而且，SheIn和围绕在它旁边的数百家工厂，也逐步构建了一个类似ZARA西班牙总部拉科鲁尼亚小镇的产业集群。可以看出，SheIn已经具备了和ZARA展开全球竞争的实力和雄心。因此，SheIn的海外品牌战略可以总结为：极致性价比、海量品种、超级快速和社媒运营。

从六星价值模型的角度来看，SheIn具有极致性价比、无与伦比的速度、顺应时尚潮流的设计和较为成功的用户关系运营，但在创新性上仍然有待提高。（见图12.10）虽然在时尚界相互模仿是各个品牌常见的做法，但一个真正的全球顶尖品牌应该具有引领而不是顺应潮流的能力。中国应该涌现出能够定义全球时尚的先锋品牌，而不只是快速的跟随者。品牌内涵是SheIn目前最大的短板，它仍需要长期的自我提升才能具有如同露露乐蒙和巴塔哥尼亚（Patagonia）一样，真正和全球用户产生心灵共鸣的品牌内涵。所以，严格地说，今天的SheIn还只是一个"流量型"的产品品牌，而非能够向全球用户输送先进理念和文化的时尚品牌。为了跻身全球顶尖品牌的行列，SheIn 下一步需要做的是：树立打动人心的品牌信仰和价值观，同时进行高端产品和理念创新，并逐渐远离已经日益被海外年轻人质疑的"快时尚"品类，开创一个属于自己的新蓝海。

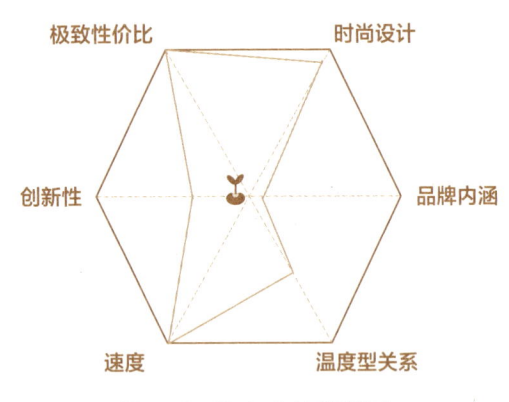

图 12.10 SheIn 的六星价值组合

经过 40 年的发展，越来越多的中国品牌已经具备出海的实力。而且，中国已经出现华为、大疆、抖音、海康威视、一加、安克和 SheIn 这样成功出海的品牌。如果中国品牌不断开阔视野，提升格局，同时全力创新并丰富自身的思想和文化内涵，那么，在强大科技力和思想力的双轮推动下，一定可以实现在海外市场上的全面崛起。

本章金句

- 中国品牌出海经历了"硬件时代"、"软件时代"和"小件时代",即将迎来全面出海的"大航海时代"。在海外的成功需要企业具备战略决心、长期主义,并坚持合法合规。负面的来源国效应和低端品牌形象仍然是中国在海外打造品牌的主要障碍。

- 全球品牌力是产品力和思想力的综合,中国出海品牌升级依赖科技和信仰的双轮驱动。颠覆性创新是中国出海品牌最终成功的不二法则。中国企业的目标是打造具有全球覆盖度、全球认可度、全球统一度和全球整合度的真正全球品牌,但自身必须首先要转型为全球整合型企业。

- 本地化的最终目的不是本地化,而是全球化,即不是要顺应本地,而是要依托本地提升和引领本地市场。本地化的核心是更好地利用本地资源服务好本地乃至全球市场的需求。

核心一句话:颠覆性创新是中国品牌出海最终成功的唯一途径。

致谢

多年来，我在剑桥大学嘉治商学院一直在做品牌战略方面的研究和教学工作。2017年6月，我受邀去中欧商学院参加一个品牌论坛，之后在中欧校友唐海荣女士的安排下做了一次为期一天的品牌战略讲座。中欧出版的胡峙峰先生当时也在场。讲座结束后，峙峰邀请我写一本有关品牌战略的书，我欣然应允。其后因为工作上的原因，这几年来写写停停。直到疫情封控期间，我才有机会得以全力投入，终于完稿。

本书是很多人共同努力的结果。首先要感谢峙峰，他是本书的发起人。在过去的几年里，峙峰一直在耐心等待，并不断督促。在书稿完成后，峙峰精心选择出版社，多次参与书稿的讨论，而且安排中欧出版团队一直跟进这个项目，让它最终得以圆满完成。

华为公司的高级顾问田涛老师对本书的影响也很大。田老师是我的良师益友。他引导我开始研究华为，而且多年来持续分享自己的思想和文章，让我在各方面都有很大的提升。在此感谢田老师一直以来对我的大力支持和鼓励。

华为的张晓云女士和彭博先生都是我非常看重的朋友。他们经常和我交流,并分享自己的管理心得。他们的洞见对本书核心思想的形成起到了重要作用。在此也向他们表达诚挚的谢意。

出版社的编辑也为本书的出版做了大量工作。中信出版社的黄维益女士、郝玉敏女士和刘婷婷女士都为本书付出了很多辛劳。中欧出版的编辑吕颜冰女士不仅全面参与了本书的出版工作,而且亲手绘制了本书的所有图表,并不厌其烦地进行多次修改,力求完美,为此投入了很多心血。正是因为她们的努力,本书才能够以最佳的面貌问世。在此向本书的编辑们表达衷心的感谢。

最后感谢我的妻子刘娅女士。她对我的包容和默默奉献是我顺利完成各项工作的保证。也要谢谢我的两个孩子,我最心爱的睿睿和恺恺。他们的陪伴是我工作的最大动力,也是我人生的快乐源泉。